"十四五"职业教育国家规划教材　　高职高专经管类专业精品教材系列

市场营销

（第三版）

赵　轶　编著

清华大学出版社

北　京

内 容 简 介

本书作为"十四五"职业教育国家规划教材,贯彻中华人民共和国国务院发布的《国家职业教育改革实施方案》,教育部、财政部发布的《关于实施中国特色高水平高职学校和专业建设计划的意见》等文件精神,与行业领先企业合作进行课程开发,在融入新技术、新工艺、新规范的基础上,借鉴德国"学习领域"课程理论,搭建起"工作过程导向"特征的"理实一体化"素材框架,对经管类专业课程"模块化"实施进行了探索。

全书设计了 12 项学习任务,包括市场营销初步认知、市场营销环境分析、市场购买行为分析、市场竞争状况分析、市场营销信息处理、目标市场分析、产品策略选择、价格策略选择、渠道策略选择、促销策略选择、营销活动控制和营销活动拓展。

本书比较完整地阐述了市场营销职业的活动过程,适用于高职本科、专科院校工商管理类专业及其他相关专业的教学,也可作为在职人员培训或工作实践参考用书。

图书在版编目(CIP)数据

市场营销/赵轶编著. —3 版. —北京:清华大学出版社,2018(2023.9重印)
(高职高专经管类专业精品教材系列)
ISBN 978-7-302-50173-2

Ⅰ. ①市… Ⅱ. ①赵… Ⅲ. ①市场营销—高等职业教育—教材 Ⅳ. ①F713.3

中国版本图书馆 CIP 数据核字(2018)第 112401 号

责任编辑:刘士平
封面设计:傅瑞学
责任校对:赵琳爽
责任印制:宋 林

出版发行:清华大学出版社
  网 址:http://www.tup.com.cn,http://www.wqbook.com
  地 址:北京清华大学学研大厦 A 座   邮 编:100084
  社 总 机:010-83470000   邮 购:010-62786544
  投稿与读者服务:010-62776969,c-service@tup.tsinghua.edu.cn
  质量反馈:010-62772015,zhiliang@tup.tsinghua.edu.cn
  课件下载:http://www.tup.com.cn,010-83470410
印 装 者:三河市铭诚印务有限公司
经 销:全国新华书店
开 本:185mm×260mm 印 张:18.25 字 数:422 千字
版 次:2011 年 8 月第 1 版 2018 年 8 月第 3 版 印 次:2023 年 9 月第 11 次印刷
定 价:55.00 元

产品编号:072661-02

前　言 ▎▎▎

党的二十大报告"推进职普融通、产教融合、科教融汇,优化职业教育类型定位"精神,进一步明确了职业教育的类型定位,也为职业教育专业建设、课程改革奠定了坚实的宏观基础。作为中国特色高水平高职学校建设单位,就要将高职教育"实施科教兴国战略,强化现代化建设人才支撑"作为建设的重要发力点,在落实立德树人根本任务,深化专业、课程、教材改革,实现职业技能和职业精神培养高度融合方面做出积极探索。

市场营销职业活动顺序及概括性学习任务

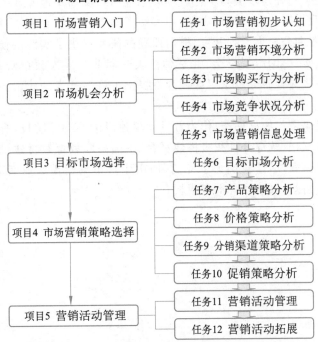

职业教育教材体现国家意志,是课程的重要要素,是塑造课程价值、嫁接课程理念和教学行为的重要桥梁,也是综合体现课程要素的重要工具。作为"十二五""十三五"职业教育国家规划教材,我们在改编中做到了以下创新。

(1)学习任务驱动教学过程。以学习任务驱动统领教学过程的实施,诱发了学生学习的自主性、积极性,由过去单一的教师讲学生听的被动行为部分转变为学生的主动探索行为(完成某项实训活动),使学生通过课程学习逐步养成所需的职业能力,完成了"从实践到理论、从具体到抽象、从个别到一般"和"提出问题、解决问题、归纳总结"的教学程序。

(2)学习内容能衔接职业技能。响应"加快发展数字经济,促进数字经济和实体经济深度融合"号召,行业、企业技术专家参与教材编写,使教学目标具体、明确、系统,教学内容先进、取舍合理,理论的基础地位变为了服务地位。全书结构清晰、层次分明,信息传递高效简洁,在引领学生归纳知识的同时,也方便了学生职业技能的获取。

(3)体例创新增强趣味性。教材建设一方面遵循职业教育规律与人才成长规律,另一方面考虑到我国高职学生的文化背景和基础教育养成的吸纳知识的习惯,增强了趣味性;在心理结构构建、兴趣动机发展等方面也做了有益的尝试,形成了学习目标、任务分解、营销故事、正文及服务于正文的资讯、任务小结、学生自我总结等完整的教材功能体系。

(4)思政资源催化育人功能。围绕"中国式现代化"大目标,教材注重纳入二十大精神的思政元素,与市场营销活动高度融合,通过营销故事导入、课程思政园地栏目展现饱蕴中国风格、中国气派的本土市场营销体系和学术话语体系,增强用中国市场运作管理理论推进中国式现代化的自觉自信,由思想到行动,全面实现学生素养由内到外得到培养与升华,形成正确的世界观、人生观和价值观。

《市场营销》(第四版)一书由赵轶负责总体策划,并编写了任务1~6和任务12;苏徐编写了任务7~任务9;韩建东编写了任务10~任务11,实训基地专业人士参与了课程开发、教材框架研讨及内容确定。编写中,我们参阅了国内外一些专家学者的研究成果及相关文献,多家管理咨询公司为课程开发、横向课题的研发提供了实践的便利。教育部职业技术教育中心研究所、中国市场学会、北京师范大学职业与成人教育研究所、荷兰南方高等职业技术学院一些课程研究专家对课程开发提出了许多珍贵的建议。在此表示衷心的感谢。

高职教育课程建设正如火如荼,作为首批立项建设的"双高"院校,有义务做出更多尝试,清华大学出版社职业教育分社积极搭建平台,中国高职教育教材建设又向前迈出了新的步伐。作为一种探索,尽管我们力求完美,但由于对市场营销职业活动的认识、理解和分析方面难免存在偏差,敬请读者不吝赐教。

编者

2022 年 10 月

尊敬的老师：

感谢您的认同！

我们愿与大家一起分享关于高等职业教育的思考，也欢迎大家批评指正。

▶职业教育是一种"类型"的教育，让我们再次追溯教育本真的同时，也深切感受到了教育精细化和精致化的内在要求。

▶职业教育的"类型"定位决定了其课程属性及课程观。职业教育课程的重心应该是职业工作活动中的实践经验，而非学科知识的简单集合。

▶职业教育课程的属性决定了其课程的来源。职业教育课程开发必须建立在职业分析基础之上，而非学科知识的简单重组。

▶职业教育的课程来源决定了其知识类型。知识有明确知识和默会知识之分，明确知识就是我们熟悉的理论知识；默会知识就是我们常说的实践知识。

▶职业教育课程的知识类型决定了其课程的实施形式。理论知识通过记忆即可消化吸收；实践知识有时无法言传，必须依靠理解、领悟和行动。工作过程系统化课程的实施步骤即：资讯、计划、决策、实施、检查和评价。

由此，我们可以看出，职业教育的"定位""课程属性""课程来源""知识类型"和"课程实施"就是一个连贯、完整的系统。我们概括归纳出12项职业工作学习任务，形成以工作任务为中心，以技术实践知识为焦点，以技术理论知识为背景的理实一体化内容体系。

本书基本栏目说明如下。

项目课程以项目为框架内容展开，首先展示一个较为完整的市场营销活动。

任务课程内容以"任务"命名，试图先入为主，将市场营销职业活动内容归纳成一个抽象的市场营销管理活动实际工作任务。同时，为学生建立起"学习就是完成任务"的概念，为课程实施的工学结合奠定基础。

学习目标说明完成这一任务要求的达成目标，分为知识目标、能力要求和思政目标，也为工作任务完成后的评价与检测提供依据。

任务解析根据职业分析成果，将任务作进一步的细分，体现"完成分解的任务就完成了整项工作"的目标，也为整个任务提供了较为精准而不致太泛的知识承载与逻辑线索。

营销故事主要是市场营销管理类日常生活故事、寓言，目的是起到引导作用，在体现部分课程思政功能的同时，又能使刚进大学的学生增强人文素质、职业认同感，不会感到"科技的疏远和生硬"。

每一任务中，相关模块的说明如下。

重要名词说明这项任务中涉及的重要名词，体现对理论知识的重组，对应课后"教学做一体化检测"中的"重要名词"。

重要信息说明这项任务中涉及的相关知识或操作的技巧与要领,主要体现对理论知识的重组,使其出现在最该出现的地方。

课堂感悟根据学习重点,列举课程学习过程中需要及时反思或辨析的原理、技能,以便为整个学习任务、实训项目的完成奠定基础。

营销实务列举分析一些古今中外的管理业务活动实例或故事,使学生从中汲取一些经验和教训,为课后案例分析提供借鉴。

同步实训根据工作任务要求,对应每一个工作任务,设计了各项任务实训,希望通过开展活动,学生能够获得初步的职业认知,进而具备简单的单项职业能力。

课程思政园地挖掘课程所含思政元素,有机融入课程教学中,引导学生把国家、社会、公民的价值要求融为一体,提高个人的爱国、敬业、诚信、友善修养,自觉把小我融入大我,不断追求国家的富强、民主、文明、和谐和社会的自由、平等、公正、法治。

本书使用建议如下。

本书内容以实践操作为线索,以理论知识为支撑。使用前,请您先理解教材的框架、各要素之间的关系,以及所有内容信息的作用。教学模式可以是任务导向、教学做结合。

首先,教师应对任务描述及任务做解释;其次,归纳并精讲每一个任务完成的过程、方法和应用;最后,依据任务要求,结合当地实际,开展实训活动。其中,同步实训1可以是认知性的简单活动,如故事、问题讨论,目的是使学生充分地参与课堂;同步实训2和同步实训3可以是依据任务内容设计的单项职业活动,通过引领学生完成活动,使其获得进一步的职业认知。

本书作为一种探索,希望能够从尊重职业教育规律,尊重课程观的角度进行教材编写,建立起一种"工学结合"的氛围。在课程实施中,教师应积极创设条件,鼓励学生高效地参与学习与工作活动,才能更好地帮助学生实现学习目标。

为了方便您的教学,本书配备有教学资源,包括电子课件、教案、同步实训及实践项目所需案例素材、教学视频素材等。

编者

2023 年 6 月

目　录 ▌▌▌

项目三　目标市场选择

项目四 市场营销策略选择

项目五　营销活动管理

项目一
市场营销入门

在激烈竞争的市场中,许多市场营销人员常常会面临一些问题:我的客户是谁?他们都在哪里?我的竞争对手是谁?他会采取什么样的策略?未来行业的发展趋势会怎样?我的公司面临着什么样的环境?

几乎所有的市场营销人员都希望能够像阿里巴巴一样,站在一个藏宝库的门前,轻轻一声"芝麻开门",就能不费吹灰之力得到里面的真金白银。为此,他们历经艰险、苦苦追寻。然而,无论那些"咒语"和"法术"多么灵验精妙,如果没有找到财富之门,也就百无一用。

所有的营销者不应忘记,市场上的宝藏很多,但是在念出那些灵验的"咒语"之前,先要找到指向宝藏的路标——请进入营销之门。

本项目主要工作内容:任务 1　市场营销初步认知

任务1 市场营销初步认知

学习目标

1. 知识目标
(1) 认识市场的含义。
(2) 认识市场营销的含义。
(3) 理解市场营销观念。

2. 能力要求
(1) 能联系生活中的营销活动。
(2) 能举例说明市场营销观念。
(3) 能够对营销职业活动有整体认识。

3. 思政目标
(1) 培养民族品牌自信。
(2) 培养民族自豪感。
(3) 激发爱国热情。

任务解析

根据市场营销职业工作过程活动顺序,这一学习任务可以分解为以下子任务。

市场营销初步
认知营销故事

营销故事

30多年前的一个冬天,夕阳缓缓西下,寒风阵阵。北京大兴一所大学大门外,一位老妇人守着两筐苹果叫卖:"又大又甜的苹果,1元1斤啦……"

寒冷的夜色中,人们脚步匆匆,无人光顾。一位中年人在一旁观察了一会儿,走向老妇人,并问道:"你知道今天是什么日子吗?"老妇人回答:"你买苹果吗? 我只想卖完苹果早点回家,不管什么日子!""我不买苹果,我是想帮你卖苹果!"中年人说道。

老妇人正疑惑间，中年人心平气和地说："你等我一下，我到对面超市买些红绸带回来！"买回了红绸带，中年人和老妇人一起动手将两个苹果用红绸带绑在一起，并在每一对苹果上打了个心形的结，用红绸带扎在一起的一对苹果看起来很有情趣。中年人亲自叫卖起来："祝福的苹果，平安的苹果，五块钱一对，快来买呀！"

三三两两的顾客应声而来，老妇人叫卖声也变得更加洪亮："平安果哟！五元一对！平平安安，甜甜蜜蜜啊！五元一对！！"叫卖声吸引了越来越多的行人，不一会儿，苹果就卖光了，老妇人感激不尽。

读后问题：

1. 故事里的苹果为什么刚开始不好卖？

2. 故事里对苹果进行了哪些"加工"？

3. 故事里为什么还要有招徕顾客的叫卖声？

4. 你还能从这则故事中看出什么规律和道理？

1.1 市场营销基础认知

上述"营销故事"中，滞销的苹果最终很快被卖了出去！惊叹之余，也引发人们的思考。难道苹果售卖活动就是市场营销吗？如果仔细反思这一过程，好像又不是那么简单。的确，如果销售＝市场营销，那么，故事里卖苹果的老妇人似乎一直在从事着老本行，也没必要请人帮忙。

日常生活中，故事里的情形经常上映，可能你已经习以为常。但是，现在有一个词必须引起注意，那就是"市场"。作为初学者，在认识什么是市场营销之前，我们有必要回顾一下市场的相关含义。

什么是市场？市场营销究竟是指什么？市场营销与市场又是什么关系呢？

1.1.1 市场认知

许多外地游客走过北京王府井步行街、新东安市场时，都会被极具京城特色的"祥子拉洋车""剃头匠""弹弦乐"3组城市雕塑所吸引。自完工以来，这3组雕塑成为王府井大街的新景观，吸引了无数中外游客驻足观赏。

"祥子拉洋车"雕塑是仿照已故作家老舍笔下的《骆驼祥子》所创作的，真人大小，黑铁铸造。感兴趣的游客可以坐上那辆洋车，感受一下祥子给你拉车的乐趣。"剃头匠"和"弹弦乐"也都别有一番情趣，它们也并非雕塑家凭空创作出来的，而是根据历史上老东安市场的照片为蓝本，立体化地再现出来的。这3个雕塑放在一起，还原了一个历史的符号，它们代表着老东安市场，也是老北京的一个象征。

"新开各处市场宽，买物随心不费难，若论繁华首一指，请君城内赴东安"，描写的就是当年北京老东安市场的繁华景象。

市场是我们进行职业活动的重要场所或维度。从现在起，"市场"二字将伴随我们职业学习始终。

1. 市场的产生

作为市场营销职业初学者,我们从已有的知识架构中很容易知道,人类社会发展过程中出现过三次大的社会分工,每一次分工都是社会生产力发展推动的结果,而市场的出现和社会分工有着密切的联系。

商业的发展,商人的出现,是人类历史上的第三次社会大分工,"商人的出现,标志着人类走进了文明时代"(恩格斯语)。商业活动的盛行又进一步催化了社会分工和商品生产。在社会产品存在不同所有者的情况下,"生产劳动的分工,使它们各自的产品互相变成商品,互相成为等价物,使它们互相成为市场"(马克思语)。所以,哪里有商品生产和商品交换,哪里就有市场,市场是连接生产和消费的纽带。

由此,我们可以这样理解:一般来讲,市场是指商品买卖的场所。如北京中关村电子市场、浙江义乌小商品批发市场、山东寿光蔬菜批发市场、福建晋江鞋业批发市场等。当然,生活中的这些市场已经为我们所熟知。

那么,经济学家眼中的市场究竟是怎么样的?

重要信息 1-1　　　　　经济学家眼中的市场

(1)市场是场所。即买卖双方购买和出售商品,进行交易活动的地点或地区。企业必须了解自己的产品销往哪里,哪里是本企业产品的市场。

(2)市场是消费者群体。市场营销学家菲利普·科特勒(Philip Kotler,以下简称科特勒)指出:"市场是由一切具有特定需求或欲求并且愿意和能够以交换来使需求和欲求得到满足的潜在顾客所组成的。"

(3)市场是有需求、有支付能力和希望进行某种交易的人或组织。有的市场学家把市场用简单的公式概括为:市场=人口+购买力+购买欲望。

(4)市场是所有现实和潜在的购买者。这是指市场还包括暂时没有购买力,或是暂时没有购买欲望的潜在购买者。

(5)市场是商品交换关系的总和。主要是指买卖双方、卖方与卖方、买方与买方、买卖双方各自与中间商、中间商与中间商之间,商品在流通领域中进行交换时发生的关系。这个概念是从商品交换过程中人与人之间的经济关系而言的。

显然,从经济学意义上来讲,市场一词不仅只是场所,还包括了在此场所进行交易的行为。主要包括买方和卖方之间的关系、交易活动及交易方式,同时也包括由买卖关系引发出来的卖方与卖方之间的关系,以及买方与买方之间的关系,等等。作为市场营销者,我们应该学会从经济学意义的角度去认识市场、分析市场。

> 课堂感悟:你认为市场是指地理场所(　　　),还是地理场所及与此场所有关的交易行为(　　　)。

今天,随着互联网的发展,市场已不完全是真实的场所和地点,许多销售都是通过网络实现的。我国比较知名的电子商务网站如京东商城、阿里巴巴旗下的淘宝、天猫,以及拼多多已经成为著名的虚拟市场,并创立了一个全球消费者狂欢节——"双十一"购物狂欢节。中商情报网讯,数据显示,2021年"双十一"全网交易额为9 651.2亿元,同比增长

12.22%,当日全网包裹数达 11.58 亿个。从交易份额看,2021 年"双十一"交易份额前三平台为阿里巴巴、京东、拼多多,交易份额占比分别为 57.80%、27.10%、6.40%。

2. 市场的构成

显然,市场是由各种基本要素组成的有机体,正是这些要素之间的相互联系和相互作用,决定了市场的形成与发展。

从宏观角度看,商品、供给、需求作为宏观市场构成的基本要素,通过其代表者——买方和卖方的相互联系,现实地推动着市场的总体运动。

从微观的角度,人们也将市场看作是商品或服务的现实购买者与潜在购买者需求的总和,主要包括以下三个基本要素,即有某种需求的人、为满足这种需求所具有的购买能力和购买欲望。写成一个等式表示:市场=人口+购买力+购买欲望。如图 1-1 所示。

图 1-1 市场的构成要素

(1) 人口。需求是人的本能,对物质生活资料及精神产品的需求是人类维持生命的基本条件。因此,哪里有人,哪里就有需求,哪里就会形成市场。人口的多少决定着市场容量的大小;人口的状况,影响着市场需求的内容和结构。构成市场的人口因素包括总人口、性别和年龄结构、家庭户数和家庭人口数、民族与宗教信仰、职业和文化程度、地理分布等多种具体因素。

(2) 购买力。购买力是人们支付货币购买商品或劳务的能力。人们的消费需求是通过利用手中的货币购买商品实现的。因此,在人口状况既定的条件下,购买力就成为决定市场容量的重要因素之一。市场的大小,直接取决于购买力的高低。一般情况下,购买力受到人均国民收入、个人收入、社会集团购买力、平均消费水平、消费结构等因素的影响。

例 1-1 2021 中国县域网络购买力百强榜

这个春节,你网购年货了吗?"就地过年"倡导开启后,网上囤年货成为大家解乡愁、表心意、过好年的必备方式。放眼中国县域,"剁手力"强大的有哪些?

客观反映中国县域网络购买力状况的"2021 中国县域网络购买力百强榜"日前出炉,浙江省温州市鹿城区、江苏省苏州市太仓市、浙江省杭州市余杭区、广东省深圳市罗湖区、浙江省金华市义乌市、江苏省苏州市昆山市、广东省广州市天河区、四川省成都市双流区、江苏省苏州市吴中区、浙江省嘉兴市海宁市位列前十,成为县域"剁手力"强大、电商蓬勃发展的代表。

"2021 中国县域网络购买力百强榜"上,鹿城区荣登榜首,而浙江省共有 4 个县域占据榜单前十,充分展现出浙江省网购产业的强劲实力。

(资料来源:中国小康网,2021 年 2 月 21 日)

（3）购买欲望。购买欲望指消费者购买商品的愿望、要求和动机。它是把消费者的潜在购买力变为现实购买力的重要条件。倘若仅具备了一定的人口和购买力，而消费者缺乏强烈的购买欲望或动机，商品买卖仍然不能发生，市场也无法在现实中存在。因此，购买欲望也是市场不可缺少的构成因素。

> **课堂感悟**：北京的奢侈品市场很大指的是"北京奢侈品交易场所很大"（　　），还是"北京消费者对奢侈品的需求很大"（　　）。

上述三个要素相互制约、缺一不可，它们共同构成企业的微观市场，而市场营销活动的目的正是为了满足这种微观市场的消费需求。因此，微观市场的认知与分析是市场营销业务人员的基础工作。

1.1.2　市场营销认知

市场营销并不神秘。在我们日常生活中，经常可以看到、听到、用到各种各样的营销方式。如各种各样的商业广告铺天盖地，充斥我们的生活；我们通过与人交流、求职或组织某一活动，说服别人接受自己或自己的主张，等等。事实上，我们每天都自觉或不自觉地身处营销活动的氛围中。企业营销自己的产品、非营利组织营销自己的观念，营销手段也在不断翻新花样，如微博、微信、手机、移动设备、App 等新媒体营销的大量涌现。可以说，今天的我们进入了"大营销""数字营销"时代。

1. 市场营销的含义

从人类社会分工的历史看，随着生产力的发展，人们有了一些剩余产品，为了满足不同的需求，不同部族之间进行物物交换就成为可能。随着时间的推移，等价物（货币）的出现，使这种交换活动的内容和形式都发生了深刻的变化。特别是 19 世纪末 20 世纪初，主要的资本主义国家完成了工业革命后，先后出现过工业品产量提高、20 世纪 30 年代经济危机和"二战"之后世界经济的深刻变革等波动，市场营销活动也经历了由萌芽阶段到内涵与外延逐渐深刻变化的过程。

关于市场营销（Marketing），西方学者从学术的角度对其下过不同的定义。如杰罗姆·麦卡锡（Jerome McCarthy，以下简称麦卡锡）将市场营销定义为一种社会经济活动过程，其目的在于满足社会或人类需要，实现社会目标；科特勒认为，市场营销是与市场有关的人类活动。市场营销意味着和市场打交道，为了满足人类需要和欲望，去实现潜在的交换。美国市场营销协会于 1960 年对市场营销下的定义是：市场营销是引导产品或劳务从生产者流向消费者的企业营销活动。

当然，从企业的角度，我们可以这样理解市场营销的概念。

 重要名词 1-1

市场营销

市场营销是指企业通过市场调查，在了解消费者需求的基础上，根据消费者需求开发相应的产品或服务，以满足消费者的需求，并通过与消费者进行交换，以实现企业经营目标的活动过程。

这一过程从市场调查开始,包括选择目标市场、产品开发、产品定价、渠道选择、产品促销、产品储存与运输、产品销售、提供服务等一系列经营活动。

需要注意的是,日常生活中,我们常常听说推销一词。其实,两者不能等同,推销并非营销,推销仅仅是市场营销过程中的一个步骤或者一项活动,在整个营销活动中并不是最主要的部分。

管理大师彼得·德鲁克(Peter F. Drucker)说过:"可以设想,某些推销工作总是需要的,然而营销的目的就是要使推销成为多余。营销的目的在于深刻地认识和了解顾客,从而使产品或服务完全适合顾客的需要而形成产品自我销售。理想的营销会产生一个已经准备来购买的顾客,剩下的事就是如何方便顾客得到这些产品或服务。"

科特勒认为:"营销最重要的内容并非推销,推销只不过是营销冰山上的顶点。如果营销者把认识消费者的各种需求,开发适合的产品,以及定价、分销和促销等工作做得很好,这些产品就会很容易地销售出去。"

课堂感悟:市场营销:①是一个经济活动。(　　)
②贯穿企业经营全过程。(　　)
③引导商品或服务从生产者到消费者。(　　)
④从市场调研开始。(　　)
⑤就是推销。(　　)
⑥使推销成为多余。(　　)

事实上,市场营销早在产品制造之前就开始了。企业营销部门首先要通过调研分析确定哪里有市场,市场规模如何,有哪些细分市场,消费者的偏好和购买习惯如何。营销部门必须把市场需求情况反馈给研究开发部门,让研究开发部门设计出适应该目标市场的最好的可能产品。营销部门还必须为产品走向市场而设计定价、分销和促销计划,让消费者了解企业的产品,方便地买到产品。在产品售出后,还要考虑提供必要的服务,让消费者满意。所以说,营销不仅是企业经营活动的某一方面,它始于产品生产之前,并一直延续到产品售出以后,贯穿于企业经营活动的全过程。

重要信息 1-2　　　　　市场营销工作的变迁

工业革命完成后,欧洲有人以研究小范围内的消费者为出发点,以此为依据来制定产品计划;1929 年资本主义世界爆发了空前的经济危机,经济出现大萧条、大菱缩,社会购买力急剧下降,市场问题空前尖锐,危机对整个资本主义经济打击很大,有人开始从产品推销的角度进行了市场研究;二战后,国际经济发展进入了黄金时期,社会商品急剧增加,社会生产力大幅度提升,而与此相对应的居民消费水平却没有得到多大的提升,市场开始出现供过于求的状态。美国一些市场营销专家,开始通过调查了解消费者的需求和欲望,提出了生产符合消费者的需求和欲望的商品或服务,进而满足消费者的需求和欲望。这也就要求企业将传统的"生产—市场"关系颠倒过来,即将市场由生产过程的终点,置于生产

课堂感悟:市场营销是在社会产品求大于供(　　)还是供大于求(　　)的情形下出现的。

过程的起点。这一新概念导致市场营销基本指导思想的变化,在西方称之为市场营销的一次"革命"。

由此,我们可以看出,市场营销工作是一个不断变化的社会经济活动。作为一项职业活动,其内涵

与外延也随时发生着演变。

在今天买方市场条件下,市场营销活动的作用越来越突出。市场营销职业活动也主要表现为企业市场营销人员作为卖方,如何帮助自己的企业研究消费者,开发产品,运用适当的方式、时机和地点来满足消费者需求,以实现企业的经营目标。

特别是进入数字化时代,移动端迅速崛起,随之而来的是消费者生活方式的改变。这将给市场营销活动带来挑战的同时,也面临着前所未有的机遇。

2. 市场营销中的术语

市场营销活动的出发点是满足消费者需求,那么,以何种产品来满足消费者需求,如何才能满足消费者需求,即通过交换方式,产品在何时、何处交换,通过谁来实现产品与消费者的连接等,就是我们市场营销从业者应该关注的内容。在进行市场分析时,我们常常用到以下术语。

(1) 需要、欲望和需求

需要(needs)。需要是指人类没有得到某些满足时的一种感受状态,主要指消费者生理及心理的需求。需要是人类行为的起点,美国社会心理学家马斯洛提出了人类需要的层次理论,即人类的需要可以分为五个层次,包括生理需要、安全需要、社会需要、尊重需要和自我实现需要。可见,需要在市场营销活动之前就已经存在,对于市场营销人员来说不能创造这种需要,只能去分析适应它。

欲望(wants)。欲望是指人们满足具体需要的企求,是由个人文化背景及生活环境的陶冶所表现出来的人类需要,也是消费者深层次的需要。不同背景下的人们欲望不同,人的欲望受社会因素及机构因素,诸如职业、团体、家庭、宗教信仰等影响。因而,欲望会随着社会条件的变化而变化。可见,欲望是在需要的基础上产生的,市场营销者能够通过营销手段或措施来影响消费者的欲望,如吸引消费者对某种产品的注意力。

例 1-2 在世界范围内,不同国家的人们对主食品种方面表现出的欲求就大不相同,中国人主食主要是大米饭,法国人主食则是著名的法式长棍面包,美国人则是引以自豪的汉堡包。

需求(demand)。需求是指人们有能力并愿意购买某种产品的欲望。即当一个人有能力且愿意购买他所期望的产品时,欲望就变成了需求。

许多人都想购买豪华轿车,甚至是超级跑车,但只有具有支付能力的人才能购买。因此,市场营销者不仅要了解有多少消费者欲求其产品,还要了解

课堂感悟:需要、欲望和需求三者之间的关系是:需要是产生需求的前提( ),欲望是在需要基础上产生的( ),营销活动可以影响欲望( ),并创造需要。

他们是否有能力购买。可见,市场营销尽管不能创造人类的基本需要,但是可以影响消费者的欲望,并开发、销售特定的产品或服务,来创造需求,满足需求,引领需求。

(2) 产品(Product)

产品是指用来满足顾客需求和欲求的物体。产品包括有形与无形的、可触摸与不可触摸的。有形产品是为顾客提供服务的载体。无形产品或服务是通过其他载体,诸如人、

地点、活动、组织和观念等来提供的。当我们学习工作一天后,可以到影剧院欣赏演唱会(人),可以到游乐园去游玩(地点),可以到校园绿地散步(活动),可以参加学生会活动(组织),或者接受一种新的意识(观念)。服务也可以通过有形物体和其他载体来传递。市场营销者的任务是为了满足顾客需求,提供利益和服务,而不能只注意产品的形貌,否则就是目光短浅的表现。

营销实务 1-1	小故事大市场

哈姆威是美国的一个糕点小贩。在一次美国举行的世界博览会上,组委会允许商贩在会场外摆摊设点。这样哈姆威就来到了会场外出售他的甜脆薄饼。在他摊位旁边的是一位卖冰淇淋的小贩。

当时正值盛夏,卖冰淇淋小贩的生意红火极了。但由于吃冰淇淋的人太多,盛装冰淇淋的小碟子不够使用,有很多顾客要等别人吃完退了碟子之后才能一享口福。哈姆威看到这种情况,灵机一动,把自己的薄饼卷起来,成为一个圆锥形,把"锥子"倒过来,就可以装冰淇淋吃了。顾客们目睹这种情况,都纷纷用薄饼卷成的小筒子装冰淇淋,并觉得这样吃起来更具有一番风味。

就这样,薄饼装冰淇淋受到了出人意料的欢迎,这也就是现在大家喜欢吃的蛋卷冰淇淋的雏形,哈姆威也因此发了一笔横财。

评析:现实生活中,我们细心观察和思考,还可以发现其他一些市场。市场营销活动就是建立在这种观察、信息收集的基础上,做出决策——薄饼卷装冰激凌(适应需求,加工产品,满足需求),最终冰激凌销量大增。

(3) 交换、交易和关系

交换(Exchange)。交换是指通过提供某种东西作为回报,从别人那里取得所需物的行为。人们有了需要和欲望,企业也将产品生产出来,还不能解释为市场营销,产品只有通过交换才使市场营销产生。人们通过自给自足或自我生产方式,或通过不正当方式获得产品都不是市场营销,只有通过等价交换,买卖双方彼此获得所需的产品,才产生市场营销。可见,交换是市场营销的核心概念。交换不一定以货币为媒介,也可以是物物交换。

交易(Transactions)。交易是指买卖双方价值的交换,它是以货币为媒介的,交易是交换的基本组成部分。交易涉及几个方面,即两件有价值的物品,双方同意的条件、时间、地点,还有维护和迫使交易双方执行承诺的法律制度。

关系(Relationships)。营销活动中,一些精明的市场营销者都会重视同顾客、中间商等建立长期、信任和互利的关系。而这些关系要靠长久的信誉承诺和为对方提供高质量产品、良好服务,以及公平价格来实现,靠双方加强经济、技术及社会联系来实现。这就是市场营销中的关系,这种关系可以减少交易费用和时间。在营销实践中,这种关系表现为牢固的业务关系——市场营销网络。

(4) **市场营销组合**

市场营销组合指的是企业在选定的目标市场时,综合考虑环境、能力、竞争状况对企业自身可以控制的因素加以最佳组合和运用，以完成企业的营销目的与任务。这里的可控因素主要指产品策略（Product Strategy）、价格策略（Price Strategy）、渠道策略（Place Strategy）、促销策略（Promotion Strategy），即 4Ps 组合。

（5）市场营销者和市场营销管理

市场营销者（Marketers）。市场营销者是指从事市场营销职业活动的人。通过职业学习，我们的未来很可能就是市场营销者。通常情况下，市场营销者是指卖方。当然，也可以是买方。作为买方，在市场上推销自己以获取卖方的青睐，这时买方就是在进行市场营销活动。

市场营销管理（Marketing Management）。市场营销管理是指对整个营销活动过程进行管理。根据职业成长规律，进入市场营销职场后，这是我们职业发展的较高目标。市场营销管理包括整个营销活动过程的分析、规划、执行和控制，管理的对象包含理念、产品和服务。主要任务是刺激消费者对产品的需求，但不能局限于此。它还帮助企业在实现其营销目标的过程中，影响需求水平、需求时间和需求构成。因此，市场营销管理的任务是刺激、适应及影响消费者的需求。从此意义上说，市场营销管理的本质是需求管理。

课堂测评

测评要素	表 现 要 求	已达要求	未达要求
知识掌握	能掌握市场、市场营销及术语的含义		
技能掌握	能初步认识市场营销操作活动		
任务内容整体认识程度	能概述市场、市场营销与推销的关系		
与职业实践相联系程度	能描述市场营销知识与技能的实践意义		
其他习得	能描述与其他课程、职业活动等的联系		

1.2 市场营销职业认知

作为一个常见的社会职业，市场营销的工作内容是什么？从企业的角度看，对市场营销从业人员有哪些要求呢？

市场营销是多个行业都需要的一个职业，不仅包括企业，也包括政府机构、公用事业等非营利部门，都设有一些专门从事营销的岗位或部门。既然众多组织中都需要这样一些职位，那么这些职位具体有哪些？主要的工作内容又是怎样的？对工作人员又有哪些要求呢？

1.2.1 市场营销职位认知

1. 市场营销职位

市场营销是个职位群，作为一个系统，也包括设计、生产、行政和财务等岗位，但在市场营销的职位群中，我们常常提到的职位有三个，即销售、市场分析和客户服务。销售岗位常常面对客户，是市场营销一线的工作；市场分析的职位主要做市场研究、营销计划、制定考核制度、组织设计、营销监督等工作；客户服务主要负责售后的用户服务。

根据职业成长规律,每个职位都可以分为初级、中级和高级。如我们经常听说的营销师、经理、营销总监就是这样一个职级划分。营销人员的成长也是从初级到中级,再到高级。

市场营销职业领域遍及各类内、外资工商企业,涵盖一般消费品生产、工业品生产、房地产、医药、汽车等多个社会行业的市场营销活动及管理。随着社会分工的进一步发展,作为市场营销专业的传统就业领域,工商企业的市场营销活动逐步呈现出一些细化的特征,如市场分析、营销策划、市场推广、连锁经营管理等,市场营销专业就业领域也随之专门化。随着信息技术的发展,经济全球化的推动,网络营销活动必将成为全球经营活动的首选平台;社会分工的进一步细化与推动,基于网络的市场营销活动专门化、专业化将是行业发展的必然趋势。

市场营销职业主要岗位有:企业销售部门业务员或主管岗位;零售企业或批发企业的促销员、推销员、店面管理、渠道管理、物流管理等岗位;企业营销部门的市场调查、信息统计、促销策划、广告策划、公关策划、售后服务、客户管理等岗位;企业的营销策划、市场预测分析岗位;各类咨询公司的相关岗位。此外,随着网络媒体社会化属性的开发,新媒体推广专员、微营销专员/新媒体营销专员、新媒体营销运营专员、新媒体营销经理/运营经理、新媒体营销总监、新媒体运营总监等岗位也应运而生。

2. 市场营销职业特征

市场营销是工商企业经营管理工作领域中一个重要的技术类职业,其职业工作特征主要体现在以下几个方面。

市场营销人员在不同的部门,如各类工商企业、服务行业、行政事业单位从事营销管理活动,负责产品或者服务销售市场的拓展和客户的开发,完成或超额完成销售任务,策划、组织、执行产品和品牌市场推广方案,终端形象维护及终端人员的培训与管理。

市场营销人员能够根据专业要求,进行市场调查与分析、产品或服务成本核算和相关合同的制定与审核,并在与同事进行有效交流的基础上,有效完成工作任务和工作岗位设计,协作完成市场营销职业活动。同时,还要考虑国际、国内市场环境,社会责任和生态保护的不同要求,以及由于社会经济发展给职业活动带来的新变化。

市场营销业务人员能对市场营销工作任务进行整体性观察,如通过市场调查与分析工作制定营销策划方案,通过有效的沟通交流积极加以实施,根据活动进展采取有效措施对业务活动加以监控;能在完整的工作背景下对业务活动进行有效组织,也就是说,借助其企业相关部门如生产、运输与财务部门的支持,合作完成业务活动。

市场营销业务人员还要考虑专业工作的客观条件,如产品标准、法律规定、工作流程说明等,特别是与消费者隐私、商业机密、知识产权保护和生态安全等方面有关的问题。

根据市场营销活动技能的综合性要求,市场营销业务人员在完成工作任务时,一方面应发挥已掌握专业知识和经验性知识,另一方面必须重视业务过程中的学习机会,以提高自己的素质和能力。

1.2.2 市场营销工作认知

1. 市场营销职业工作内容

市场营销职业工作的主要内容有以下几项。

(1) 销售商品。通过营销活动,将商品销售出去。具体的活动包括:寻找和识别潜在顾客、接触与传递商品交换意向信息、谈判、签订合同、交货和收款。

(2) 研究市场。为了更好地促进商品销售,企业必须通过研究市场,发现消费者是谁,在哪里,才可以顺利地进行商品销售。

(3) 生产与供应。企业作为生产经营者需要适应市场需求的变化,经常调整产品生产方向,借以保证生产经营的产品总是适销对路的。同时,在发现市场机会后,能够保持生产和供应。这就要求企业内多个部门密切配合,改变各自为政的状态,也就是"整体营销"。

(4) 创造需求。企业既要满足已经在市场上出现的现实性顾客需求,让每一个愿意购买企业的商品的顾客确实买到商品,也要争取那些有潜在需求的顾客,提供他们所需要的商品和服务,创造某些可以让他们买得起、可放心的条件,解除他们的后顾之忧,让他们建立起购买合算、消费合理的信念,从而将其潜在需求转变成为现实需求,前来购买企业的商品。这就是"创造市场需求"。

(5) 协调公共关系。企业作为一个社会成员,与顾客和社会其他各个方面都存在着客观的联系,改善和发展这些关系既可改善企业的社会形象,也能够给企业带来市场营销上的优势。

营销实务 1-2　　　　　　　　你是哪个营销员

一家制鞋公司要寻找国外市场,公司派遣一位业务员去非洲一个岛国,让他了解一下能否将本公司的鞋销售给他们。这位业务员到非洲一天后发回一封电报:"这里的人都不穿鞋,没有市场。我即刻返回。"公司又派出了一名业务员,第二个人在非洲考察了一个星期,发回一封电报:"这里的人都不穿鞋,鞋的市场很大,我准备把本公司生产的鞋卖给他们。"公司总裁得到两种不同的结果后,为了解到更真实的情况,于是又派去了第三个人,该人在非洲考察了三个星期,发回一封电报:"这里的人都不穿鞋,原因是他们脚上长有脚疾,他们也想穿鞋,过去不需要我们公司生产的鞋,因为我们的鞋太窄。我们必须生产宽鞋,才能适合他们对鞋的需求。这里的部落首领不让我们做买卖,除非我们借助于政府的力量和公关活动搞大市场营销。我们打开这个市场需要投入大约 1.5 万美元。这样我们每年能卖大约 2 万双鞋,在这里卖鞋可以赚钱,投资收益率约为 15%。"

评析:市场营销在不同的人眼中也存在较大不同。市场营销人员除了需要专业的技能外,高度的职业敏感、观察力也是必备的素质。

2. 市场营销职业工作过程

提到市场营销职业工作过程,往往意味着我们可以把市场营销职业活动看成是一个抽象的活动过程。这一过程包括分析市场机会、选择目标市场、确定市场营销策略和市场营销活动策划与管理。

(1) 分析市场机会。企业营销人员通过发现消费者现实的和潜在的需求,寻找各种"环境机会",即市场机会。

(2) 选择目标市场。对市场机会进行评估后,企业对进入的市场进行细分,分析每个细分市场的特点、需求趋势和竞争状况,并根据本公司优势,选择自己的目标市场。

(3)确定市场营销策略。为了满足目标市场的需要,企业对自身可以控制的各种营销要素如质量、包装、价格、广告、销售渠道等进行优化组合,形成市场营销组合设计。

(4)市场营销活动的策划与管理。营销活动中,企业通过制定市场营销计划,组织实施市场营销活动,并对营销过程加以控制。

营销实务 1-3   **争霸"家电世界杯"**

2022年11月20日,卡塔尔世界杯拉开帷幕。当32支球队在球场内角逐冠军,家电企业在球场外也正在进行自己的"世界杯"。在制造大省广东,大湾区的家电竞争尤为激烈。

来自惠州的TCL率先打响第一枪。9月,TCL在德国柏林消费类电子展上宣布签约4名欧洲球星作为全球品牌大使。除了彩电厂商,燃气灶选手也先后官宣。10月24日,佛山企业万和电气对外宣布,与德国足协达成签约合作,成为德国国家足球队的中国区官方合作伙伴,将与德国队开展全方位合作。空调玩家美的为本届世界杯场馆的100个安检中心提供2 500套美的空调,美的集团的"对头"格力自然也不落后。教育城体育馆、974体育馆、麦蒂娜娜球迷村等多个场馆的中央空调均由格力电器提供,总计高达4万多台套,包括格力中央空调多联机GMV、风机盘管、组合柜等产品。有部分企业虽然不在赞助名单上,但是也利用世界杯的契机大肆宣传一番。例如深圳企业创维电视就以足球赛事为噱头对产品进行宣传。

评析:有眼球、有流量的地方就有营销战场,更多的企业还有另外一个"贴"世界杯热度的营销方式,那就是赞助参赛国家队,或者赞助球星。实际上,广东家电已经是体育赛场上的常客,无论是产品供应还是赞助签约都轻车熟路。

1.2.3 市场营销人员要求

大多数情况下,市场营销人员都会在市场一线与客户接触,他们既是企业的代表,又是客户的顾问与参谋。因此,要做好营销工作,必须具备以下素质要求。

1. 营销人员基本素质

营销人员必须要有良好的心态和饱满的激情。无论是各专业的高校毕业生还是其他行业的职业人,想进入这个行业并把其作为事业来追求,必须热爱营销,并愿为之倾心倾力。

营销人员必须要有良好的沟通能力和书面表达能力。良好的沟通是营销人员开拓市场过关斩将的主要利器。同时营销人员还应该有过硬的书面表达能力,在进行实际操作的同时,文案制作要求有很强的文字表达能力和语言表达能力。

营销人员必须要有善于学习和总结的好习惯。营销人员必须掌握基本的营销知识体系,还应该善于总结,把工作中的一些经验和精华总结出来,以指导今后的营销工作。

2. 营销人员专业要求

营销人员必须要有勇于实践、勇于创新的精神。作为营销人员,一定要在掌握基本的营销理论的基础上,不断实践不断创新,只有有价值的创新营销才能在营销中立于不败之地,这也是营销人员孜孜不倦追求的目标。

营销人员必须要有敏捷的思维体系和良好的谈判运筹能力。作为营销人员,运用良好的沟通技巧,是做好营销工作的基本功,但一个优秀的营销人员更应该在更高的层次上有所突破,那就是具有缜密的逻辑思维,敏捷的现场反应,以及快捷的反应和应答能力。

营销人员必须要有敏锐的洞察力和市场反馈能力。营销人员应该有敏锐的市场感觉,及时收集分析市场的信息,并作以缜密的分析及时上报反馈给公司,以利于公司及时做出决策,趋利避害。

3. 营销人员道德要求

营销活动是一项为组织(企业)塑造形象、建立声誉的崇高事业,要求从业人员必须具有优秀的道德品质,诚实严谨、恪尽职守的态度,以及廉洁奉公、公道正派的作风。在代表组织(企业)进行社会交往和协调关系中,不谋私利;在本职工作中,尽心尽责,恪尽职守,能充分履行自己的社会责任、经济责任和道德责任。

营销人员还必须具有良好的团队合作精神。团队合作精神是人的社会属性在当今的企业和其他社会团体的重要体现,事实上它所反映的就是一个人与他人合作的精神和能力。

课堂测评

测评要素	表 现 要 求	已达要求	未达要求
知识掌握	能掌握市场营销职位、工作的内容		
技能掌握	能初步认识市场营销活动过程		
任务内容整体认识程度	能概述市场营销职业概况		
与职业实践相联系程度	能描述具体行业中的市场营销职位		
其他习得	能描述与其他课程、职业活动等的联系		

1.3 市场营销观念认知

市场营销活动应在一定观念指导下进行,这些观念有哪些呢? 它们之间又有哪些区别呢?

市场营销观念就是指导思想,有了明确的指导思想,我们才能有明确的态度及工作方法去从事市场营销活动。作为一个市场营销职业人,一系列职业活动都应该在一定的经营思想指导下进行。

1.3.1 市场营销观念的含义

市场营销活动是一种有意识的职业行为,是在一定经营思想指导下进行的。思想决定行动,市场营销观念就是企业以什么样的指导思想、什么样的态度和什么样的思维方式从事市场营销活动。

1. 市场营销观念的概念

简单来讲,市场营销观念就是指企业进行经营决策,组织管理市场营销活动的基本指导思想,也就是企业的经营哲学。

📚 **重要名词 1-2**

市场营销观念

市场营销观念是指企业进行市场营销活动时所秉持的指导思想和行为准则。企业的市场营销观念决定了企业如何看待顾客和社会利益，如何处理企业、社会和顾客三方的利益关系。

2. 市场营销观念的特征

企业的市场营销观念是在一定基础和条件下形成的，随着自身的发展和市场的变化，市场营销观念也在发生着变化。所以，市场营销观念是在特定时期、特定生产技术和市场环境条件下，进行市场营销活动的指导思想和根本总则，贯穿着整个市场营销活动的各个方面和全过程，指导着企业所有部门和所有方面的营销活动。

市场营销观念产生于 20 世纪初的美国。市场营销观念的出现，使企业经营观念发生了根本性变化，也使市场营销发生了一次革命。

1.3.2　市场营销观念的演变

市场营销观念是一种思想，一种态度，或一种企业思维方式。企业的市场营销观念不是一成不变的，经历了从传统的生产观念、产品观念、推销观念到市场营销观念和社会市场营销观念的发展和演变过程。

1. 以提高产品产量为重心——生产观念

生产观念也称为生产导向，是最古老的营销观念之一。这种观念产生于 20 世纪 20 年代前。其核心不是从消费者需求分析出发，而是从企业生产出发。其主要表现是"我生产什么，就卖什么"。这种观念有一个基本的前提假设，就是消费者可以接受任何买得到而且价格低廉的产品，企业的主要任务应该是提高生产效率，降低成本扩大生产，以扩展市场。

例 1-3　20 世纪初，美国福特汽车公司制造的汽车供不应求，亨利·福特曾傲慢地宣称："不管顾客需要什么颜色的汽车，我只有一种黑色的。"福特汽车公司 1914 年开始生产的 T 型车，就是在"生产导向"经营哲学的指导下创造出奇迹的，使 T 型车生产效率趋于完善，降低成本，使更多人买得起。到 1921 年，福特 T 型车在美国汽车市场上的占有率达到 56%。

显然，生产观念是在当时物资短缺，市场产品供不应求的情况下出现的。试想，当某种商品在一定时间内供不应求，形成卖方市场，消费者能否买得到或买得起成为市场的主要矛盾时，作为生产者的卖方，当然可以怡然自得、心无旁骛地进行源源不断的大量生产，而无需顾及销路的问题。

2. 以提高产品质量为重心——产品观念

产品观念也称产品导向，也是一种较早的营销观念，与生产观念相类似。这种观念片面强调产品本身，是典型的"酒好不怕巷子深"，认为只要产品高质量、多功能和具有某种特色，消费者就会喜欢，甚至到了一味地追求产品的精细、耐用、多功能等的境地，并一厢情愿地认为消费者会为产品这些额外的品质付更多的钱。

显然,这种观念把注意力放在产品上,而不是放在市场需要上。在实际操作中,只看到自己的产品质量好,看不到市场需求在变化,难免会陷入"曲高和寡"的尴尬境地。

例 1-4 2015 年,一家国内小品牌手机生产厂,模仿苹果公司生产出一款智能平板手机,投资花费了 2 亿元人民币,出厂 5 000 台后便停产了。它的特征是能内置其他类别的设备,比如:医疗、测距、夜视,等等。然而,谁是感兴趣的顾客,定位却未作深入地了解与研究。显然,只重视产品,忽视需求,是行不通的。

3. 以提高产品销量为重心——推销观念

推销观念也称销售观念,出现于 20 世纪 20 年代末至 50 年代前,是许多企业所采用的一种观念。这种观念的前提假设就是认为,一般消费者通常会

> **课堂感悟**:推销观念的出现意味着:产品供过于求(　　),还是求大于供(　　)。

有一种购买惰性或抗衡心理,如果顺其自然的话,消费者一般不会长期大量购买某一企业的产品,因此,企业必须积极推销和大力促销。

显然,推销观念出现的时代,逐渐出现了市场产品供过于求,卖家之间出现了竞争激烈。许多企业家感到,即使有物美价廉的产品,也未必能卖得出去,企业要在日益激烈的市场竞争中求得生存和发展,就必须重视推销。这种观念虽然比前两种观念前进了一步,由"无为而治"的销售,已经向有目的的"推"销转变,开始重视广告术及推销术,但其实质仍然是以生产为中心的。

4. 以满足目标市场需求为重心——市场营销观念

市场营销观念,是一种以顾客需要和欲望为导向的经营观念。市场营销观念是在 20 世纪 50 年代开始出现的。当时社会生产力迅速发展,市场趋势表现为供过于求的买方市场,同时广大居民个人收入迅速提高,有可能对产品进行选择,企业之间为实现产品的竞争加剧,许多企业开始认识到,必须转变经营观念,才能求得生存和发展。这样,"以消费者为中心"的市场营销观念就出现了,具体体现为"顾客需要什么,企业就经营什么"。

> **课堂感悟**:课堂感悟:市场营销观念的产生有其历史背景,与世界经济发展有关系吗?

市场营销观念的理论基础就是"消费者主权论",即生产产品的决定权不在于生产者,也不在于政府,而在于消费者。

例 1-5 日本本田汽车公司要在美国推出雅阁牌新车前,派出工程技术人员专程到洛杉矶地区考察高速公路的情况。工程技术人员回日本后,专门模拟修了一条 9 英里长的高速公路,组织试车。雅阁牌汽车出口到美国后备受欢迎,被称为全世界都能接受的好车。

表 1-1　推销观念与市场营销观念的区别

观念	出发点	中心	方法	目标
推销观念	厂商	产品	推销与促销	通过销售获得利润
市场营销观念	目标市场	消费者需求	协调市场营销	通过顾客满意获得利润

5. 以统筹兼顾三方利益为重心——社会市场营销观念

社会市场营销观念是指不仅要满足消费者的需要和欲望，而且还要符合消费者自身和整个社会的长远利益，正确处理消费者利益、企业利润和社会利益的关系，即在注重经济效益的同时，也要重视社会效益。社会市场营销观念是对市场营销观念的新发展，它出现于 20 世纪 70 年代。当时，部分企业为牟取暴利，以次充好、用虚假广告欺骗消费者。同时，企业在经营中造成了污染环境、物质浪费等现象，企业社会责任的缺失成为非常严重的社会问题。为了解决这些问题，就出现了社会市场营销观念。在今天，我们生活中依然存在着一些这样的现象，如网吧利用学生普遍对电子游戏着迷的心理，不顾政府禁令、学生的身心健康而牟取暴利，充分说明了社会市场营销观念的现实意义。

上述五种企业营销观念，其产生和存在都有其历史背景和必然性，都是与一定的条件相联系、相适应的。随着世界经济的发展，越来越多的企业将营销活动跨越国界，市场营销观念又出现了新发展，诸如"大市场营销观念"和"全球营销观念"。可以想见，在百年未有之大变局下，国际格局和国际体系正在发生深刻调整，全球治理体系正在发生深刻变革，营销观念还将出现进一步的创新与发展。

1.3.3 市场营销观念新发展

在前面五种观念的基础上，市场营销观念又有了以下一些新的发展。

1. 顾客让渡价值

顾客让渡价值是指企业转移的、顾客感受得到的实际价值。顾客让渡价值是科特勒在《营销管理》一书中提出来的，他认为，"顾客让渡价值"是指顾客总价值（Total Customer Value）与顾客总成本（Total Customer Cost）之间的差额。顾客总价值是指顾客购买某一产品与服务所期望获得的一组利益，它包括产品价值、服务价值、人员价值和形象价值等。顾客总成本是指顾客为购买某一产品所耗费的时间、精神、体力，以及所支付的货币资金等，因此，顾客总成本包括货币成本、时间成本、精神成本和体力成本等。

表 1-2　顾客让渡价值

顾客让渡价值	顾客总价值	产品价值	产品质量、功能、式样中产生的价值，是顾客考虑的首要价值
		服务价值	购买后的利益保证与追加，如培训、安装、维修、服务态度等
		人员价值	营销人员留给顾客的印象
		形象价值	顾客对产品形象、企业形象的心理认同
	顾客总成本	货币成本	产品价格，即顾客购买所支付的货币量
		时间成本	顾客购买所要付出的时间
		体力成本	顾客购买所要消耗的体力
		精力成本	顾客购买所要消耗的精力与心理承受能力

2. 关系营销

关系营销，是把市场营销活动看成是一个企业与消费者、供应商、分销商、竞争者、政府机构及其他公众发生互动作用的过程。它的结构包括外部消费者市场、内在市场、竞争者市场、分销商市场等,核心是和自己有直接或间接营销关系的个人或集体保持良好的关系。

关系营销是从 1984 年科特勒提出的"大市场营销"基础上发展而来的,提出的原因是单靠一般交易活动建立的品牌忠诚度不稳,回头客太少,与顾客的关系太松散。为了扩大回头客的比例,他提出了关系营销。

3. 绿色营销

绿色营销观念主要强调把消费者需求与企业利益和环保利益三者有机地统一起来,它最突出的特点,就是充分顾及资源利用与环境保护问题,要求企业从产品设计、生产、销售到使用整个营销过程都要考虑到资源的节约利用和环保利益,做到安全、卫生、无公害等,其目标是实现人类的共同愿望和需要——资源的永续利用与保护和改善生态环境。为此,开发绿色产品的生产与销售,发展绿色产业是绿色营销的基础,也是企业在绿色营销观念下从事营销活动成功的关键。

绿色营销观念是在 20 世纪 80 年代,社会环境破坏、污染加剧、生态失衡、自然灾害威胁人类生存和发展的背景下提出来的新观念。

> 课堂感悟:绿色营销观念与环保有关,它与今天我国多地频频发生的雾霾天气有什么关系?

4. 体验营销

体验营销是指企业通过采用让顾客看(See)、听(Hear)、用(Use)、参与(Participate)的手段,充分刺激和调动其感官(Sense)、情感(Feel)、思考(Think)、行动(Act)、关联(Relate)等感性因素和理性因素,让顾客实际感知产品或服务的品质或性能,从而促使顾客认知、喜好并购买的一种营销方式。这种观念认为消费者消费时是理性与感性兼具的,消费者在消费前、消费中和消费后的体验才是购买行为与品牌经营的关键。

例 1-6　星巴克的体验营销

当咖啡被当成"货物"贩卖时,一磅卖 300 元;当咖啡被包装为商品时,一杯就可以卖 25 元;当其加入了服务,在咖啡店中贩卖,一杯要 35~100 元;但如能让顾客体验咖啡的香醇与生活方式,一杯就可以卖到 150 元甚至好几百元。星巴克(Starbucks)真正的利润所在就是"体验",它擅长咖啡之外的"体验",如气氛管理、个性化的店内设计、暖色灯光、柔和音乐等。星巴克还极力强调美国式的消费文化,顾客可以随意谈笑,甚至挪动桌椅,随意组合。

5. 文化营销

文化营销是指企业成员共同默认并在行动上付诸实施,从而使企业营销活动形成文化氛围的一种营销观念,它反映的是现代企业营销活动中,经济与

> 课堂感悟:有人说,麦当劳、肯德基就是典型的美国快餐文化营销,你觉得呢?

文化的不可分割性。企业的营销活动不可避免地包含着文化因素,企业应善于运用文化因素来实现市场制胜。如每年中秋节,我们都要吃月饼,我们吃的其实是中华民族的传统文化——喜庆团圆!

6. 数字营销

数字营销是指借助于互联网络、电脑通信技术和数字交互式媒体来实现营销目标的一种营销方式。数字营销将尽可能地利用先进的计算机网络技术，以最有效、最省钱的方式谋求新的市场的开拓和新的消费者的挖掘。

数字营销是基于明确的数据库对象，通过数字化多媒体渠道，比如电话、短信、邮件、电子传真、网络平台等数字化媒体通道，实现营销精准化，营销效果可量化、数据化的一种高层次营销活动。

营销实务 1-4	你是淘宝客吗

提起数字营销，大部分人第一反应就会想到淘宝。为什么呢？或许是因为其在中国电商界的影响力，或许是因为其销售量，也可能因为你是一个淘宝客。淘宝自其 2004 年上线以来就受到了广大消费者的欢迎，其宗旨是为中国人上网购物及交易提供一个优秀的平台，打造国内领先的网上个人交易市场和网商社区，为全球数百万会员提供网上商务服务。

评析：淘宝已经有了自己的 C2C 和 B2C 平台，加上阿里巴巴的 B2B，再加上其拥有自己的聊天工具、支付平台、网上银行、物流体系、手机淘宝店，今后必定会成为中国电子商务巨头，也会带动我国电子商务迈出一大步！

7. 概念营销

概念营销，是指企业在市场调研和预测的基础上，将产品或服务的特点加以提炼，创造出某一具有核心价值理念的概念，通过这一概念向目标顾客传播产品或服务所包含的功能取向、价值理念、文化内涵、时尚观念、科技知识等，激发目标顾客的心理共鸣，最终促使其购买的一种营销新理念。

营销实务 1-5	一字之差

江苏一家企业利用新型材料发明了一种夜间"发光开关"，产品三次冲击上海市场均告失败。后来进行概念营销，推出"夜视开关"概念，一下子打开了销路。其实，"夜视开关"与"发光开关"在产品层面毫无差异，但是在概念层面却大不一样。"发光开关"只是一种普通的称谓，而"夜视开关"却成功地将小小的开关与高新技术挂钩，消费者很容易联想到曾在海湾战争中大出风头的"夜视"技术。

评析：市场营销活动中，一字之差可谓失之毫厘，谬之千里。

8. 整合营销

整合营销就是为了建立、维护和传播品牌，以及加强客户关系，而对品牌进行计划、实施和监督的一系列营销工作。整合就是把各个独立的营销综合成一个整体，以产生协同效应。这些独立的营销工作包括广告、直接营销、销售促进、人员推销、包装、事件、赞助和客户服务等。

课堂测评

测评要素	表 现 要 求	已达要求	未达要求
知识掌握	能掌握市场营销观念的概念		
技能掌握	能初步认识市场营销观念的演变过程		
任务内容整体认识程度	能概述市场营销观念演变与社会发展关系		
与职业实践相联系程度	能描述市场营销观念的实践意义		
其他习得	能描述与其他课程、职业活动等的联系		

任务 1 小结

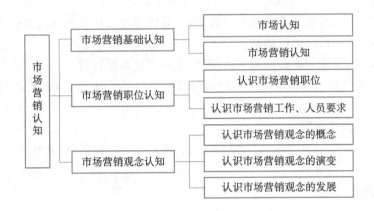

教学做一体化训练

一、重要名词
市场   市场营销   市场营销观念

二、课后自测

（一）单项选择题

1. 市场是某项商品或劳务的所有现实和潜在的（   ）。

A. 购买者   B. 生产者   C. 供应商   D. 厂家

2. 交易是指买卖双方价值的交换，它是以（   ）媒介的，是交换的基本组成部分。

A. 商品   B. 货物   C. 货币   D. 服务

3. 市场营销管理的任务是刺激、适应及影响消费者的需求。从此意义上说，市场营销管理的本质是（   ）管理。

A. 需求   B. 销售   C. 供应   D. 生产

4. 片面强调产品本身，典型的"酒好不怕巷子深"是指（   ）。

A. 生产观念   B. 产品观念   C. 推销观念   D. 社会市场营销观念

5. 绿色营销观念最突出的特点，就是充分顾及（   ）与环境保护问题。

A. 资源利用   B. 企业生产   C. 企业营销   D. 企业推销

(二) 多项选择题

1. 从微观角度看,市场构成要素包括(   )。

A. 人口   B. 购买能力   C. 购买欲望   D. 实际需求

2. 市场营销管理过程包括(   )。

A. 分析   B. 计划   C. 执行   D. 控制

3. 社会市场营销观念是指企业在开展市场营销活动过程中,应恰当处理(   )方面的关系。

A. 员工利益   B. 企业利益   C. 顾客利益   D. 社会利益

4. 生产观念是一种重生产、轻市场营销的观念,这种观念的形成主要来源于(   )。

A. 供不应求,因而消费者更在乎得到产品而不是它的优点。

B. 产品质量差,因而消费者最喜欢高质量、多功能和具有某种特色的产品。

C. 成本太高,因而必须以提高劳动生产率来扩大市场。

D. 大规模生产,因而商品产量迅速增加,产品质量不断提高。

5. 顾客总价值是指顾客购买某一产品与服务所期望获得的一组利益,它包括(   )

A. 产品价值   B. 服务价值   C. 人员价值   D. 形象价值

6. 体验营销包括让顾客(   )。

A. 看   B. 听   C. 用   D. 观察

E. 购买

(三) 判断题

1. 市场是指为了满足特定需求而购买或准备购买特定商品或服务的消费者群体。(   )

2. 市场营销职业工作就是推销和广告。(   )

3. 市场营销中所讲的欲望是指人类没有得到某些满足时的一种感受状态。(   )

4. 市场营销组合指的是企业为实现其目标而针对自身可以控制的因素进行的最佳组合设计与运用。(   )

5. 社会市场营销观念是对市场营销观念的进一步修正和完善,强调企业在追求经济效益的同时,也要兼顾社会效益。(   )

6. 体验营销观念认为消费者消费时是理性与感性兼具的,消费者在消费前、消费中和消费后的体验才是购买行为能否产生的关键。(   )

7. 顾客让渡价值营销观念强调的是更加关注顾客的利益,为顾客提供尽可能大的让渡价值。(   )

(四) 简答题

1. 什么是市场? 其宏观构成要素有哪些?

2. 市场营销的概念是什么,其主要术语有哪些?

3. 如何正确认识市场与市场营销、推销与市场营销之间的关系?

4. 市场营销管理的实质是什么?

(五) 案例分析

据数据统计,2020 年中国新茶饮规模达到 1020 亿元,2021 年市场规模突破 1100 亿元。如此庞大的新茶饮市场,竞争已愈发激烈,那么什么样的茶饮品牌才能成功呢? 从喜茶身上,我们或许能找出答案。

1. 从产品出发,打造独特竞争力

茶饮行业已走过多年,市场容量趋近饱和,同质化现象严重。要想在行业中脱颖而出,占据一席之地,就要有自己的独特的竞争力,而喜茶,将产品作为重点。据统计,喜茶平均每 1.2 周便会推出新品,推新速度与质量独占鳌头。

2. 线上线下齐头并进,加码数字化运营

近年来,自新茶饮行业进入红海竞争阶段后,品牌之间的较量也扩大到线上。如何推动线上线下的融合发展,优化用户体验,是新茶饮品牌需要直面的问题。

为此,早在 2018 年,喜茶便在微信正式上线点单小程序"喜茶 GO"。在"喜茶 GO"小程序内,顾客可以就近选择离自己最近的门店,选择相应产品和规格,支付后即可完成点单。其中,订单结算页面会提示顾客大致等待时间,同时顾客也可以预约门店自取时间,时间精确到 15 分钟。

"喜茶 GO"小程序投入使用后,实现了下单、预约和外卖一体化,也丰富了喜茶线下门店之余的服务场景,开启了茶饮数字化营销的时代。截至 2020 年底,"喜茶 GO"微信小程序会员超 3 500 万,消费者使用"喜茶 GO"小程序点单的人均等待时长较 2018 年缩短了近三分之一。

3. 推出子品牌,覆盖更多人群

纵观一二线城市的茶饮市场,已趋近饱和,随着三四线城市消费水平的提升,这部分城市人群的需求亟待满足。为此,喜茶在去年推出了子品牌喜小茶,单品定价在 6~15 元,比原来的喜茶能便宜上一半,而饮品的口感也能满足大家的喜好。

4. 注重营销创新,制造轰动效应

喜茶最常用也最好用的营销招数——饥饿营销,也就是排队。喜茶通过专门策划,营造起门店客人排队的场景。排的队够长,排队的时间持续得持久,当人们开始议论其真实性的时候,就说明它火了。而且现在网络太发达,"网红"、网络自媒体都来验证它的真实性,其实也是变相的推广。

(资料来源:金融界,一文读懂喜茶为何能够成功,2021.9.8)

问题:

1. 试着总结喜茶的营销观念。

2. 为你所熟悉的小型企业提出一份营销观念变革的报告。

(六)同步实训

☐ **同步实训 1-1:市场观察与讨论**

实训目的:初步认识市场的经济意义。

实训安排:

1. 学生分组观察校园周边不同的小市场(店铺),分析其满足了人们的哪些需求,还存在哪些缺点。

2. 学生也可以从个人角度出发,自主选择一种自己熟悉的日用品,分组讨论其满足了个人的哪些需要。

3. 选择部分学生制作 PPT 进行展示,并组织讨论。

实训总结:学生小组交流不同观察结果,教师根据观察报告、PPT 演示、讨论分享中的表现分别给每组进行评价打分。

□ **同步实训1-2：市场营销岗位认知**

实训目的：通过实训演练与操作，初步认识市场调查工作。

实训安排：

1. 学生分组，收集不同行业（如矿泉水、房地产、汽车、酒店营销等）市场营销职业工作岗位职责、任务等资料。

2. 通过比较，归纳总结出共性的职业工作内容与要求。

3. 选择部分学生制作 PPT 进行展示，并组织讨论与评析。

实训总结：学生小组交流不同行业的观察结果，教师根据观察报告、PPT 演示、讨论分享中的表现分别给每组进行评价打分。

□ **同步实训1-3：市场营销观念认知**

实训目的：认识市场营销观念，理解其实际意义。

实训安排：

1. 学生分组，列举今天依然"酒好不怕巷子深"的企业产品，讨论分析其原因。（注意垄断要素）

2. 学生分组，网络查找企业社会责任报告，选取一个企业，分析讨论，并概括其社会市场营销观念。（注意社会评级）

3. 选择部分学生制作 PPT 进行展示，并组织讨论与评析。

实训总结：学生小组交流不同行业的观察结果，教师根据观察报告、PPT 演示、讨论分享中的表现分别给每组进行评价打分。

市场营销初步
认知课程思政

课程思政园地

"炮制虽繁必不敢省人工，品味虽贵必不敢减物力"，这句古训，不仅是一代又一代医者匠人需要恪守的人生信条，更是三百年来同仁堂长久不衰的最好证明，那就是只有将匠心融入其中，才能够提炼出最具疗效的药材。

在传统企业中，同仁堂算得上是数一数二的了。很多中国传统企业在当今时代正逐渐走向没落，昔日的繁荣与荣誉早已消失在历史的尘埃之中，令人哀叹惋惜。而同仁堂似乎是个例外，在众多外来及本土优势企业的冲击下，同仁堂能够稳立其脚跟，靠的不仅是同仁堂三个字的金字招牌，更是同仁堂人的坚持原则、恪守信条。

同仁堂的产品以其传统、严谨的制药工艺，显著的疗效享誉海内外。同仁堂更是以"同修仁德，济世养生"的经营宗旨，体现出其爱国爱人之心，仁药仁术之本，以及以义取利，以诚守信的精神之道。也许，这就是国药之光，用中国人的技艺让整个世界为之臣服。

两个"不敢"的古训处处高悬。这既是同仁堂的自励，也是对中医药文化的一种担当，更是对顾客和患者做出的承诺。

思考：

1. 同仁堂是怎样一个品牌？

2. 同仁堂古训的意义有哪些？

3. 同仁堂发展历程给我们哪些启示？

学生自我总结

通过完成任务 1 市场营销认知,我能够做如下总结:

一、主要知识

概括本任务的主要知识点:
    1.
    2.

二、主要技能

概括本任务的主要技能:
    1.
    2.

三、主要原理

你认为,市场营销工作的基本原理是:
    1.
    2.

四、相关知识与技能

你在完成本任务后掌握的相关知识与技能:
    1. 市场营销出现的原因有:
    2. 市场营销观念的变化趋势有:
    3. 市场营销职业岗位主要有:

五、成果检验

你在完成本任务后取得的学习成果:
    1. 完成本任务的意义有:
    2. 学到的知识或技能有:
    3. 自悟的知识或技能有:
    4. 你对国家自主品牌营销的看法是:

项目二
市场机会分析

　　2010年4月,小米科技成立。当时,国内智能手机市场主要有两种生态:一是高价格、高性能,如苹果和三星;二是低价格、低性能,如酷派等国产安卓机及众多山寨机。两者之间恰恰是空白地带,其间孕育着极大的商机。

　　于是,小米抓住这一绝佳的市场机会,推出了低价格、高配置的智能手机。第一代产品于2011年8月发布,售价1 999元,主要针对手机发烧友,采用线上销售模式。很快,大批忠诚的"米粉"为小米手机带来了良好的口碑。据电商监测产品iEcTracker统计数据显示,2013年主流电商平台手机品牌销量排名中,含小米官网情况下,小米手机销量超过三星,排名第一,销售1 368.8万台,占比23.9%。

　　创始人雷军认为:伟大的公司总是诞生在伟大的趋势之中,智能手机应该是这个时代最大的机会。

　　所有的营销者应该谨记,必须在分析市场环境、消费者购买行为、市场竞争状况的基础上,收集整理大量营销信息,根据自己的实际情况,来发现自己的市场机会。

本项目包括:任务2　市场营销环境分析
　　　　　　任务3　市场购买行为分析
　　　　　　任务4　市场竞争状况分析
　　　　　　任务5　市场营销信息处理

任务 2　市场营销环境分析

学习目标

1. 知识目标
(1) 了解宏观营销环境因素。
(2) 了解微观营销环境因素。
(3) 理解营销环境分析的作用。
2. 能力要求
(1) 能对宏观营销环境进行分析。
(2) 能对微观营销环境进行分析。
(3) 能够完整表述营销环境分析的意义。
3. 思政目标
(1) 理解人类命运共同体理念。
(2) 增强四个自信。
(3) 树立生态文明理念。

任务解析

根据市场营销职业工作过程活动顺序,这一任务可以分解为以下子任务。

2.1 宏观营销环境认知

2.2 微观营销环境认知

2.3 市场营销环境分析

市场营销环境
分析营销故事

营销故事

　　大家一定听说过"入乡随俗"这句成语,它的含义是到一个地方,就应顺从当地的习俗。作为社会经济细胞之一,到一个新的地方投资经营,入乡随俗就显得尤为重要。

　　1973 年,赫赫有名的肯德基大摇大摆地走进了香港。记者招待会上,肯德基公司主席夸下海口:要在香港开设 50 至 60 家分店。肯德基家乡鸡首次在香港推出时,配合了声势浩大的宣传攻势。电视广告迅速引起了消费者的注意。电视和报刊、印刷品的主题,都采用了家乡鸡世界性的宣传口号："好味到舔手指"。声势浩大的宣传攻势，加上独特的烹调方法和配方，使得顾客都乐于一尝，而且在家乡鸡进入香港以前，香港人很少品尝过美式快餐。虽然香港本土快餐店均早于家乡鸡开业，但当时规模较小，根本不是肯德基的竞争对手。看来肯德基在香港前景光明。

然而，肯德基在香港并没有风光多久。1974 年 9 月，肯德基公司突然宣布多家餐店停业，只剩 4 家坚持营业。到 1975 年 2 月，首批进入香港的肯德基全军覆没，全部关门停业。

当时的香港评论家曾大肆讨论此事，最后认为导致肯德基全盘停业原因，是鸡的味道和宣传服务上出了问题。家乡快餐店采用了本地产的土鸡品种，但仍采用以前的喂养方式，破坏了中国鸡特有的口味。家乡鸡采用了"好味到舔手指"的广告词，而在香港居民观念中，这是不卫生的习惯。在服务上，店内通常不设座位，等于是赶走了一批有机会成为顾客的人。总之，家乡鸡首次进入香港的失败，败在未对香港的环境文化作深入的了解。最终，肯德基是大摇大摆地走进香港，又灰溜溜地离去。

读后问题：

1. 你觉得肯德基餐饮有哪些特点？
2. 故事里的肯德基在香港开业前做了哪些活动？
3. 故事里"入乡随俗"的"俗"有哪些？
4. 这则故事最想告诉你什么？

2.1　宏观营销环境认知

任何企业总是生存于一定的环境之中。在分析企业面临的宏观营销环境之前，我们有必要从总体上认识一下市场营销环境的概念。

市场营销环境也称市场经营环境，是指企业市场营销职能以外的、不可控制的因素与力量。这些因素与力量影响着企业为目标顾客提供令其满意的产品或服务的能力。企业应通过分析，认识环境的发展趋势，并主动去适应其变化或努力施加影响，使其朝着有利于企业营销目标实现的方向发展。

企业营销活动与其经营环境密不可分。从分析的角度看，企业营销环境可以分为宏观营销环境与微观营销环境。

2.1.1　宏观营销环境解读

市场宏观营销环境其实是指众多的社会因素，这些因素互相作用，共同对企业营销活动形成影响。针对一项具体的营销活动，营销人员必须首先认识有哪些因素，这些因素发挥着什么样的作用。

1. 宏观营销环境的概念

市场宏观营销环境是指那些给企业造成市场机会和环境威胁，进而能够影响企业运作和绩效的自然及社会力量的总和，构成要素主要有人口因素、经济因素、自然因素、技术因素、政治和法律因素及社会和文化因素等。如图 2-1 所示。

图 2-1　企业市场宏观营销环境

2. 宏观营销环境的利用

宏观环境其实是企业市场营销活动的外部大环境,也称间接环境。它对于企业来说,既不可控制,又不可影响,但它对企业营销的成功与否起着十分重要的作用。"适者生存"既是自然界演化的法则,也是企业营销活动的法则,如果企业不能很好地适应外界环境的变化,则很可能在竞争中失败,从而被市场所淘汰。与此同时,宏观营销环境还对微观环境产生着重要影响,即以微观营销环境为媒介,间接影响和制约企业的市场营销活动。

企业必须通过分析宏观营销环境,更好地认识其对微观营销环境的影响,通过营销努力来适应社会环境及变化,以达到营销目标。

2.1.2　宏观营销环境分析

1. 人口因素

人口因素是指人口的规模、密度、地理分布、年龄、性别、家庭、民族、职业等有关状况。人口多少意味着潜在消费者数量的多少,潜在消费者数量的多少又决定着市场的大小;消费者的年龄、性别等因素决定着购买需求及其购买行为。

(1) 总人口。一个国家或地区的总人口数量,是衡量市场潜在容量的重要因素。一般来讲,人口总量越大,企业营销的市场就越大。

(2) 年龄结构。年龄结构是指人口总数中各年龄层次的比例构成。它主要在以下方面影响市场营销活动:一是不同年龄层次的购买者的收入状况不同;二是不同年龄层次的购买者家庭的大小不同,其购买力的主要投向不同;三是不同年龄层次的购买者对商品价值观念的不同影响着其购买行为。

例 2-1　老年人消费特点

据中国老年协会介绍,中国目前 60 岁以上的老年人口已达 1.6 亿,并以每年 3% 的速度递增。预计到 2030 年中国老年人口将超过欧洲人口。我国老年产品与服务的多种需求构成了一个十分庞大、丰富多彩的市场。老年人购物时,有求实、求廉的动机,一般要求商品经济实用、朴实大方、经济耐用、质量可靠、使用便利、易学易用、安全舒适、有益健康。他们对商品的审美情趣、花色款式无过高要求,对于许多产品,往往是在产品市场生命周期的中后期才开始使用。老年人对于商品要求实用,不赶时髦,在购物过程中更注重商品的价格。

(3) 家庭。有些商品,特别是以家庭为单位进行消费的商品的购买行为受家庭状况的影响比较大,如住房、用电器等。与家庭组成相关的是家庭人数,而家庭平均成员的多少又决定了家庭单位数,即家庭户数的多少。一个市场拥有家庭单位和家庭平均成员的多少及家庭组成状况等,对市场消费需求的潜量和需求结构,都有十分重要的影响。

例 2-2　三孩政策带来的汽车商机

2021 年 5 月 31 日,中共中央政治局会议审议有关文件并决定实施一对夫妻可以生育三个子女政策及配套支持措施。越来越多的年轻消费人群不仅将面对家中"上有老,下有小"的局面,还将面临"三个孩子"的压力。家庭成员的增多,也对家庭用车提出了更高要求。普通 5 座轿车已经难以满足新家庭结构的用车需求,将有越来越多的消费者会考虑购买 7 座车型。在此情况下,兼具大空间、多功能性和舒适性的 7 座家用 MPV 就具有明显优势,更能满足家用车对空间的需求。

（4）地理分布。地理分布是指人口居住地区上的疏密状况和分布情况。人口密度大,消费者就会相对集中;俗话说:"十里不同风,百里不同俗。"由于地理环境、气候条件、自然资源、风俗习惯的不同,居住在不同地区的人群消费需求的内容和数量存在较大的差别。城乡居民由于生活环境的差异其对商品的需求也不同,如针对同一个商品,他们对其在档次、花色、品种、功能的各个方面都有不同的评价。

例 2-3　南北方饮食文化差异

提及南北饮食的差异,大家可能首先会想到南方主食大米、北方主食面粉。其实这与南北方的农业生产结构不同有关,我国南方的气候高温多雨、耕地多以水田为主,所以当地的农民因地制宜种植生长习性喜高温多雨的水稻。而我国北方降水较少,气温较低,耕地多为旱地,适合喜干耐寒的小麦生长。因为主食的不同,造成了整个饮食结构及吃法的巨大差异。南方和北方除了食米食面、食鱼食肉的差异,在烹调习惯、口味风格方面也有巨大不同。比如稀饭,北方就是小米粥、大米粥,或再放几颗枣。但在南方,不仅粥里放菜,就连火腿、皮蛋也一股脑儿往里放,甚至粽子都裹香肠、皮蛋等。另外南方人喜甜,北方人喜咸;南方人吃菜喜欢分别炒,北方人偏爱一锅熬,等等。

（5）性别结构。由于生理、心理和社会角色等方面的差别,导致男性和女性对于商品的需求及购买行为都有很明显的差别。受传统思想的影响,购买家庭日常用品者多为家庭主妇,购买家庭耐用的大件商品如家用电器等则多为男性购买者。

（6）地区间人口的流动性。在市场经济条件下,会出现地区间人口的大量流动,对营销者来说,这意味着一个流动的大市场。而人口流动的总趋势是,人口从农村流向城市、从城市流向市郊、从不发达地区流向发达地区、从一般地区流向开发地区。企业营销者应及时注意人口流动的客观规律,适时采取相应的对策。

例 2-4　大学毕业生流动对房地产的影响

目前,全国范围内的人口流动现在已经变得非常普遍,中西部流向东南沿海、南方漂向北方,北方移向南方,尤其是北京、上海、广州、深圳等大城市,一直以来是广迎四方之客。但受一线城市高房价、竞争压力大等因素的影响,2018～2019 年出现了另外一种返潮的现象,那就是不断有大学毕业生返回三四线城市工作,这一方面会促进当地经济发展,另一方面又会提高当地居民整体文化素质水平,提高收入水平,购买力会进一步增强,他们将成为住房的主要购买者。不仅如此,大学毕业生流向三四线城市,新思维的进入可能会推动创业浪潮在这些城市掀起,这将推动当地写字楼的发展。

2. 经济因素

经济环境一般是指影响企业市场营销方式与规模的经济因素,如经济发展阶段、地区与行业的经济发展状况、社会购买力水平等。市场规模的大小不仅取决于人口的多少,还要取决于社会购买力的大小。因此应当密切注意购买力的变动所带来的环境机会和环境威胁。

(1) 经济发展阶段。对于一般消费品市场来说,处于经济发展水平较高的国家或地区,在市场营销方面强调产品款式、性能及特色,侧重大量广告及促销活动,其品质竞争多于价格竞争;而处于经济发展水平较低阶段的国家或地区,则侧重于产品的功能和实用性,同时价格也是一个很重要的因素。对于生产资料市场来说,经济发展水平较高的国家和地区,主要是资本技术密集型产业,经济发展水平低的国家和地区,主要以劳动密集型产业为主。产业发展水平不同,所需生产设备也有较大差异。经济发展水平较高阶段的国家和地区需要高新技术、性能良好、机械化和自动化程度高的生产设备;而处于经济发展水平较低阶段的国家和地区,以发展劳动密集型产业为主,侧重于多用劳动力而节省资金的生产设备。

(2) 收入因素。消费者收入决定消费品购买力,并影响消费者的支出行为模式。但是营销者应该知道,一般来讲,消费者收入并不全部用于购买商品,而是去除一部分必须的支出后,消费者可以任意支配的剩余部分才用来消费。这部分收入越多,人们的消费水平就越高,企业营销的机会也就越多。

> 课堂感悟:不同地区的消费者,购买决定因素、购买力方面会有哪些不同?

(3) 消费结构。根据恩格尔定律,一个家庭的收入越少,其总支出中用于购买食物的比例就越大;随着家庭收入增加,用于购买食物的支出占总支出的比例下降,而用于其他方面的支出(如通信、交通、娱乐、教育、保健等)和储蓄所占的比例将上升。这一比例数也被称作恩格尔系数。国际上常用恩格尔系数来衡量一个国家和地区人民生活水平的状况,一个国家或家庭生活越贫困,恩格尔系数就越大;反之,生活越富裕,恩格尔系数就越小。根据联合国粮农组织提出的标准,恩格尔系数在59%以上为贫困,50%~59%为温饱,40%~50%为小康,30%~40%为富裕,低于30%为最富裕。数据显示,2019年全国居民恩格尔系数(食品占居民消费支出比重)为28.2%,连续8年呈下降趋势。这意味着,在吃之外,人们有了更多的消费选择,生活有了更多可能。

例 2-5　我国 2021 年消费亮点

2022年1月17日,国家统计局发布数据显示,2021年,社会消费品零售总额44.1万亿元,比上年增长12.5%,比2019年增长8%。其中,文化办公用品类、体育娱乐用品类、化妆品类、金银珠宝类和通讯器材类商品的零售额增长较快。

线上消费增速明显高于线下。国家统计局贸易外经统计司司长董利华分析,受疫情影响,居民减少出行,居家线上消费需求明显增长。2021年,全国网上零售额比上年增长

14.1%。其中,实物商品网上零售额增长 12%,两年平均增长 13.4%,增速明显高于线下消费。

乡村消费复苏势头超过城镇。2021 年乡村消费市场复苏势头较强,甚至超过城镇。2021 年农村居民人均可支配收入比上年实际增长 9.7%,增速比城镇居民高 2.6 个百分点。去年二季度以来,乡村市场销售增速持续高于城镇。

3. 政治法律因素

政治法律因素是指影响和制约企业营销活动的政府机构、法律法规及公众团体等。一般包括国家政治变动引起经济态势的变化,及政府通过法律手段和各种经济政策来干预社会经济生活。这种情形出现后,必然对企业的经营活动有着十分重大而深远的影响。因而,企业在分析市场营销环境时,必须把对政治法律环境的分析放在十分重要的地位。一般而言,政治法律因素包括一个国家的政治形势、经济政策、贸易立法和消费者权益保护组织等。

例 2-6 **韩国乐天在华门店歇业**

近年来,中韩关系保持良好发展,为两国企业带来了无限商机,乐天就是最为典型的受益者之一。作为韩国排名前五的大企业,乐天在华业务涵盖领域广、收益大。乐天玛特超市、乐天免税店等品牌为中国消费者所熟知。截至 2015 年底,乐天集团旗下门店覆盖了中国 24 个省份。乐天免税店常年爆满,甚至不得不大幅扩建以招徕更多的中国游客,其总销售额的 70% 都来自中国消费者。中国市场对于乐天的重要性不言自明。

2017 年 2 月 28 日,韩国国防部与乐天集团签署了有关确保部署"萨德"用地的易地协议。如果说部署"萨德"是在中国背后"捅刀子",那乐天此次不计后果的草率决定,无异于为虎作伥。国人意识到此举将对我国国家战略安全利益有严重损害,因而纷纷对乐天旗下企业、产品采取抵制态度。

据韩联社报道,截至当地时间 2017 年 3 月 8 日下午 4 时(北京时间下午 3 时),共有 55 家乐天玛特超市在华门店暂停营业。中国乐天玛特超市门店总数为 99 家,目前暂停营业的乐天玛特超市门店约占中国市场的一半以上。

4. 自然因素

企业营销的自然因素是指影响企业生产和经营的物质因素,如企业生产需要的物质资料、生产过程中对自然环境的影响等。自然因素的发展变化会给企业造成一些环境威胁和市场机会,所以企业营销活动不可忽视自然因素的影响。分析研究自然因素的内容主要有两个方面:一是自然资源的拥有状况及其开发利用;二是环境污染与生态平衡。企业营销活动必须建立在科学发展、可持续发展的基础之上,必须考虑资源节约、减少环境污染与生态平衡要求,以此来确定自己的营销方向及营销策略。

例 2-7 20 世纪 70 年代,国外有学者提出了"绿色营销"的概念,指企业在健康、环保观念的主导下,为满足绿色消费需求,从卫生安全、维护生态环境、充分利用资源的角度出发,在制定经营战略、目标市场细分与选择,以及产品的生产销售过程中实施绿色措施,向消费者提供无污染或少污染的产品和服务,满足消费者有利于环境保护和身心健康的需求,最终实现企业营销目标。

5. 科技因素

科学技术是企业将自然资源转化为符合人们所需要物品的基本手段,是第一生产力。人类社会的文明与进步是科学技术发展的历史,是科技革命的直接结果。科学技术的发展对企业市场营销的影响是多方面的。如产业改造升级中,数码相机的出现将夺走胶卷的大部分市场;随着多媒体和网络技术的发展,"电商"异军突起。又如产品性能升级中,手机使用的安卓系统每隔一定时间就要更新一次。大数据时代的到来,使得企业营销信息传递更快捷,营销策略更新速度更快、营销成本更低。

例 2-8　2020 年以来,比亚迪汽车发布了刀片电池、DM-i 超级混动、e 平台 3.0 等重磅技术,助力解决新能源汽车安全、续航等痛点,不断提升用户驾驶体验,助推新能源汽车行业加速发展。刀片电池目前已经是比亚迪家喻户晓的技术了,提到比亚迪大家都能想到刀片电池,而有媒体报道比亚迪今年第二季度将会给特斯拉提供刀片电池。竞争对手都选择比亚迪的刀片电池,这就是对比亚迪科技实力的最佳认可。

6. 社会文化因素

文化是一个社会群体(可以是国家,也可以是民族、企业、家庭)在一定时期内形成的思想、理念、行为、风俗、习惯、代表人物,以及由这个群体整体意识所辐射出来的一切活动。它体现着一个国家或地区的社会文明程度。作为影响企业市场营销活动的社会文化因素通常包括在一定社会形态下的教育水平、宗教信仰、消费习俗、价值观念等。社会文化因素主要通过影响消费者的思想和行为,间接地影响企业的营销活动。

(1)教育水平。受教育程度的高低,影响着消费者对商品功能、款式、包装和服务要求的差异性。通常文化教育水平高的国家或地区的消费者要求商品包装典雅华贵,对附加功能也有一定的要求。因此企业营销开展的市场开发、产品定价和促销等活动都要考虑到消费者所受教育程度的高低,采取不同的策略。

(2)宗教信仰。宗教是构成社会文化的重要因素,宗教对人们消费需求和购买行为的影响很大。不同的宗教有自己对节日礼仪、商品使用的独特要求和禁忌。某些宗教组织甚至在教徒的购买决策中起着决定性的影响。为此,企业可以把影响大的宗教组织作为自己的重要公共关系对象,在营销活动中也要注意到不同的宗教信仰,以避免由于矛盾和冲突给企业营销活动带来的损失。

(3)消费习俗。消费习俗是指人们在长期经济与社会活动中所形成的一种消费方式与习惯。不同的消费习俗,具有不同的商品要求。研究消费习俗,不但有利于组织好消费用品的生产与销售,而且有利于正确、主动地引导消费者形成健康的消费观念。了解目标市场消费者的禁忌、习惯、避讳等是企业进行市场营销的重要前提。

(4)价值观念。价值观念是指人们对社会生活中各种事物的态度和看法。不同文化背景下,人们的价值观念往往有着很大的差异,消费者对商品的色彩、标识、式样,以及促销方式都有自己褒贬不同的意见和态度。企业营销必须根据消费者不同的价值观念设计产品，提供服务。

课堂测评

测评要素	表 现 要 求	已达要求	未达要求
知识掌握	能掌握市场宏观营销环境的含义		
技能掌握	能初步认识市场宏观营销环境构成因素		
任务内容整体认识程度	能概述整体市场宏观营销环境		
与职业实践相联系程度	能描述市场宏观营销环境的实践意义		
其他习得	能描述与其他课程、职业活动等的联系		

2.2　微观营销环境认知

微观营销环境是指什么？又包括哪些因素？营销人员分析这些因素又有什么意义？

2.2.1　微观营销环境解读

与宏观营销环境相比，微观营销环境是直接制约和影响企业营销活动的力量和因素。换言之，宏观营销环境如果是企业经营活动面临的大背景、大环境，微观营销环境就是距离企业日常经营活动更近、关系更密切的一些影响因素。

1. 微观营销环境的概念

如前所述，微观营销环境又称为直接营销环境，是指与企业营销活动直接发生联系，影响企业为目标市场顾客提供服务的能力和效率的各种参与者，包括企业内部营销部门以外的企业内部、供应商、营销渠道企业、目标顾客、竞争对手和社会公众等力量。

2. 微观营销环境的利用

通过对宏观营销环境的认识，我们知道，宏观环境间接影响企业的营销活动，而微观营销环境则直接影响企业的营销行为。

市场微观营销环境和市场宏观营销环境之间不是并列关系，而是主从关系。市场微观营销环境受制于市场宏观营销环境，市场微观营销环境中的所有因素均受到市场宏观营销环境中的各种力量和因素的影响。即宏观环境通过对微观环境施加影响，影响着企业营销能力与效率。

从微观环境的角度看，企业营销活动能否成功，除营销部门本身的因素外，还要受企业内部、供应商、市场营销渠道企业、顾客、竞争者和社会公众等环境因素的直接影响。分析微观营销环境的目的在于更好地协调企业与这些相关群体的关系，促进企业营销目标的实现。

2.2.2　微观营销环境分析

营销人员要对市场微观营销环境认真分析，必须首先认识什么是市场微观营销环境，以及构成这一环境的各种因素。微观营销环境因素如图 2-2 所示。

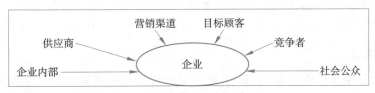

图 2-2 企业市场微观营销环境

1. 企业内部

一个企业,除市场营销部门外,还有最高管理层和其他职能部门,如制造部门、采购部门、研究开发部门及财务部门等,这些部门与市场营销管理部门一起在最高管理层的领导下,为实现企业目标共同努力。正是企业内部的这些力量构成了企业的内部营销环境。而市场营销部门在制订营销计划和决策时,必须考虑到与企业内部其他力量进行协调。如营销部门在制定营销计划时,需要会计部门提供成本收益核算数据,采购部门按计划购入原材料,产品研发部门开发出新产品;营销计划实施时,需要企业最高管理层批准,财务部门负责解决实施营销计划所需的资金来源,并将资金在各产品、各品牌或各种营销活动中进行分配;制造部门的批量生产保证了适时地向市场提供产品。

例 2-9　企业内部对营销的影响

一个生产企业内部往往设有计划、技术、采购、生产、营销、质检、财务、后勤等多个部门。营销部门与企业其他部门之间既有多方面的合作,也经常与生产、技术、财务等部门发生矛盾。如生产部门关注的是长期生产定型产品,要求品种规格少、批量大、标准订单、较稳定的质量管理;而营销部门注重的是能适应市场变化、满足目标消费者需求的"短、平、快"产品,要求品种规格多、批量少、个性化订单、特殊的质量管理。所以,企业在制订营销计划、开展营销活动时,必须协调和处理好各部门之间的矛盾和关系。

2. 供应商

供应商是指向企业及其竞争者供应原材料、零部件、能源、劳动力等资源的企业和个人。企业与他们之间是一种协作关系,他们提供资源的价格往往直接影响企业的成本,其供货的质量和时间的稳定性直接影响了企业服务于目标市场的能力。

一般情况下,企业应选择那些能保证质量、交货期准确和低成本的供应商,并且避免对某一家供应商过分依赖,不至于受该供应商突然提价或限制供应的控制。对于供应商,传统的做法是选择几家供应商,按不同比重分别从他们那里进货,并使他们互相竞争,从而迫使他们利用价格折扣和优质服务来尽量提高自己的供货比重。这样做,虽然能为企业节约进货成本,但也隐藏着很大的风险,如供货质量参差不齐,过度的价格竞争使供应商负担过重放弃合作等。在今天,越来越多的企业开始把供应商视为合作伙伴与利益相关者,已经开始采取多种措施,协助他们提高供货质量和及时性。

例 2-10　供应商对营销的影响

新纺纺织厂是一家以生产床上用品为主的大型纺织企业,分别在新疆、山西、陕西等地有 7 家关系稳定的棉花供应商。2021 年 11 月,新疆的 3 家供应商同时宣布,由于棉花采摘人工成本的上涨,棉花的供应价格也随之上涨。新纺纺织厂接到通知后,经过成本核算,床上用品价格必须大幅度提升。然而,消费者是否接受则成为又一个难题。

3. 营销渠道

营销渠道是指协助企业推广、销售和分配产品给最终消费者的那些企业,包括中间商、物流机构、营销服务机构和金融机构等。

(1) 中间商。中间商是协助企业寻找顾客或直接与顾客进行交易的商业组织或个人。中间商分为两类:代理中间商和商人中间商。代理中间商是指专业协助达成交易,推销产品,但不拥有商品所有权的中间商,如经纪人、代理人和制造商代表等。商人中间商是指从事商品购销活动,并对所经营的商品拥有所有权的中间商,包括批发商、零售商。

根据行业性质、产品特性,有的企业建立了自己独立的销售渠道;有的企业则依靠中间商建立起销售网络。中间商是联系生产者和消费者的桥梁,他们的工作效率和服务质量直接影响到企业产品的销售状况。所以,如何选择中间商并与之合作,是关系到企业营销目标能否实现的关键问题。

(2) 物流机构。物流机构是指帮助企业储存、运输产品的专业组织,包括仓储公司和运输公司。物流机构工作的高效率为企业创造了时间和空间效益,进而促进了营销目标的实现。

营销实务 2-1　　　　　　京东物流独立运营

2017年4月30日凤凰科技消息,4月25日上午,京东宣布组建京东物流子集团,京东物流自此将正式独立运营。

自2016年推出"京东物流"品牌,并宣布京东物流将全面向社会开放时起,猜测京东物流拟拆分独立的声音便不绝于耳。京东创立之初就采取了物流和线上并重的策略,想要依托自己的物流给合作伙伴及客户一个更好的体验。但由于物流产业在21世纪初本就是一个周期长、投资成本高的"鸡肋"行业,因此从2007年京东开始建立自营物流,就不断投入了大量的资金。这自然免不了被外界诟病。

京东当年的巨大投入,如今终于有了回报。从大数据来看,中国物流平均搬运次数为7次,而京东物流仅为2次就可将商品送到消费者手上。电商行业在完成销售阶段后,比拼的就是服务。在消费升级的大背景下,具备了物流优势的京东集团,想要借助京东物流体系帮助整个社会降低高企的流通成本,这已经完全升级了快递公司在搬运过程中赚取费用的初衷。

评析:京东配送不仅提升了自己的物流效率,通过面向全社会开放,未来将协同众多合作伙伴打造一个开放的价值网络。

(3) 营销服务机构。营销服务机构包括市场调研公司、财务公司、广告公司、各种广告媒体和营销咨询公司等。一些大型的企业内部设有相关的部门或配备了专业人员,但大部分企业还是与专业的营销服务机构以合同委托的方式获得这些服务。

(4) 金融机构。企业营销活动中可能涉及的金融机构包括银行、信贷公司、保险公司等,这些机构能够为企业营销活动提供融资或保险服务。取得贷款的难易、银行的贷款利率和保险公司的保费变动等因素对企业的市场营销活动能产生直接的影响。

例 2-11　京东线下布局店

2022 年 7 月 2 日,京东新百货全国首家旗舰店落地成都春熙路,已正式开启运营。据了解,该门店占地面积近 1 000 平方米,分布在五个楼层。店内汇集了国际大牌、国货美妆、服饰、居家生活、户外运动爆品、大牌钟表等品类,共有超 2 000 款商品和 10 个体验主题区。

该门店开启小时达服务。在店内购物的消费者可享受送货到家服务,通过京东 App 首页"京东新百货"频道下单,门店周边 5 公里及以内可实现小时达。

4. 目标客户

客户是企业的服务对象,是企业产品的直接购买者或使用者,是企业赖以生存的"衣食父母"。企业与市场营销渠道保持密切关系的目的就是为了有效地向其目标顾客提供产品和服务,客户的需求正是企业营销努力的起点和核心。因此。认真分析目标客户需求的特点和变化趋势是企业极其重要的基础工作。实际的营销活动中,每个市场上的客户都表现出不同的特点,形成了不同的市场,如消费者市场、生产者市场、中间商市场、政府市场和国际市场等。这些市场上的客户在消费需求和消费方式上都具有鲜明的特色,企业应根据自身营销目标,选定自己的目标客户,然后进行分析研究。

例 2-12　消费者时报报道,从现有新能源车主与未来新能源潜在车主年龄来看,30～50 岁群体是目前新能源汽车消费主力人群,占比 60% 以上。从其所处人生阶段来看,已婚有子女的车主和准车主占比最高,均超六成。通过对比可以发现,新能源汽车的消费人群日趋年轻化,20 岁以下车主开始出现,21～30 岁青年群体占比增加,这一区间的潜在新能源车主比现有新能源车主高出 10%。而与此同时,40～49 岁及 50 岁以上中老年所占比重则随之降低。我们也同样可以从这些人群所处人生阶段得到印证,已婚有子女的潜在车主较现有车主比重减少了 16%,而单身的潜在车主比重增加了 13%。

5. 竞争者

在市场竞争激烈的今天,任何企业都不大可能做到完全垄断,单独服务于某一顾客市场,企业在某一顾客市场上的营销努力总会遇到其他相似企业的围堵或影响。这些和企业争夺同一目标顾客的力量就是企业的竞争者。企业要在激烈的市场竞争中获得营销的成功,就必须比其竞争对手更有效地满足目标顾客的需求。因此,除了发现并迎合消费者的需求外,识别自己的竞争对手,时刻关注他们,并对其行为及时采取有针对性的营销策略也是营销活动成功的关键之一。

例 2-13　竞争者对营销的影响

作为中草药植物性饮料、特殊用途饮料中的两大品牌,王老吉与加多宝一直纷争不断。从 2012 年广药集团收回王老吉商标使用权,加多宝一边与广药集团周旋于全国不同地市的 10 多个法庭,一边在电视、报纸和各个终端砸广告,二者为了争夺市场和消费者,围绕"王老吉"商标、广告语、装潢包装等一系列问题,与王老吉耗时 4 年的凉茶大战,加多宝连输 19 场判决、被判赔偿 29 亿元。

课堂感悟:社会公众对你购物形成的影响有哪些方面:同学建议、明星代言,还有( )等。

作为凉茶饮料的两大巨头品牌,王老吉与加多宝的纷争是对品牌资源和社会资源的无谓内耗;律师也表示,在两大品牌之间,诉讼数量如此之多在业内也属罕见,并提醒其他企业应吸取双方的教训。

6. 社会公众

社会公众是指对企业实现其市场营销活动有实际的或潜在影响力的一些群体或个人。主要包括金融公众、新闻媒介公众、政府公众、社团组织、社区公众和内部公众。

(1) 金融公众。主要包括银行、投资公司、证券公司、股东等,他们对企业的融资能力有着重要的影响。

(2) 媒介公众。主要包括报纸、杂志、电台、电视台等传播媒介,他们掌握传媒工具,有着广泛的社会联系,能直接影响社会舆论对企业的认识和评价。

(3) 政府公众。主要指与企业营销活动有关的各级政府机构部门,他们所制定的方针、政策,对企业营销活动既可能是限制,也可能是机遇。

(4) 社团公众。主要指与企业营销活动有关的非政府机构,如消费者组织、环境保护组织,以及其他群众团体。企业营销活动涉及社会各方面的利益,来自这些社团公众的意见、建议,往往对企业营销决策有着十分重要的影响。

(5) 社区公众。主要指企业所在地附近的居民和社区团体。社区是企业的邻里,企业与社区保持良好的关系,为社区的发展作一定的贡献,会受到社区居民的好评,他们的口碑能帮助企业在社会上树立形象。

营销实务 2-2 **家乐福败走香港**

2000 年 9 月 18 日,世界第二大超市集团"家乐福"位于香港杏花村、荃湾、屯门及元朗的 4 所大型超市全部停业,撤离香港。家乐福声明其停业原因是,香港市场竞争激烈,又难以在香港觅得合适的地方开办大型超级市场,短期内难以在市场争取到足够的占有率。

家乐福倒闭的原因有以下几个方面。

家乐福的购物理念建基于地方宽敞,与香港寸土寸金的社会环境背道而驰。家乐福在香港没有物业,背负庞大租金的压力,而且在香港只有 4 家分店,直接导致配送的成本相对高昂。

1996 年它进军香港的时候,正好遇上香港历史上租金最贵时期,并且在这期间又不幸遭遇亚洲金融风暴,一直没有盈利。香港本地超市集团百佳、惠康、华润、苹果速销等掀起的减价战,给家乐福的经营以重创。作为国际知名的超市集团,家乐福没有主动参加这场长达两年的减价大战,但几家本地超市集团的竞相削价,终于使家乐福难以承受,在进军香港的中途铩羽而归。

评析:市场营销活动中,竞争者分析是非常重要的内容。也只有通过分析其策略,才能制定有针对性的营销决策。

（6）内部公众。指企业内部的管理人员及一般员工，企业的营销活动离不开内部公众的支持。企业应该处理好与广大员工的关系，调动他们开展市场营销活动的积极性和创造性。

课堂测评

测评要素	表 现 要 求	已达要求	未达要求
知识掌握	能掌握市场微观营销环境的含义		
技能掌握	能初步认识市场微观营销环境构成因素		
任务内容整体认识程度	能概述市场宏观营销、微观环境的关系		
与职业实践相联系程度	能描述市场微观营销环境的实践意义		
其他习得	能描述与其他课程、职业活动等的联系		

2.3 市场营销环境分析

企业市场营销活动面临什么样的环境？市场营销人员应该怎样去分析营销环境？实践中有无具体、有效的方法呢？

现代市场营销理论认为，应该强调企业对环境的能动性，即对市场营销环境的反作用。也就是说，企业对周围环境不仅有反应、适应的必要，而且还应有积极创造和控制的可能。为此，企业市场营销人员要对营销环境进行分析，必须首先知道什么是市场营销环境；其次围绕营销目标，确定营销活动面临着什么样的环境；第三，结合具体营销活动，确定这些环境中重要的影响因素，以便因势利导，趋利避害，做出合理的营销决策。

重要信息 2-1　　　　　市场营销环境的特点

企业营销环境具有以下一些特点。

（1）客观性。客观性是营销环境的首要特征。营销环境的存在不以营销者的意志为转移。主观地臆断某些环境因素及其发展趋势，往往造成企业盲目决策，导致企业在市场竞争中惨败。

（2）动态性。动态性是营销环境的基本特征。任何环境因素都不是静止的、一成不变的。相反，它们始终处于变化，甚至是急剧的变化之中。例如，顾客的消费需求偏好和行为特点在变，宏观产业结构在调整，等等。企业必须密切关注营销环境的变化趋势，以便随时发现市场机会和监视可能受到的威胁。

（3）复杂性。营销环境包括影响企业市场营销能力的一切宏观和微观因素，这些因素涉及多方面、多层次，而且彼此相互作用和联系，既蕴含着机会，也潜伏着威胁，共同作用于企业的营销决策。

（4）无法控制性。相对于企业内部管理机能，如企业对自身的人、财、物等资源的分配使用来说，营销环境是企业无法控制的外部影响力量。例如，无论是直接营销环境中的消费者需求特点，还是间

课堂感悟：营销人员了解营销环境因素是为了服务于营销决策。

接环境中的人口数量,都不可能由企业来决定。

事物都有两面性,我们日常也说,机遇与挑战并存。市场营销环境分析中,分析人员一定要知道,环境的发展、变化给营销活动带来两大类的影响,即环境给营销活动带来的威胁与机会,简称"环境威胁与市场机会"。分析市场环境的目的在于,寻求营销机会和避免环境威胁,争取处于主动地位。无论市场竞争如何激烈和白热化,机会和危机往往同时并存。经营者的任务就在于抓住机会,克服危机,采取各种策略措施,解决市场难题,占领市场。

当然,有时候企业实际面临的客观环境中,单纯的威胁环境与机会环境是比较少的。这时多种环境因素交织在一起,就需要进行综合环境分析。

2.3.1 营销环境威胁分析

1. 认识营销环境威胁

营销环境威胁是指由于环境的变化而出现,对企业营销活动产生不利影响的各因素总和。其中,有些影响是共性的,有些对不同的产业影响的程度不同。即使是同处一个行业、同一环境中,由于不同的抗风险能力,企业所受的影响也不尽相同。

面对环境威胁,如果不采取相应措施,企业将会面临不利的市场地位,甚至陷入困境。所以,营销人员一定要善于分析环境发展趋势,认识环境威胁和潜在的环境威胁,科学评估威胁的可能性与严重程度,积极采取相应措施。

2. 分析营销环境威胁

营销人员对环境威胁的分析一般从两方面进行:一方面分析威胁对企业的影响程度,另一方面是分析威胁出现的概率大小,并将这两个方面结合在一起。如图 2-3 所示。

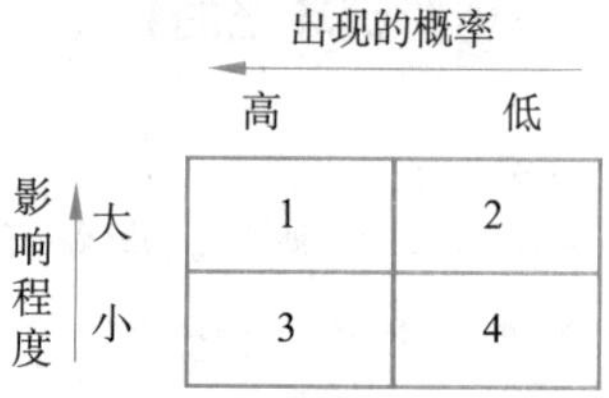

图 2-3　环境威胁分析矩阵图

在运用上图进行营销环境分析时,营销人员应根据具体营销活动要求,讨论、分析宏观、微观环境因素,经比较,对应放入图 2-3 中各区域内。

第 1 区域,环境威胁出现概率最高,影响程度也最大。作为营销人员必须严密监视其变化,并及时预测其发展趋势,以便尽快做出相应的对策。营销人员必须高度重视这一区域。

第 2 区域,环境威胁影响程度高,出现概率较小。虽然环境威胁出现概率较小,但是一旦出现,对企业营销活动也会带来较大的危害,因此营销人员应该随时准备好应对措施。

第 3 区域,环境威胁出现概率大,影响程度低。由于环境威胁出现概率较大,所以对于第 3 区域,营销人员也应该提高警惕,随时准备应对。

第 4 区域,环境威胁出现概率较低,影响程度也较小。营销人员应注意观察,看其是否有向其他区域发展的可能,以便及时采取措施。

3. 环境威胁的对抗

通过环境分析,营销人员掌握了营销活动面临的确切威胁,这时,就可以采取相应措施,来规避这些不利的环境因素带来的影响。

(1)反攻措施。通过各种手段,阻止或限制不利环境因素对企业营销活动的影响,或促使不利环境向有利环境的方向转化。

(2)减轻措施。通过调整企业市场策略来适应环境或改善环境,以减轻环境威胁对营销活动的影响程度。

(3)合作措施。通过各种合作手段,组织更多的企业,运用多家的资源,分散风险,共同保护自身利益。

(4)退出措施。对于无法对抗、减轻,也无法通过多家企业联合来避免的威胁,企业应该采取退出战略,尽快转移到效益较高的经营领域或直接调整业务范围。

营销实务 2-3	营销环境的对抗

美国有两名推销员到南太平洋某岛国去推销企业生产的鞋子,他们到达后却发现这里的居民没有穿鞋的习惯。于是,一名推销员给公司打了一份电报,称岛上居民不习惯穿鞋,这里没有市场,随之打道回府。而另一名推销员给公司的电报称,这里的居民不习惯穿鞋,但市场潜力很大,只是需要开发。他让公司运了一批鞋来免费赠给当地的居民,并告诉他们穿鞋的好处。人们逐步地发现穿鞋确实既实用又舒适而且美观,渐渐地穿鞋的人越来越多。这样,该推销员通过自己的努力,打破了当地居民的传统习俗,改变了企业的营销环境,获得了成功。这说明企业在环境面前绝不是无能为力、束手无策的,而是能够发挥主观能动性,制定有效的营销策略去影响环境。

评析:美国营销大师科特勒说过,只要有可能,聪明的市场营销人员不仅要适应营销,而且还要设法对它进行超前引导。

2.3.2 市场机会分析

1. 认识市场机会

市场机会是指营销环境中对企业营销活动各种有利因素的总和。有效地捕捉和利用市场机会是企业营销成功和发展的前提。企业只有密切注视营销环境变化带来的市场机会,适时做出决策,并结合企业自身的资源和能力,及时将市场机会转化为企业机会,才能开拓市场,扩大销售,提高企业产品的市场占有率。

2. 分析市场机会

营销人员分析、评价市场机会一般从两个方面进行:一是考虑这一机会能给企业带来多大的潜在利益;二是考虑这一机会出现概率的大小,并将二者结合在一起。如图 2-4 所示。

在图 2-4 的四个区域中,第 1 区域潜在利益和出现概率都很大,营销人员必须高度重

图 2-4　市场机会分析矩阵图

视这一区域。

第 2 区域虽然市场机会出现概率小,但一旦出现会给企业带来很大的潜在利益;第 3 区域虽然潜在利益不大,但市场机会出现的概率很大。所以,这两个区域也必须重视。

第 4 区域,潜在利益小,市场机会出现概率也低,营销人员应观察其发展变化,并依据变化情况及时采取措施。

3. 市场机会的利用

企业市场营销人员发现市场机会后,一般会采取以下措施。

(1)及时利用市场机会。当市场营销环境机会与企业的营销目标一致,企业又具备利用这一机会的资源条件与能力时,营销人员应该当机立断,抓住有利时机,迅速制定并实施营销计划,争取最大的经济效益与社会效益。

(2)密切关注市场机会。有些市场机会相对稳定,但与企业营销目标还有一定距离,或企业暂时不具备利用这一市场机会的资源条件与能力时,营销人员应该密切关注这一市场,待时机成熟,再行利用。

(3)果断放弃市场机会。市场营销环境机会已经出现,但与企业营销目标差距较大,企业也不具备利用条件,营销人员应该果断放弃,集中精力寻找其他市场机会。

2.3.3　营销环境 SWOT 分析

在对企业的优势、劣势、机会和威胁的全面评估中常常用到 SWOT 分析法。即从内因和外因两方面来分析企业在竞争中的优势、劣势、威胁、机会及竞争地位,这对于企业的营销策略的制定十分有帮助。SWOT 分析法是一种企业竞争态势分析方法,也是市场营销的基础分析方法之一。

1. SWOT 含义

SWOT 由"S""W""O""T"四个字母组成,分别是企业营销活动的优势(strengths)、劣势(weaknesses)、机会(opportunities)和威胁(threats)的英文第一个字母,实际上是通过对企业内外部条件进行全面、系统和综合的概括,进而分析企业的一种方法。其中,"S""W"是内部因素,"O""T"是外部因素。如图 2-5 所示。

内部因素	优势	弱势
外部因素	机会	威胁

图 2-5　SWOT 分析法

（1）优势。优势是指组织机构的内部因素，具体包括有利的竞争态势、充足的资金来源、良好的企业形象、技术力量、规模经济、产品质量、市场份额、成本优势、广告攻势等。

（2）劣势。劣势也是组织机构的内部因素，具体包括设备老化、管理混乱、缺少关键技术、研究开发落后、资金短缺、经营不善、产品积压、竞争力差等。

（3）机会。机会是组织机构的外部因素，具体包括研发新产品、开拓新市场、发现新需求、外国市场壁垒解除、竞争对手失误等。

（4）威胁。威胁也是组织机构的外部因素，具体包括新的竞争对手、替代产品增多、市场紧缩、行业政策变化、经济衰退、客户偏好改变、突发事件等。

2. SWOT 分析

（1）分析企业的内部优势、弱点既可以相对企业目标而言，也可以相对竞争对手而言。

（2）分析企业面临的外部机会与威胁，可能来自与竞争无关的外环境因素的变化，也可能来自竞争对手力量与因素变化，或二者兼有，但关键性的外部机会与威胁应予以确认。

（3）将外部机会和威胁与企业内部优势和弱点进行匹配，形成可行的战略。SWOT 分析有四种不同类型的组合：优势—机会（SO）组合、弱点—机会（WO）组合、优势—威胁（ST）组合和弱点—威胁（WT）组合。

SWOT 方法的优点在于考虑问题全面，是一种系统思维，而且可以把对问题的"诊断"和"开处方"紧密结合在一起，条理清楚，便于检验。在实际操作中，也可以通过创建矩阵，对各种影响因素做出分析。

| 重要信息 2-2 | 市场营销环境分析的意义 |

企业营销活动成败的关键，就在于企业能否适应不断变化着的市场营销环境。市场营销环境分析的重要性具体表现在以下几个方面。

（1）市场营销环境分析是企业市场营销活动的立足点和根本前提

开展市场营销活动的目的，一方面是为了更好地满足人们不断增长的物质和文化生活需要，另一方面也是为了使企业获得更好的经济效益和社会效益。要实现上述目标，其立足点和根本前提就是要进行市场营销环境分析。只有深入细致地对企业市场营销环境进行调查研究和分析，才能准确且及时地把握消费者需求，才能认清本企业所处环境中的优势和劣势，扬长补短。否则，企业便不可能很好地实现其满足社会需求和创造好的经济效益和社会效益的目的，甚至陷入困境，被兼并或被淘汰。许多企业的实践都充分证明，市场营销环境分析是企业市场营销活动的立足点和根本前提，成功的企业无一不是十分重视市场营销环境分析的。

（2）市场营销环境分析是企业经营决策的基础，为科学决策提供了保证

企业经营决策的前提是市场调查，市场调查的主要内容是要对企业的市场营销环境进行调查、整理分类、研究和分析，并提出初步结论和建议，以供决策者进行经营决策时作为依据。市场营销环境分析得正确与否，直接关系到企业决策层对企业投资方向、投资规模、技术改造、产品组合、广告策略、公共关系等一系列生产经营活动的成败。

（3）有利于企业发现新的市场机会，及时采取措施，科学把握未来

新的经营机会可以使企业取得竞争优势和差别利益，或扭转所处的不利地位。当然，现实生活中，往往是机会与威胁并存，并且可能相互转化。好的机会如没有把握住，优势就可能变成包袱、变成劣势，而威胁即不利因素，也可能转化为有利因素，从而使企业获得新生。这里，关键在于要善于细致地分析市场营销环境，善于抓住机会，化解威胁，使企业在竞争中求生存、在变化中谋稳定、在经营中创效益，充分把握未来。

课堂测评

测评要素	表现要求	已达要求	未达要求
知识掌握	能掌握市场微观营销环境的含义		
技能掌握	能初步认识市场微观营销环境构成因素		
任务内容整体认识程度	能概述市场宏观营销环境、微观营销环境的关系		
与职业实践相联系程度	能描述市场微观营销环境的实践意义		
其他习得	能描述与其他课程、职业活动等的联系		

任务 2 小结

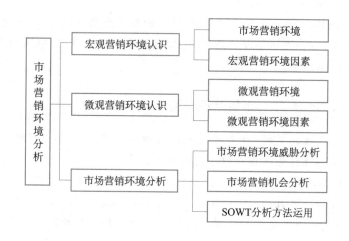

教学做一体化训练

一、重要名词

市场营销环境　　微观营销环境　　　环境威胁　　市场机会

二、课后自测

（一）单项选择题

1. 社会文化环境因素主要通过影响消费者的（　　），间接地影响企业的营销活动。

A. 思想与行为　　B. 收入水平　　　C. 购买力　　　D. 购买潜力

2. 微观市场营销环境和宏观市场营销环境之间是（　　）。

A. 并列关系　　B. 主从关系　　　C. 平行关系　　　D. 相关关系

3. 企业与供应商之间是一种（　　　）。

A. 竞争关系　　　　B. 协作关系　　　　C. 主从关系　　　　D. 平行关系

4. 营销环境的动态性主要指营销环境是（　　　）。

A. 静止的　　　　　　　　　　　B. 一成不变的

C. 始终处于变化之中　　　　　　D. 变化具有规律性

5. 营销环境的无法控制性是指（　　　）。

A. 相对于企业自身人、财、物的分配使用来说,营销环境是企业无法控制的外部影响力量

B. 企业对于营销环境的分析并不能给其经营活动带来帮助

C. 通过分析,企业可以控制这些外部力量

D. 都不是

（二）多项选择题

1. 市场营销环境（　　　）。

A. 是企业能够控制的因素　　　　B. 是企业不可控制的因素

C. 可能形成机会也可能造成威胁　D. 是可以了解和预测的

E. 通过企业的营销努力是可以在一定程度上去影响的

2. 微观环境指与企业紧密相连,直接影响企业营销能力的各种参与者,包括（　　　）。

A. 企业本身　　　　　　　　　　B. 市场营销渠道企业

C. 顾客　　　　　　　　　　　　D. 竞争者

E. 公众

3. 对环境威胁的分析,一般着眼于（　　　）。

A. 威胁是否存在　　　　　　　　B. 威胁的潜在严重性

C. 威胁的征兆　　　　　　　　　D. 预测威胁到来的时间

E. 威胁出现的可能性

4. 购买行为的实现必须具备（　　　）。

A. 消费欲望　　　B. 购买力　　　C. 成年资格　　　D. 商品

E. 都不是

（三）判断题

1. 面对环境威胁,企业只能采取对抗策略。（　　　）

2. 只有既想买,又买得起,才能产生购买行为。（　　　）

3. 宏观环境一般以微观环境为媒介去影响和制约企业的营销活动,因而宏观环境也称为间接营销环境。（　　　）

4. 微观环境与宏观环境之间是一种并列关系,微观营销环境并不受制于宏观营销环境,各自独立地影响企业的营销活动。（　　　）

5. 市场营销环境是一个动态系统,每一环境因素都随着社会经济的发展而不断变化。（　　　）

6. 面对目前市场疲软、经济不景气的环境威胁,企业只能等待国家政策的支持和经济形势的好转。（　　　）

7. 我国南北方人民在食品口味上存在着很大的差异,导致对食品需求也不同,这是宏观环境中经济因素形成的。(　　)

（四）简答题

1. 简析企业市场营销环境分析的主要目的。
2. 简述市场营销环境的特征。
3. 企业对环境威胁,应采取哪些对策?

（五）案例分析

华为、小米、大疆、美的、安踏……近年来,不少新国货出海浪潮从"产品出海"转向"品牌出海"。利用国际认知和品牌定位,触达海外消费者心智,从而输出中国特色文化。据《2021年新国货白皮书》的问卷调研结果,2021年购买国货的人群占比超半成,较2020年上涨了15.1％。《百度2021国潮骄傲搜索大数据》报告,近5年中国品牌搜索热度占比从45％提升至75％,是海外品牌的3倍。那么,新国货崛起背后有着怎样的营销环境?展望未来,新国货何以行稳致远?

（1）消费人群环境年轻化

市场消费主力中,"80后"比较注重质量和价格,"90后"注重产品实用性,而"00后"呈现出更加个性化、包容化、自主化的消费需求新特点。"00后"出现这种现象的原因,一是有一部分"00后"热切向往和追随偶像的消费行为,特别留意品牌和偶像背后的故事,愿意为自己的兴趣付费。因此,企业要正确引导青少年消费者的价值观,树立正面的偶像榜样,更要谨慎选择品牌代言人。二是"00后"渴望与同龄人有更多的交流互动,他们往往将内容作为重要的社交手段,内容既是激发互动的工具,也是展示自己所长的方式。三是"00后"坚信国产品牌不比国外品牌差,不少"00后"嘴里吃着"大白兔雪糕",身上穿着"李宁"服装,脸上用着"花西子"彩妆,充满了自信,洋溢着美好,支持国货成为青年关心国家的一种方式,购买新国货成为一种为人称道的时尚潮流。也正是因为善于回应市场需求新趋势,新国货才成为资本市场较大的风口之一。

作为市场消费主力的"00后",他们更看重社会安全、人际遵从、友善、自主,具有坚定的文化自信和强烈的民族自豪感,高度认可本土品牌。在他们看来,国货具有更高的性价比,国货包装越来越符合年轻人的审美。该群体的消费行为也深刻影响了全体国民的消费行为,相对简约、谨慎与直截了当的消费意识正逐步普及,新国货崛起已成为不可抗拒的时代潮流。而随着"00后"主导的个性化消费浪潮的到来,市场消费诉求已经从单纯的商品购买提升至体验式消费、全业态服务、全渠道分销,其注意力正从品牌认可转为互动参与,希望借助消费品牌的市场定位和购物场景来表达"我是谁"。在此时代背景下,通过创新供给激活需求的重要性更加显著,企业营销已经由产品导向转变为客户导向,跨界营销、交叉销售广泛应用,体现出新国货对年轻人个性化需求的精准营销。

（2）品牌建设人格化

近年来,不少企业善于运用品牌活化和品牌人格化运营,为新国货崛起注入了强劲动能。品牌活化是市场营销领域的新话题、新理念和新策略。它是指企业借助消费者对老品牌的信任和忠诚,充分利用集体怀旧的氛围,通过寻根的方式重新唤回失去的品牌资产,重构新的品牌认知与品牌联想,给老品牌赋予新的生命力的过程。目前,我国许多具有深厚历史底蕴的老字号正面临巨大挑战和激烈竞争,固步自封只会招致市场的加速淘汰。不断给品牌注入新概念、新审美、新创意,革故鼎新,才能跟上时代脚步,让老字号重焕生机与活力。比如,诞生于清末的北京稻香村借鉴"网红"食品的营销理念,努力扩大品牌的传播力和影响力;华熙生物与故宫博物院联合推出的"润百颜·故宫口红",一经问世就刷爆社交平台,以至于"一支难求";人民文创联合英雄钢笔推出的"英雄·1949",产品狂销35万支……老字号活化焕新不仅直击年轻消费群体的需求,同时还带来代际之间的对话,取得了良好的品牌效应。

新国货品牌在新媒体时代受到客户追捧,其中还有一个重要的成功因素就是与客户产生社交层面的深层情感联结。而实现社交情感联结的前提就是品牌人格化,即品牌以人格展现的形式与客户在特定场景产生持续互动,让客户愿意为购买产品和服务支付更高的溢价。同时,在品牌建设不断取得成效的过程中,越来越多的新国货企业创新经营理念,不仅仅关注客户需求,还兼顾道德、伦理和社会的责任,积极承担起追求有利于社会长远目标和增进人类福祉的义务。企业对社会责任的承担也为其扩展用户群体、增加用户黏性、增强品牌吸引力拓展了更大空间。

(3)消费渠道环境多样化

数字经济的发展给营销渠道建设和营销模式重构带来了更多机会。近年来,线上平台的快速发展不断冲击传统的营销渠道系统,也让众多创新营销模式破茧化蝶,脱颖而出。许多新国货品牌致力于加强渠道再造和运营变革,以线上促销和线上购买带动线下体验,构建多元购物场景,开展精准化、数字化、个性化全渠道运营。新国货依托淘宝、小红书、抖音、微博、B站、快手等平台,积极开创直播带货、短视频广告、内容营销等新的营销模式,有效抢占消费者心智和市场制高点。

以淘宝、京东、天猫和拼多多等传统电商为代表的数字平台,直接连接了买家和卖家,买家通过网络搜索就可以迅速找到自己心仪的商品,越来越多的新国货在淘宝、抖音、快手和小红书等数字平台上直播,引发消费者关注。此外,智能设备的广泛应用将人们的时间碎片化分割,由此带来购物场景也更趋于碎片化。地铁、办公楼、电梯、停车场甚至路边的广告牌,都为实体场景数字化提供了丰富的切入点,可以有效对接市场需求,形成新的消费和购买刺激。放眼未来,新国货的营销模式创新和营销渠道建设必须关注购物场景数实结合的新变化,努力打造新场景。近年来,新国货品牌大量涌现并全面渗透消费者的家庭、职场和社交等生活场景,给消费者带来了更加丰富的品质选择,满足了人民对美好生活的向往,逐渐形成了与传统品牌不同的营销模式。未来新国货应在各个细分领域进一步打造一种"00后"向往的生活方式场景,力争让他们体验到"想要的生活"。

(资料来源:《人民论坛》2022年2月上)

问题

1. 文中所述我国国货市场营销环境是怎样的?

2. 你还能够列举哪些影响国货的营销环境因素?

(六)同步实训

□ **同步实训2-1:市场宏观营销环境认知**

实训目的:认识市场宏观营销环境因素,理解其实际意义。

实训安排:

1. 根据不同地域将学生进行分组,讨论总结自己家乡的饮食习惯,著名菜品。

2. 分析这些饮食习惯的形成原因,讨论并分析这一习惯形成过程中受到哪些因素的影响。

3. 选择部分学生制作 PPT 进行展示,并组织讨论与评析。

实训总结:学生小组交流不同分析结果,教师根据分析(文案)报告、PPT 演示、讨论分享中的表现分别给每组进行评价打分。

□ **同步实训 2-2:市场微观营销环境认知**

实训目的:认识市场微观营销环境因素,理解其实际意义。

实训安排:

1. 学生分组,讨论总结自己购买手机时的影响因素。

2. 分析这些影响因素出现的原因。

3. 选择部分学生制作 PPT 进行展示,并组织讨论与评析。

实训总结:学生小组交流不同分析结果,教师根据分析(文案)报告、PPT 演示、讨论分享中的表现分别给每组进行评价打分。

□ **同步实训 2-3:认识企业市场营销环境工作**

实训目的:认识企业市场营销环境分析工作内容,理解其实际意义。

实训安排:

1. 教师与企业接洽,参观校企合作企业。

2. 学生分组,分赴营销岗位,了解营销环境对其工作的影响,并写出报告。(如受宏观因素影响的外贸、钢铁、煤炭行业)

3. 学生按小组展示参观成果。

实训总结:学生小组交流不同走访结果,教师根据(文案)报告、PPT 演示、讨论分享中的表现分别给每组进行评价打分。

市场营销环境
分析课程思政

课程思政园地

习近平总书记曾深刻指出,"我们既要绿水青山,也要金山银山。宁要绿水青山,不要金山银山,而且绿水青山就是金山银山。"这段话高度浓缩而又精准地概况出了"绿水青山就是金山银山"这一生态文明新理念的深刻内涵,也高屋建瓴地指明了我们今后的发展方向与价值次序,坚定了生态文明建设与生态文明发展的信心。

"既要绿水青山,也要金山银山。"保护生态环境就是保护生产力,绿水青山和金山银山绝不是对立的,关键在人,关键在思路。天人合一,道法自然,"劝君莫打三春鸟,儿在巢中望母归",人与自然环境和谐发展,共同繁荣,是我们民族既有的生态文明理念,也是一种在生产、生活实践中得到验证的生存智慧,在今天仍具有启发与实际意义,必须继承与发扬光大。

当然,建设生态文明,不是要放弃工业文明,回到原始的生产生活方式,但是必须要以资源环境承载能力为基础,以自然规律为准则,以可持续发展、人与自然和谐为目标,秉持绿色发展、和谐发展的科学发展理念,建设生产发展、生活富裕、生态良好的文明社会。

思考:在市场营销活动中,企业需要怎样平衡索取与投入、利用与建设之间的关系?

学生自我总结

通过完成任务 2 市场营销环境分析,我能够做如下总结:

一、主要知识

概括本任务的主要知识点:
1.
2.

二、主要技能

概括本任务的主要技能:
1.
2.

三、主要原理

你认为,进行市场营销环境分析的原因是:
1.
2.

四、相关知识与技能

你在完成本任务中:
1. 宏观市场营销环境因素的表现有:
2. 微观市场营销环境因素的表现有:
3. 市场营销环境分析的作用主要有:

五、成果检验

你完成本任务的成果:
1. 完成本任务的意义有:
2. 学到的知识或技能有:
3. 自悟的知识或技能有:
4. 你对市场营销环境分析的看法是:

任务3　市场购买行为分析

学习目标

1. 知识目标

（1）认识消费者市场特点。

（2）理解消费者市场影响因素。

（3）认识组织市场的特点。

2. 能力要求

（1）能分析消费者市场。

（2）能理解组织市场。

（3）能理解消费者市场分析的意义。

3. 思政目标

（1）增强民族品牌自信。

（2）理解扩大内需的意义。

（3）认识消费升级的表现。

任务解析

根据市场营销职业工作过程活动顺序，这一任务可以分解为以下子任务。

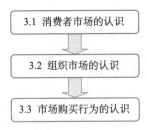

市场购买行为
分析课前阅读

营销故事

一位上海生产宠物食品的企业家出差来北京的时候，在西单图书大厦买了一本著名市场营销专家写的关于市场调查方面的书。他希望通过系统学习，了解宠物食品消费市场，为其新产品推出做准备。

回到上海后，为了能够进一步了解消费市场，这位企业家根据市场调查书中的技术介绍，亲自进行了调研，并进行市场营销策划。很快，新配方、新包装狗粮产品上市了，短暂的旺销持续了一星期,随后就是全面萧条。过低的销量让企业高层不知所措,当时远在美国的这位企业家更是惊讶:"科学的市场营销为什么还不如以前我们凭感觉来得准确?"

新产品被迫从终端撤回,产品革新宣布失败。最终,这位企业家也明白了:宠物主人拒绝再次购买的原因是宠物不喜欢吃,产品的最终消费者并不是"人",人只是一个购买者,错误的市场分析方向,决定了营销结果的失败,甚至荒谬。

读后问题:

1. 故事里的市场调查书是导致调查失败的主要原因吗?
2. 故事里企业家究竟想干什么?
3. 故事里为什么说企业家凭感觉也很准确?
4. 故事里宠物食品市场购买者是谁?
5. 你觉得应该怎样认识宠物食品市场?

3.1　消费者市场的认识

管理大师彼得·德鲁克(Peter F. Drucker)所说:"企业要想获得最大利润,他们需要去预期和满足消费者的需求。"企业从事市场营销活动的主要目的就是出售其生产和经营的产品,而产品能否出售,关键在于其是否适销对路,即是否获得了消费者(市场)的认可。所以,企业必须加大对市场的研究力度,把握消费者所思、所想,才能促进营销目标的实现。

一般来讲,企业面对的市场可分为消费者市场和组织市场。对于高职学生来讲,前者是研究学习的重点。下面,我们首先来认识消费者市场。

3.1.1　消费者市场认知

1. 消费者市场的概念

简言之,消费者市场是指个人或家庭为满足生活消费需要而购买商品或服务所构成的市场。

生活消费是商品和服务流通的终点,因而消费者市场也被称作最终消费市场、消费品市场或生活资料市场。消费者市场是一切市场的基础,是最终起决定作用的市场。无论是传统营销还是网络营销,对于市场营销人员来讲,是否能够认真研究消费者市场购买行为的主要影响因素及其购买决策的整个过程,直接决定了市场营销活动开展的成败。

2. 消费者市场的特点

消费品是社会最终产品,它不需要经过生产企业再生产和加工,可供人们直接消费。消费品市场广阔,购买人数多而分散,具有以下特点。

(1) 多层次性与多样性。消费者需要是在一定的购买能力和其他条件下形成的。在同一时间、同一市场上,不同消费者群体由于社会地位、收入水平和文化程度等方面的差异,必然表现为多层次的需要,绝不会千篇一律。消费者人数众多,差异性极大,由于各种因素的影响和制约,对不同商品或同类商品的不同品种、规格、式样、价格、服务等方面的需要千差万别。而且随着生产的发展、消费水平的提高和社会习俗的变化,消费者需要在总量、结构和层次上也将日益多样化。

(2) 少量多次购买。消费者市场以个人或家庭为购买和消费的基本单位,由于受到每个家庭人数、需要量、购买能力、存储条件、商品有效期等因素的制约和影响,消费者一般购买的批量较小、批次较多,特别是对日常生活消费品的购买比较频繁、随机性较大。

(3) 可替代性和相关性。可替代性是指消费者某一方面的需求可由多种商品来满足,如买不到面包,可以买方便面替代。相关性是指消费者对某一商品的需求会引起对相关商品的需求,如消费者购买了牙刷,就会附带购买牙膏等。

(4) 可诱导性与伸缩性。消费者需要有些是本能的、生而有之的,但大部分是在外界刺激诱导下产生的。新商品和新服务的出现,社会文化的发展,宏观经济的波动,企业营销活动的影响,社会交往、人际沟通的启发,以及政府的政策导向等,都可使消费者需要发生变化和转移。伸缩性是指消费者购买商品和服务的数量、品种,往往随购买力的变化和价格的高低而变化。

3.1.2　消费者市场的影响因素

消费者市场活动深受不同文化、社会、个人和心理因素组合的影响。如图 3-1 所示。

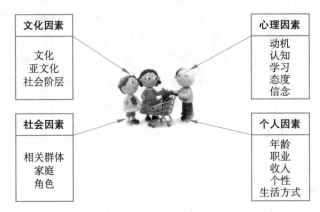

图 3-1　消费者市场影响因素

1. 文化因素

文化通常是指人类在长期生活实践中形成的价值观念、道德观念,以及其他行为准则和生活习俗。它作为一种观念,看不见、摸不着,但人们能够感觉到它的存在,如东西方之间的文化差异。同时,它也附着在有形的事物之上,体现在所在地的建筑、城市风貌、文学艺术、衣着甚至饮食上。一般来讲,文化还包含着一些较小的群体或亚文化群,它们以特定的认同感和影响力将各成员联系在一起,使之持有特定的价值观念、生活格调与行为方式。

我国主要有三种亚文化群。

(1) 民族亚文化群。我国是一个多民族的国家,各民族经过长期发展,形成了各自的语言、风俗、习惯和爱好,在饮食、服饰、居住、婚丧、节日、礼仪等物质和文化生活方面各有特点,这都会影响他们的购买欲望和购买行为模式。

（2）宗教亚文化群。在现阶段,我国有不少信奉佛教、道教、伊斯兰教和基督教等宗教的群体,在一定范围内形成了鲜明的宗教文化。这些宗教的文化偏好和禁忌会影响信仰不同宗教的人们的购买行为和消费方式。

例 3-1 我国不同的少数民族形成不同的宗教亚文化群。这些亚文化群在饮食、服饰、建筑、宗教信仰等方面表现出明显的不同,如回族人戒食猪肉、狗肉、动物血液,男子戴白帽,大多数信奉伊斯兰教;藏族人信奉佛教,男子长袍有两个袖子,但只穿一个,等等。

（3）地理区域亚文化群。我国幅员辽阔,在南方和北方、城市和乡村、沿海和内地、山区和平原等不同地区,由于地理环境、风俗习惯和经济发展水平的差异,人们具有不同的生活方式、兴趣和爱好,这也会影响他们的购买行为。

例 3-2 我国的汉族人口众多,居住在祖国辽阔的土地上,汉族人都讲汉语,但各地都有各自的方言。我国北方的方言比较统一,但到了南方,方言就十分复杂。江南人讲吴语,广东人讲粤语,闽南人讲闽南语。我国各地的饮食文化有着明显差异。西南和北方人喜欢吃辣,江南人偏爱甜,广东人对食品特别讲究新鲜。北方人以面食为主,南方人则以米饭为主食,等等。

此外,在现代社会,依据职业的社会地位、收入水平、财产数量、受教育程度、居住区域等因素,将人们分为不同的社会阶层。同一阶层的人,生活习惯、消费水平、消费内容、性质和行为相近;不同阶层的人则对产品和品牌有着不同的需要和偏好。

营销人员应该注意,一个企业只能集中力量满足某一阶层的需求,不可能面面俱到。

营销实务 3-1 **老北京的早餐**

老北京文化氛围浓厚,老北京的早餐故事也是引人入胜。老北京的早餐种类不但丰富得令人目不暇接,味道也是热腾腾的让人感动。刚出炉热烘烘的烧饼;现炸的油条外焦里嫩,尤其在寒冷的冬天清晨;像小金鱼般在碗中飘逸的馄饨;还有味道充满个性的豆汁,热热的一碗豆汁搭配酥脆的焦圈、有滋味的咸菜,以及各种花样的、历史上号称从宫廷流入民间的糕点……如果把每一样都取一小份放到桌上,估计立刻就成为一桌人的早餐宴席,更有旧时大户人家吃早餐又讲究又豪华的感觉——这就是京味儿!

评析:民以食为天,餐饮是最能体现地域文化的载体。而这种地域文化则给了市场营销人员一试身手的机会。

> **课堂感悟**:文化能够影响一个人的消费。社会因素中,哪些因素曾经影响过你的消费?请列举几例。
>
> 如:_____

2. 社会因素

社会因素主要包括相关群体、家庭和所担当的角色。

（1）相关群体。相关群体是指对消费者的态度和购买行为具有直接或间接影响的组织、团体和人群等。消费者作为社会一员,日常生活中要经常与家庭、学校、工作单位、左邻右舍、社会团体等发生各种各样的联系,这些形成了对其个人的态度、偏好和行为有直接或间接影响的群体。

相关群体有三个基本层次：

第一层次是接触型相关群体，这是对消费者影响最大的群体，如家庭、亲朋好友、邻居和同事等；

第二层次是成员资格型相关群体，这是对消费者影响较次一级的群体，如个人所参加的职业协会、学生会、各种爱好者组织等各种社会团体；

第三层次是向往型群体，是指消费者个人并不直接参加但受其影响也很显著的群体，如社会名流，"网络大 V"，影视、体育明星等公众人物或意见领袖，这一群体被称为崇拜性群体，这种崇拜性群体往往会成为人们模仿的对象。

群体促使人们在消费上做出相近的选择，因为人们从相关群体中获得大量的经验和知识，也受群体成员观点和行为准则的巨大影响。

例 3-3　　一般来讲，军人群体或军事化管理的团体都要求穿着制服，严肃风纪，带有强制性的纪律。文艺工作者穿着比较艺术新潮，比一般人更注重个性。

（2）家庭。家庭是消费者最基本的相关群体，因而家庭成员对消费者购买行为的影响最大。一般来说，一个家庭中，夫妻购买的参与程度大都因产品的不同而有所区别。家庭主妇通常是一家的采购者，特别是在食物、家常衣着和日用杂品方面的购买，传统上更主要由妻子承担。但随着知识女性事业心的增强，男子参与家庭和家务劳动风气的逐步兴起，这种情况也有了变化，男子也成了基本生活消费品的主要购买者。当然，在家庭的购买活动中，其决策并不总是由丈夫或妻子单方面做出的，实际上有些价值昂贵或是不常购买的产品，往往是由夫妻双方包括已长大的孩子共同做出购买决定的。

例 3-4　**四二一家庭养老消费**

随着我国人口老龄化情况日趋加剧，"四二一"家庭模式、"空巢家庭"不断增多，传统的居家养老模式已经无法满足社会的养老需要，一种全新的机构养老服务模式——持续养老照料社区（CCRC）在全球兴起，该模式有效地结合了居家、社区和机构养老的优点，日益被我国养老产业关注和应用。

有保险企业为顺应老龄化社会需要与行业医养结合发展趋势，正式启动"养老社区"项目，将客户的保障产品与养老社区无缝结合，推出吃喝玩乐、衣食住行、医疗健康、度假旅游等为一体的"理想未来"式养老，打造以"康、护、养、医、行、食、娱、住"8 大特色为核心的一站式养老社区，全方位守护老年人晚年生活，治愈养老规划选择困难症。

国外学者研究认为，一个家庭也有生命周期。在不同时间段，家庭的特征与消费倾向也有较大不同。家庭生命周期划分如表 3-1 所示。

表 3-1　家庭生命周期划分表

序号	家庭生命周期阶段	特征
1	单身期	离开父母独居的青年，穿戴比较时髦，参与许多体育娱乐活动
2	新婚期	新婚的年轻夫妻，无子女，需要购买汽车、家具、电冰箱等耐用消费品，并时常支出一定的旅游费用

续表

序号	家庭生命周期阶段	特征
3	"满巢"Ⅰ期	有6岁以下婴幼儿的年轻夫妇,需要购买洗衣机、婴儿食品、玩具及支付保育费用等
4	"满巢"Ⅱ期	子女大于6岁,已入学,需购买大量食品、清洁用品、自行车,以及支付教育和娱乐费用
5	"满巢"Ⅲ期	结婚已久,子女已长大,但尚未独立,夫妇已不太年轻,经济状况尚好,不易受广告影响,在孩子用品和教育等方面支出较多,更新耐用消费品
6	"空巢"期	结婚很久,子女已独立居住,夫妻仍有工作能力,对旅游、家庭改善、医用护理保健产品感兴趣
7	鳏寡期	独居老人,需购买特殊食品和保健用品,需要被关注

（3）所担当的社会角色。一个人往往在不同群体中承担着不同的角色,具有不同的社会地位,因而会有不同的需要,购买不同的商品,体现在衣、食、住、行等方面都有不同需要,表现出不同的消费行为。许多产品和品牌已经成为人们社会地位的标识。例如,瑞士名牌手表、欧美豪华汽车等。

营销人员需要特别注意的是,从产品上市到退市的不同时间段,对相关群体的影响是不一样的。在产品刚刚进入市场时,相关群体的推荐会对消费者产生影响;而在产品已经开始旺销时,消费者则在品牌选择方面更多地受到相关群体的影响;产品进入成熟阶段,激烈的竞争会使消费者更加关注产品的品牌。

3. 个人因素

因为年龄、性别、职业、收入、个性和生活方式等个人情况的不同,消费者的行为也会有很大差异。不同年龄的消费者有不同的需要和偏好,他们购买和消费的商品种类和式样各有区别,不同年龄的消费者的购买方式也各有特点。

例 3-5　儿童是糖果和玩具的主要消费者,青少年是文体用品和时装的主要消费者,成年人是家具的主要购买者和使用者,老年人是保健用品的主要购买者和消费者。

（1）年龄。不同年龄层消费者的购物兴趣不同,选购商品的品种和式样也不同。

（2）性别、职业、受教育程度。由于生理、心理和社会角色的差异,不同性别的消费者在购买商品的品种、审美情趣、购买习惯方面有所不同。职业不同、受教育程度不同也影响到人们需求和兴趣的差异。

（3）经济状况。经济状况直接影响消费者的消费水平,并决定个人的购买能力和消费模式。

（4）生活方式。生活方式指人们生活、花费时间和金钱的方式的统称,它反映了人们的个人活动、兴趣和态度。由于生活方式不同,其日常活动内容、兴趣、见解也大相径庭。

例 3-6　著名调查公司经过社会调查后,总结出我国"90后"群体的特征:喜欢接受新生事物,普遍早熟,消费观念个性化;喜欢明星,但不追星;有问题时更喜欢百度;可以没有电脑,但不能没有手机,是互联网一代。

（5）个性和自我形象。个性是个人的性格特征,根据个性不同可将购买者分为不同类型:习惯型、理智型、冲动型、经济型、感情型和不定型。自我形象,即人们怎样看待自己。人们希望保持或增强自我形象,购买有助于改善或加强自我形象的商品和服务就是一条途径。

4. 心理因素

消费者行为还受到消费者心理因素的影响,这些因素包括动机、感觉和知觉、学习、信念和态度等心理过程。

课堂感悟:正是注意到消费者的感觉与知觉,企业有体验营销。请举例（　　）

（1）动机。根据马斯洛需要层次理论,人的需要由低到高可分为五个层次,即生理需要、安全需要、社交需要、尊重需要和自我实现需要。消费者需要的满足也是由低到高,待低层次的需要得到满足后,才会设法满足高层次的需要。这一理论可以帮助企业营销人员了解各种商品服务怎样才能适合潜在消费者的生活水准、目标和计划。

（2）感觉和知觉。消费者对外界的认识从感觉开始,通过眼、鼻、耳、舌等感觉器官,对事物的外形、色彩、气味、粗糙程度等个别属性做出反应。人在感觉的基础上,形成知觉。知觉,是人脑对刺激物各种属性和各个部分的整体反应,它是对感觉信息加工和解释的过程。在市场活动中,消费者通过感觉和知觉认识企业、认识商品,不同消费者具有不同的感觉和知觉,因而形成了对商品的不同认识。

（3）学习。人类的有些行为(包括消费行为)是通过学习、实践得来的。消费者在市场上购买某产品后,非常满意,于是就会增强对该品牌的信任,往往会重复购买,这就是一个学习的过程。

（4）态度。态度是人们长期保持的对于某种事物和观念的评价和反应。如消费者对名牌争相选购,而对不熟悉的新产品则犹豫观望、疑虑重重,很难做出决策。消费者的态度一旦形成很难改变,企业应适应消费者的态度,而不要勉强去改变消费者态度,因为改变产品设计和营销方法要比改变消费者的态度容易得多。

课堂测评

测评要素	表 现 要 求	已达要求	未达要求
知识掌握	能掌握消费者市场的含义		
技能掌握	能初步认识消费者市场影响因素		
任务内容整体认识程度	能概述整体消费者市场的特征		
与职业实践相联系程度	能描述日常生活中的消费者市场活动		
其他习得	能描述与其他课程、职业活动等的联系		

3.2 组织市场的认识

企业把大量的产品和服务出售给个人消费者的同时,也会把大量的原材料、机器设备、办公用品,以及相应的服务提供给企业、社会团体、政府机关等组织。这些组织用户构成了整个市场体系中一个庞大的市场,就是组织市场。

3.2.1　组织市场认知

1. 组织市场的概念

组织市场(Organizational market)是由各类工商企业为从事生产销售等业务活动,以及政府部门和非营利组织为履行职责而购买产品或服务所构成的市场。简言之,就是各类型组织机构形成的对企业产品和服务需求的总和。从卖方的角度看,消费者市场是个人市场,组织市场则是法人市场。组织市场是企业所面临的市场的重要组成部分,也是企业的重要营销对象。

2. 组织市场的特点

组织市场同消费者市场有着根本区别,它与消费者市场购买行为相比存在以下几个特点。

(1) 组织市场需求是一种派生需求。组织机构购买产品是为了满足其顾客的需要,也就是说,组织机构对产品的需求,归根结底是从消费者对消费品的需求中派生出来的。显然,皮鞋制造商之所以购买皮革,是因为消费者要到鞋店去买鞋的缘故。

(2) 购买者少,但规模庞大,过程复杂,多为专家购买。与消费者市场相比,组织市场购买者主要是企业、团体,其数量自然要比消费者市场主体——个人或家庭数量少得多。但购买金额较大,购买批量大,一张订单就可能达到亿元之上。如果产品技术性能较为复杂,必须有专业人员出面,即专家购买。这样,组织市场购买者的购买行为过程将会持续较长一段时间,几个月甚至几年都是可能的。

(3) 购买者地理位置相对集中。经济发展到一定阶段之后,某些产业会在地域分布上趋于集中,即便是那些规模分散的产业也比消费者市场在地域分布上更为集中。如深圳聚集了大量高新技术企业。

(4) 供需双方关系密切。由于购买人数较少,供应商对大客户的信赖程度比较高,在产业市场上的客户与销售者关系非常密切。供应商要按客户的要求提供产品,因而那些在技术规格和交货要求方面与购买者密切合作的供应商更容易达成交易。组织购买者经常选择那些也从他们那儿购物的供应商,从而达到互惠和增进合作的目的。

(5) 需求波动大,缺乏弹性。在组织市场上,人们对产业用品和服务的需求要比对消费品及服务的需求更易产生波动,对新工厂和新设备的需求更是如此。消费品需求增加一定百分比,为满足这一额外需求,工厂和设备的需求将上升很大百分比,经济学家把这种现象称为加速原理。需求出现波动时,企业不能对其生产方式做出立即反应。所以,需求在短期内缺乏弹性,许多产业用品和服务的总需求受价格变化的影响较小。

(6) 直接采购。组织购买者常直接从生产厂商那里购买产品,而非经过中间商环节,尤其是那些技术复杂和贵重的产品更是如此(如大型计算机或飞机)。

3.2.2　组织市场分类

组织市场包括三种类型:产业市场、转卖者市场和非营利组织市场。

1. 产业市场

产业市场又称生产者市场或企业市场,是指一切购买产品和服务并将之用于生产其他产品或劳务,以供销售、出租或供应给他人的个人和组织。产业市场主要由以下产业构成,农、林、渔、牧业,采矿业,制造业,建筑业,运输业,通信,公用事业,银行金融保险业,服务业等。

(1)产业市场的影响因素。产业市场同样也有许多影响因素,如表 3-2 所示。

表 3-2　产业市场的影响因素

因素名称	作用原理
环境因素	经济不景气时,生产者会压缩投资,营销人员只能在增加或维护生产者需求方面努力,力争将问题变成机遇
组织因素	生产者所在组织内部的规定、政策会给营销人员的活动带来困扰
人际因素	生产者采购人员的职权、地位等方面会给营销人员造成困难
个人因素	生产者采购决策者个人的个性、偏好等方面也会影响营销人员的活动效果

(2)产业市场购买决策的参与者。除专职的企业采购人员之外,还有一些其他人员也参与购买过程,可分为以下五种角色:①使用者,是指公司中具体使用欲购某种产业用品的人员,使用者往往是购买产业用品的最初提出者;②影响者,是指企业内部和外部直接或间接影响购买决策的人员;③决策者,是指企业里有权决定购买产品或服务的人;④采购者,是指被赋予权力按照采购方案选择供应商与商谈采购条款的人员;⑤信息控制者,是指采购单位有权阻止推销员或信息与采购部门成员接触的人。

2. 转卖者市场

转卖者市场,也称中间商市场,是指通过购买产品或服务用于转售或租赁给个人或组织的单位或个人所组成的市场。如批发商和零售商。

(1)批发商。批发商是指为了转卖而进行大宗商品买卖的组织购买者。它们向生产企业购买商品(有的批发商也向其他批发商进货),再把这些商品转售给零售商、生产者或其他批发商。

批发商分为两大类,取得商品所有权的被称为经销批发商或批发商,没取得商品所有权的被称为代理批发商或代理商。在市场产品流转过程中,批发商具有下列一些功能,如购买、销售、分配、运输、储存、资金调剂、风险负担、提供宣传、广告、定价、业务指导和商情咨询等服务。

(2)零售商。零售商是指通过批量购进、零星售出,向最终消费者(包括个人消费者和组织消费者)提供商品以获取零售商业利润的个人或组织。零售商具有下列功能,如充分满足消费者需求、拆整卖零,方便消费者小量购买、承担一定的售后风险、运输商品、消费者代言等。

重要信息 3-1　　　　　　　　　　**转卖者市场的特点**

(1)转卖者市场的购买是为了再出售。这是一种派生需求,受最终消费者购买的影响。由于离最终消费者更近，对派生需求的反应较直接。

（2）转卖者不对产品进行再加工。转卖者市场上，中间商主要是买进卖出产品，基本上不对其再加工，购进价的变化往往直接影响最终消费者的购买量，而不同的进货渠道形成了不同的价格。转卖者只赚取销售利润，单位产品增值率低，因此必须大量购进和大量出售。由于财力有限且不专销一家企业的产品，转卖者往往需要生产厂商协助做产品广告，扩大影响。

（3）时间性强，对时间要求苛刻。由于中间商本身是"转手买卖"，决定他们对选购时间要求苛刻，这是因为产品在消费者市场具有很强的时间性和时尚性，因此中间商在购买、出售商品的时间必须赶在时尚的前沿，否则就会造成大量产品积压。

（4）供应方需提供服务。转卖者不擅长技术性工作，在销售产品的过程中，会遇到许多与产品有关的问题，所以需要供货方提供客户服务、技术服务和返修商品服务。

3. 非营利组织市场

非营利组织市场是指国家机关、事业单位和团体组织，使用财政性资金采购依法制定的集中采购目录以内的或者采购限额标准以上的货物、工程和服务的行为所形成的市场。

（1）非营利组织市场表现

非营利组织市场主要表现为：①采购经费受到预算限制，非营利组织市场采购活动的经费来源主要是政府财政拨款或社会捐助，经费预算与支持受到严格控制；②价廉物美是影响采购决策的重要因

> 课堂感悟：你所在的学校，许多物资的购买就受到许多限制。如：_____

素，因为经费受到限制，绝大多数采购倾向于选择报价更低的供应商；③采购程序规范复杂，由于其非营利性和资金来源的特殊性，采购过程的公开性和公平性就显得非常重要，一般会规定规范的采购程序，严格按照规定条件购买，因而程序更加复杂。

（2）非营利组织市场中的政府采购

在许多国家，政府是商品和服务的主要购买者。政府采购是组织购买者中比较特殊的一个市场，也是十分重要的一个市场。2021年9月3日，中华人民共和国财政部公布的2020年全国政府采购情况显示，2020年，全国政府采购规模为36 970.6亿元，较上年增加3 903.6亿元、增长了11.8%，占全国财政支出和GDP的比重分别为10.2%和3.6%。从层级来看，中央预算单位、地方预算单位政府采购规模分别为2 853.0亿元和34 117.6亿元，占全国政府采购规模的7.7%和92.3%。

《中华人民共和国政府采购法》规定，我国的政府采购方式有：公开招标、邀请招标、竞争性谈判、竞争性磋商、单一来源采购、询价和国务院政府采购监督管理部门认定的其他采购方式。公开招标应作为政府采购的主要采购方式。

课堂测评

测评要素	表现要求	已达要求	未达要求
知识掌握	能掌握组织市场的含义		
技能掌握	能初步认识组织市场影响因素		
任务内容整体认识程度	能概述整体组织市场的特征		

续表

测评要素	表 现 要 求	已达要求	未达要求
与职业实践相联系程度	能描述日常生活中的组织市场活动		
其他习得	能描述与其他课程、职业活动等的联系		

3.3 市场购买行为的认识

在认识了消费者市场与组织市场的基础上,市场营销初学者应该开始分析市场购买行为。即分析在市场上的自然人消费者和组织消费者的一举一动,以及他们的所思所想。

3.3.1 消费市场购买行为认知

1. 消费者购买决策的参与者

购买决策的参与者,是指参与和影响购买决策的有关人员构成的群体。在某些产品的购买决策过程中,其参与者扮演着以下五类角色。(1)发起者。发起者是首先提议购买某种产品或服务的人。(2)影响者。影响者是其观点或建议对购买决策有影响的人。(3)决定者。决定者是最后决定整个购买意向的人。(4)购买者。购买者是实际执行购买决策的人。(5)使用者。使用者是实际消费产品或服务的人。

了解每一位购买者在购买决策中扮演的角色,并针对其角色地位与特性,采取有针对性的营销策略,才能较好地实现营销目标。

例 3-7　　一个家庭要购买一台计算机,发起者可能是孩子;影响者可能是爷爷,其表示赞成;决定者可能是母亲,她认为孩子确实需要;购买者可能是父亲,他到电脑城或电商网站去选购、付款;使用者主要是孩子。

2. 消费者购买行为类型

消费者所处的环境各不相同,自身情况千差万别。那么,在市场上,消费者的心理及行为是否会有一个基本的模式呢?

心理学研究认为,人的行为是大脑对刺激物的反应,在这个过程里,人的心理活动支配着人的行为。显然,消费行为也会受到心理活动的影响,形成不同的模式。

一般来讲,根据消费者在购买过程中自己心身的参与投入程度、品牌间的差异程度及购买决策风险的高低,将消费行为分为以下4种类型。如图3-2所示。

对产品的熟悉程度

购买决策风险		低	高
	高	复杂性 购买行为	选择性 购买行为
	低	简单性 购买行为	习惯性 购买行为

图 3-2　购买行为模式的类型

（1）复杂性购买行为。复杂型购买行为是指品牌差异大、消费者介入程度高的购买行为。当消费者要选购价格昂贵、购买次数较少的、风险较大而又非常有意义的商品时，就会调动全部身心投入，进行购买。但通常消费者对这些产品的性能不了解，需要一个学习的过程。

为慎重起见，首先要广泛收集有关信息，并经过认真学习，产生对这一产品的信念，形成对品牌的态度，最后才会做出购买决策。

对于这种购买行为，营销人员应利用一切渠道帮助消费者了解与该产品有关的知识，并让消费者了解和确信企业产品在比较重要的性能方面的特征及优势，使消费者树立对企业产品的信任感。

（2）选择性购买行为。当消费者选购的产品品牌区别不大，但又不经常购买，购买时具有一定的风险性。对于这类型的产品，消费者一般首先会去几

> 课堂感悟：你自己习惯购买的日用品品牌有：_____

家商店观察，进行比较，由于品牌之间差别较小，消费者的注意力更多地集中在品牌价格是否优惠、购买时间和地点是否便利等问题上。因而消费者能够很迅速地做出购买决定。

购买之后，消费者也许会产生不满意感，即消费者购买某一产品后，或因产品自身的某些方面不称心，或得到了其他产品更好的信息，从而产生不该购买这一产品的后悔心理。为了化解这种心理，消费者会了解更多信息，以证明自己购买决定的正确性，寻找种种理由，说服自己，以求得心理平衡。

对于这种购买行为，营销人员应利用多种方式，向消费者提供有利的信息，帮助消费者消除不平衡心理，坚定其对所购产品的信心。

（3）简单性购买行为。当消费者购买的商品品牌之间有明显差别，但可供选择的品牌很多时，他们并不会花太多的时间选择品牌，也不专注于某一产品，而是经常变换所购产品的品牌。比如购买点心

> 课堂感悟：自己回顾家里人购买稍贵一些商品时的表现。一般有（ ）

之类的商品，消费者可能更多考虑的是换换口味。这样做不代表对商品不满意，而是为了追求多样化的消费。

对于这种购买行为，营销人员应该充分运用营业推广，以充足货源占据货架的有利位置，并通过提醒性的广告促成消费者建立习惯性购买行为，鼓励消费者进行多种品牌的选择和新产品的试用。

（4）习惯性购买行为。当消费者购买价格低廉，经常需要的商品时，购买行为是最简单的。这类商品品牌差异更小，消费者对此也非常熟悉。有时购买某一商品，并不是因为特别偏爱某一品牌，而是出于习惯。比如食用盐，这是一种价格低廉、品牌间差异不大的商品，消费者购买时，大多不会关心品牌，而是靠多次购买和多次使用而形成的习惯去选择某一品牌。

对于这种购买行为，营销人员要特别注意给消费者留下深刻印象，企业的广告要强调企业产品的主要特点，要以鲜明的视觉标志、巧妙的形象构思赢得消费者对企业产品的青睐。为此，企业的广告要加强重复性、反复性，以加深消费者对产品的熟悉程度。

重要信息 3-2	消费者心理需求

一般来讲，消费者往往具有以下心理需求。

（1）方便。在一些社区便利店，消费者往往出于省时、便利的购买心理购买商品。在这种心理支配下，消费者对时间、效率特别重视，对商品本身则不甚挑剔。他们特别关心能否快速方便地买到商品，不愿过度地等候。

（2）价廉。有的消费者具有以追求商品、服务的价格低廉为主导倾向的购买心理，他们对商品质量、花色、款式、包装、品牌等不是十分挑剔，而对降价、折让等促销活动怀有较大兴趣。

（3）标新立异。有的消费者追求商品、服务的时尚、新颖、奇特，在选择产品时，特别注重商品的款式、色泽、流行性、独特性与新颖性，相对而言，产品的耐用性、价格等则成为次要的考虑因素。一般而言，在收入水平较高的人群及年轻人中，求新的购买心理比较常见。

（4）美观。有的消费者具有以追求商品欣赏价值和艺术价值为主要倾向的购买心理，在选购商品时，特别重视商品的颜色、造型、外观、包装等因素，讲究商品的造型美、装潢美和艺术美。求美心理的核心是讲求赏心悦目，注重商品的美化作用和美化效果，在受教育程度较高的群体及从事文化、教育等工作的人群中比较常见。

（5）追求名牌。有的消费者常常追求名牌、高档商品，以显示或提高自己的身份、地位。当然，追求名牌商品，还隐含着出于名牌的信任，减少购买风险、简化决策程序和节省购买时间等多方面的考虑因素。

（6）模仿。有的消费者购买行为易受他人的影响，在购买商品时自觉或不自觉地模仿他人的购买行为。一般而言，普通消费者的模仿对象大多是社会名流或其崇拜、仰慕的偶像。于是，广告商多会聘请一些歌星、影星、体育明星代言产品，其目的之一就是激发消费者的模仿心理，促进产品销售。

3. 消费者购买决策过程

消费者的购买活动是一个解决购买需求问题的过程。一般要经过一个决策过程，包括认识需求、收集信息、选择评价、决定购买和购后感受。营销人员应该了解这一过程的每一个阶段消费者的所思所想，分析哪些因素在起作用。这样就可以制定针对目标市场行之有效的营销计划。如图 3-3 所示。

图 3-3 消费者 购买决策过程

（1）认识需求。认识需求，就是消费者发现目前现实状况与自己的预期之间有一定差距，产生了相应的解决问题的需求。消费者有需求，才可能有购买行为。需求可能由内部刺激引起，也可能由外部刺激引起。所以，营销人员应该注意识别引起消费者某种需要或兴趣的内部环境和外部环境，及时发现他们的问题和需要。

（2）收集信息。消费者在做出购买决策之前，一般会收集以下信息，如产品或服务的内容、产品或服务价格、产品或服务的市场状况、购买时机、购买方式、购买地点，等等。消费者通常有以下4个方面的信息来源，如表3-3所示。

表3-3　消费者决策信息收集来源

来源	信息
经验阅历	从产品或服务的操作、使用或体验中得到经验、教训或阅历，这类信息来源比较直接、真实、可靠，是消费者做出购买决策的直接支撑点
个人	从家庭成员、亲朋好友、熟人等途径得到的信息，这类信息源影响较大，由于来自第三方，因此具有评价作用
商业信息	从公司广告、宣传、中间商、销售人员、展示会、商品陈列等途径得到的信息，这类信息比较广泛，信息量充足，一般起到通知、提醒、强化品牌印象等作用
大众	从大众传播媒介如电视、电台、报纸、杂志等途径得到的信息，这类信息源大多具有导向及树立品牌形象等作用

消费者收集信息一般会经历以下过程，以手机商品信息收集为例，如图3-4所示。

图3-4　消费者手机商品信息收集过程

消费者最终的购买行为一般需要相关信息的支持。认识到需要的消费者，如果目标清晰、动机强烈，购买对象符合要求，购买条件允许，又能买到，消费者一般会立即采取购买行动。

（3）选择评价。通过收集信息，消费者熟悉了市场上的竞争品牌，接下来，将利用这些信息来评价确定最后可选择的品牌。

如某一购买笔记本电脑的消费者通过收集信息，熟悉了市场上一部分品牌的电脑，而在熟悉的品牌中，又只有个别品牌符合该消费者最初的购买标准，在有目的地收集了这些品牌的大量信息后，只有其中的个别品牌会被作为该消费者重点选择的对象。

评价选择这个环节是消费者购买决策过程的重要环节，作为营销人员要非常清楚，一个潜在的消费者对产品或服务会从哪些方面来进行评价选择。

（4）决定购买。通过评价选择，消费者会在选定的各种品牌之间形成一种偏好；也可能形成某种购买意图而偏向购买他们喜爱的品牌。但是，在购买意图与购买决策之间，有两种因素还会产生影响。

第一种因素是其他人的态度，第二种因素是意外情况。前者是指他人对消费者购买行为的影响程度。一般说来，他人的态度越强、与消费者的关系越密切，其影响就越大；后者是指一些意外情况，如消费者预期收入突然大起大落，预期价格、利益出现较大变化等，都会使他改变或放弃原有的购买意图。

决定购买是消费者购买决策过程中的最为重要、最为关键的环节。作为优秀的营销人员，要非常重视消费者购买行为过程中的这一环节。实际上，在消费者付款之前放弃交易的例子不胜枚举。调查原因大多追溯到销售人员在消费者实施购买环节中的一些细节问题，比如销售人员态度的细微转变、辅助的积极性等。

营销实务 3-2　　　　　　　　　　**某品牌汽车购买决策**

一位同学家里准备购买一辆汽车，尝试着做了购买决策。

分析：每一个购买决策都包括其相关内容与构成要素，如购买动机、购买对象、数量、地点、实践与方式等。

决策：根据相关内容，列出购买决策过程，如表 3-4 所示。

表 3-4　某品牌汽车购买决策方案

购买原因	原车廉价、已经老旧、新车主要代步、偶尔自驾游
购买什么	品牌、配置、类型、款式、颜色、安全性、价格
购买方式	亲自购买、托人购买、付款方式
购买地点	本地 4s 店、外地 4s 店、本地二级专营店
购买时间	周末、节假日
购买频率	不定时，需要时购买

评析：上述家庭购买汽车这样的大宗消费品具有一定代表性，我们从中可以看出，对于特定的消费者来说，完成一次购买，特别是复杂性购买，需要考虑多个方面的内容。

（5）购后感受。消费者购买商品之后的感受关系到消费者的再购买行为。此时，营销人员的工作并没有结束。消费者购买商品后，通过自己的使用和他人的评价，会对自己购买的商品产生某种程度的满意或不满意评价。如果对产品满意，则在下一次购买中可能继续购买该产品，并向其他人宣传该产品的优点。当他们感到非常不满时，肯定不会再买这种产品，更有可能退货，劝阻他人也不要购买这种产品，甚至向消费者协会投诉、通过媒体曝光，直至诉诸法律。

营销人员应采取有效措施尽量降低消费者购买后不满意的程度，并通过加强售后服务、与消费者保持联系、提供使他们从积极方面认识产品的特性等方式，增加消费者的满意感。

研究和了解消费者的需要及其购买决策过程，是市场营销成功的基础。营销人员通过了解这一过程，就可以获得许多有助于满足消费者需要的有用线索。通过了解购买过程的各种参与者及其对购买行为的影响，就可以为其目标市场设计有效的市场营销计划。

重要信息 3-3　　　　　　　　　　**消费者购买决策的特点**

（1）购买决策的目的性。消费者进行决策，就是要促进一个或若干个消费目标的实现,这本身就带有目的性。

(2)购买决策的过程性。消费者购买决策是指消费者在受到内、外部因素刺激,产生需求,形成购买动机,抉择和实施购买方案,购后经验又会反馈回去影响下一次的消费者购买决策,从而形成一个完整的循环过程。

(3)购买决策主体的需求个性。由于购买商品行为是消费者主观需求、意愿的外在体现,受许多客观因素的影响。除集体消费之外,个体消费者的购买决策一般都是由消费者个人单独进行的。随着消费者支付水平的提高,购买行为中独立决策特点将越来越明显。

(4)购买决策的复杂性。消费者在做决策时不仅要进行感觉、知觉、注意、记忆等一系列心理活动,还必须进行分析、推理、判断等一系列思维活动,并且要计算费用支出与可能带来的各种利益。

(5)购买决策的情景性。消费者具体决策方式因所处情景不同而不同。由于不同消费者的收入水平、购买传统、消费心理、家庭环境等影响因素存在着差异性,因此,不同的消费者对于同一种商品的购买决策也可能存在着差异。

3.3.2 组织市场购买行为认知

1. 组织市场购买行为类型

和个人消费者一样,组织购买者在进行一项采购时也会面临一系列决策。这些决策的数量取决于购买情况的类型,购买情况分为三类:直接再采购、修正再采购和全新采购。

(1)直接再采购。直接再采购是指采购部门根据惯例再次订购产品的购买情况。购买者根据以往购买的满意程度从以往的供应商中选择供应商。被选中的供应商将尽力保持产品质量和服务质量。未被选中的供应商会试图提供新产品或开展某种令采购者满意的服务,以期使采购者考虑从他们那里购买产品。这些供应商首先会设法以少量订单涉足入门,然后再逐步扩大其采购份额。

(2)修正再采购。修正再采购是指购买者希望在产品规格、价格、其他条件等方面加以调整的情况。修正再采购通常扩大了决策参与者的人数,对原选中的供应商压力很大,他必须尽全力留住其客户。原未被选中的供应商则把修正再采购看成是一次较好的机会,以得到一些新客户。

(3)全新采购。全新采购是指组织购买者首次购买某种产品或服务。由于是第一次采购,对所购产品不是十分了解,成本和风险增大,需要投入较多的人力、花更多的时间,收集相关信息。因此,此类购买的决策过程会更复杂,决策时间会更长。全新采购对营销人员来说是全新的挑战,同时也是最好的营销机会。

2. 组织市场购买的影响因素

组织用户在做出购买决策时会受到许多因素的影响,归结起来主要有环境因素、组织因素、人际因素和个人因素。如图 3-5 所示。

(1)环境因素。市场环境和经济前景对组织的发展影响其大,从而也必然影响到组织用户的采购计划。例如,当经济前景欠佳,风险较大时,组织用户必然要减缩投资,减少采购量,这时供应者只有降价到一定程度,才有足够刺激,使客户愿意购买并承担一定风险。

环境因素	组织因素	人际因素	个人因素	
经济前景 需求水平 资金成本 技术进步 政治法律 竞争态势	采购目标 采购政策 采购程序 组织结构 规章制度	地位 职权 态度 说服力	年龄、收入 教育、职业 个性、担当	组织 用户

图 3-5　组织市场购买的影响因素

原材料的供给状况是否紧张,也是影响组织用户采购的重要环境因素。一般企业都愿购买并储存较多的紧缺物资,因为保证供应不中断是采购部门的主要职责。此外,技术、法律、竞争等环境因素的变化,也都会影响组织用户的采购,营销者应密切注意,设法将环境威胁转化成营销机会。

(2) 组织因素。组织因素是指用户的采购目标、采购政策、工作程序、组织结构和管理体制等。例如,有的地方规定只许采购本地区的原材料;有的只许买本国货,不许买进口货,或相反;有的购买金额超过一定限度就需要上级主管部门审批等。

(3) 人际因素。组织用户的采购决策往往受到非正式组织的各种人际关系的影响,采购中心的各个成员在身份、地位、威信和影响力、说服力等方面各有特点,供应者如能够掌握这些特点并施加影响,将有助于获得订单。

(4) 个人因素。组织购买者行为是组织行为,但最终还是要由若干个人做出决策并付诸实施。参与采购决策的成员,难免受个人因素的影响,而这种影响又因个人年龄、职位、受教育程度、个性和对风险态度的不同而有所不同。因此,供应者应了解客户采购决策人员的个人特点,并处理好个人之间的关系,这将有利于营销业务的开展。

3. 组织市场购买的决策过程

参照消费者市场购买决策过程,可以将组织市场购买决策过程划分为类似的 5 个步骤,如图 3-6 所示。在直接再采购与修正再采购时,可能会越过某些阶段,而在全新采购时则会经历比较完整的阶段。组织购买实践中,要比消费者购买决策过程复杂得多。供应企业营销人员应该针对各阶段具体情况,有针对性地开展营销活动。

图 3-6　组织市场购买决策过程

(1) 确认需求。组织用户需求的产生,可由内在刺激和外在刺激引起。比如说,为了提高管理效率,降低生产成本,企业认识到需要购买电脑及相关软件,这就是内在刺激。而企业还可能会受到广告、商品展销会或推销员的影响,这就是外在刺激。

在确定需求品种及其规格、数量的问题上,标准化产品较容易确定,而非标准化产品则要由采购员、工程师、使用者,以至高层管理人员协商确定。

(2) 搜集信息。同类产品的供应商很多,企业的采购人员通常要按照具体的采购要求寻找最佳的供应商。获取供应商的信息来源很多,按其重要性大致可以作这样的排列:内部信息,如采购档案、部门信息和采购指南、推销员的电话访问和亲自访问;外部信息,如卖方的产品质量调查、其他公司的采购信息、新闻报道、广告、产品目录、电话簿、商品展览等。

(3)评估供应商。评估的内容包括供应商的信誉、品牌形象,高层领导的素质,产品的质量、性能、技术、价格、服务态度、交货能力等。组织用户通常会同时选择两家或更多的供应商,保持几条供应渠道,这样做的好处是保证有充足的货源,又会使几家供应商互相竞争,使自己处于有利的地位。作为供应商要及时了解竞争对手的动向,采取适当的应对措施。

(4)签订合同。选择好供应商后,组织用户根据所购产品的技术说明书、需要量、交货时间与地点、退货条件、担保书、售后服务等内容与供应商签订最后的订货合同。双方一般都愿意建立长期合作的稳定的伙伴关系,互惠互利。

(5)购后评估。购买以后,组织用户也会像个人消费者一样,评估产品和供应商是否达到了自己预想的要求,如调查使用者对产品及安装、送货、维修等服务的满意度。评估的结果可能导致继续购买、修正购买或中止供货关系。

课堂测评

测评要素	表 现 要 求	已达要求	未达要求
知识掌握	能掌握市场购买行为的含义		
技能掌握	能初步认识市场购买行为影响因素		
任务内容整体认识程度	能概述消费者市场购买行为,并提出对策		
与职业实践相联系程度	能描述日常生活中的市场购买决策活动		
其他习得	能描述与其他课程、职业活动等的联系		

任务 3 小结

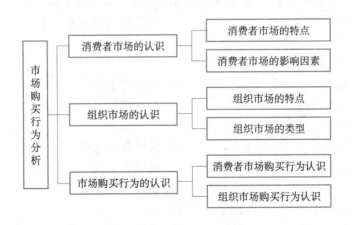

教学做一体化训练

一、重要名词
消费者市场　　组织市场

二、课后自测

（一）单项选择题

1. 体育明星和电影明星是其崇拜者的（　　　）。

A. 成员群体　　　　B. 直接参照群体　　C. 厌恶群体　　　　D. 向往群体

2. 下列哪个因素不是影响消费者购买行为的主要因素（　　）。

A. 文化因素　　　　B. 社会因素　　　　C. 自然因素　　　　D. 个人因素

3. 小王看到同事小张买了一款手机，觉得很好，于是准备星期天也去选购一款，这时小王处于购买决策的（　　　）阶段。

A. 引起需要　　　　B. 搜寻信息　　　　C. 购买决策　　　　D. 评估比较

4. 组织市场购买人员一般是（　　　）。

A. 专业人员　　　　B. 非专业人员　　　C. 没有特殊要求　　D. 只对董事会负责

5. 消费者购买决策过程中最为关键的环节是（　　　）。

A. 认识需求　　　　B. 收集信息　　　　C. 选择评价　　　　D. 决定购买

E. 购后感受

（二）多项选择题

1. 消费者市场的主要特点有（　　　）。

A. 多样性　　　　　B. 低层次性　　　　C. 可替代性　　　　D. 可诱导性

E. 固定性

2. 我国亚文化群主要有（　　　）。

A. 语言亚文化群　　　　　　　　B. 宗教亚文化群

C. 民族亚文化群　　　　　　　　D. 种族亚文化群

E. 地理亚文化群

3. 消费者市场影响因素中，社会因素的相关群体有 3 个基本层次（　　　）

A. 接触型相关群体　　　　　　　B. 成员资格型相关群体

C. 向往型群体　　　　　　　　　D. 社会群体

4. 组织市场可以分为（　　　）。

A. 产业市场　　　　　　　　　　B. 转卖者市场

C. 非营利组织市场　　　　　　　D. 公共市场

5. 政府购买方式有（　　　）。

A. 公开招标选购　　　　　　　　B. 议价合约选购

C. 直接购买　　　　　　　　　　D. 日常性采购

E. 专家购买

6. 消费者购买行为类型可以分为（　　　）

A. 复杂性购买行为　　　　　　　B. 选择性购买行为

C. 简单性购买行为　　　　　　　D. 习惯性购买行为

7. 组织市场购买情况分为三类包括（　　　）

A. 直接再采购　　　　　　　　　B. 修正再采购

C. 全新采购　　　　　　　　　　D. 政府采购

（三）判断题

1. 就卖主而言，消费者市场是法人市场。（　　　）

2. 家人、亲属、朋友和伙伴等是最典型的、主要的非正式群体。（　　　）

3. 一般而言，人类的需要由低层次向高层次发展。（　　　）

4. 消费者的复杂性购买行为是指消费者购买时介入程度低且没法弄清品牌之间差异的购买行为。（　　　）

5. 在价格不变条件下，一个产品有更多的性能会吸引更多的顾客购买。（　　　）

6. 顾客的购买动机是多种多样的。（　　　）

7. 一定时期，人们有许多需要，只有其中一种比较迫切的需要才能发展成为动机。（　　　）

8. 消费者购买决策过程主要是：认识需求、信息收集、判断选择、购买决策和购后评价，任何消费者都不能省去其中的某些阶段或者颠倒它们的顺序。（　　　）

9. 组织市场的需求是派生需求。（　　　）

（四）简答题

1. 简述消费者市场的特点。

2. 影响消费者的主要因素有哪些？

3. 消费者心理有哪些类型？

4. 消费者购买决策过程需经过哪些阶段？

5. 消费者如何评价对其购买活动的满意感？

（五）案例分析

2016年6月底，贝恩公司与凯度消费者指数近期发布的《中国购物者报告》指出，2015年中国快速消费品市场的销售额增长率只有3.5%，为五年来的最低点。有两样东西格外引人关注：方便面和啤酒。根据报告：2015年方便面的销售量下降了12.5%，啤酒下降了3.6%，"超值啤酒"比高端啤酒下降得更厉害。

（1）现象：方便面和啤酒已渐渐失宠！

"春运必备神器"——方便面堪称中国的全民食品，食用人群广泛，每年有400多亿包方便面被中国人吃掉，相当于其世界总消费量的一半。有数据显示，方便面产业在中国曾经历连续18年、年均20%以上的快速增长。

一包方便面只有几块钱，人人都能负担，所以用"方便面指数"——方便面的销售量和销售额来衡量中国人整体消费行为的迭代再合适不过。

这种迭代正在发生，方便面在中国正逐渐失宠。不止2015年，伯恩斯坦研究公司调查了1200多名中国消费者并在去年1月初发布的结果称，2014年方便面消费者的数量同比下降了25个百分点。类似情况也发生在啤酒行业中。国家统计局数据显示，2014年我国啤酒产量完成4921.9万千升，比上年同期下降了0.96%，产量净增长了-47.6万千升。人均占有量为35.98升，比上年下降了1.22升，增幅为-3.27%。这是24年来我国啤酒产销量首次同比下降。去年这一趋势得以延续。全国规模以上啤酒企业470家，完成酿酒总产量4715.72万千升，同比下降5.06%。

（2）原因：主力购买人群少了，消费观念升级了

究竟原因在哪里？按照贝恩报告的说法：随着许多制造企业开始向孟加拉国、越南等其他成本更低的国家转移，一些传统以蓝领为主要消费群体的品类处境艰难。方便面和啤酒作为典型代表，首当其冲。国家统计局发布的 2015 年农民工监测调查报告显示，2015 年农民工总量为 27 747 万人，虽比上年增加 352 万人，但增长速度仅为 1.3％，这是继 2011 年以来农民工增速连续第四年回落。蓝领工人数量涨得慢了，方便面和啤酒的消费量也随之下滑，但这并非唯一原因。消费观念升级也在深刻影响消费者的购买选择。AC 尼尔森去年发布的一份调查报告称，有四分之三的中国受访者表示，他们愿意支付更高的价格购买被认为"健康"的食品。在这项调查中，"健康"的标签是"纯天然""无人工味素""非转基因"等。方便面尽管可以有很多吃法，酱料包也可以有各种不同的口味，但都不是"纯天然"，离不开"人工添加剂"。

（3）未来：这些行业正站在消费新风口

毫无疑问，消费将是经济新常态下的"增长担纲"，但属于方便面和啤酒的时代已至尾声了。中国国际贸易促进委员会研究院国际贸易研究部主任赵萍告诉《每日经济新闻》的记者，预计今年消费增速为 10％左右，消费占 GDP 的比重有望创十年新高，首次超过 60％。她说，这意味着我国消费将跨上 2 个万亿元的台阶，消费量级持续扩大。消费在国民经济中第一拉动力的地位进一步稳固，消费引领型发展模式确立。哪些行业正站在风口呢？阿里研究院院长高红冰告诉记者，随着中国消费者迈入中等收入甚至富裕行列，服务和高端产品的消费将大幅提升，比如奢侈品、健康食品、教育、旅游等，以此来改善和提升自身的生活方式和生活品质。来自贝恩公司的数据显示，从 2011 年至 2015 年，中国影院收入每年平均涨幅高达 35.4％，出境游涨幅为 28％，净水器销售额增长更是超过 50％。食品方面，去年糕点、糖果和冰淇淋的销量跌幅均超过 11％，同时健康食品的表现则十分出色，酸奶销售额增长了 20.6％，功能性饮料上涨了 6％。另外，言消费绕不开电商。高红冰说，网络购物能够填补消费者在线下实体店未得到满足的许多需求，从而刺激消费者产生新的需求。比如，有机、进口食品的线上人均消费在过去三年显著增加。

（资料来源：每日经济新闻　2016 年 7 月 3 日讯）

问题：

1. 根据消费者购买决策类型分析，啤酒和方便面属于哪一类购买决策，为什么？

2. 试运用消费者决策影响因素解释案例中出现的这些现象。

（六）同步实训

□ **同步实训 3-1：消费者市场认知**

实训目的：认识消费者市场的特点及影响因素，理解其实际意义。

实训安排：

1. 学生分组，讨论总结一种全组相对熟悉的日用消费品。

2. 尝试分析这一消费品购买过程的影响因素，并分析购买结果满足了自己哪些心理需求。

3. 选择部分学生制作 PPT 进行展示，并组织讨论与评析。

　　实训总结:学生小组交流不同分析结果,教师根据分析(文案)报告、PPT 演示、讨论分享中的表现分别给每组进行评价打分。

　　□ **同步实训 3-2:组织市场认知**

　　实训目的:认识组织市场的特点及影响因素,理解其实际意义。

　　实训安排:

　　1. 学生分组,讨论总结组织市场购买行为的特点,尝试与消费者市场购买行为作比较,写出比较内容。

　　2. 如果条件允许,可以组织访问合作企业的设备、物资采购情况。

　　3. 选择部分学生制作 PPT 进行展示,并组织讨论与评析。

　　实训总结:学生小组交流不同分析结果,教师根据分析(文案)报告、PPT 演示、讨论分享中的表现分别给每组进行评价打分。

　　□ **同步实训 3-3:消费者购买决策过程认知**

　　实训目的:认识消费者购买模式与决策过程,理解其实际意义。

　　实训安排:

　　1. 学生分组,讨论总结一种全组相对熟悉的商品购买决策过程。

　　2. 尝试分析这一消费品购买决策过程的模式,并分析购买信息来源与收集情况。

　　3. 选择部分学生制作 PPT 进行展示,并组织讨论与评析。

　　实训总结:学生小组交流不同分析结果,教师根据分析(文案)报告、PPT 演示、讨论分享中的表现分别给每组进行评价打分。

市场购买行为
分析课程思政

课程思政园地

　　2022 年 1 月 12 日,中国汽车工业协会(以下简称中汽协,CAAM)发布的最新数据显示,2021 年,国内汽车销量为 2 627.5 万辆,同比增长 3.8%,结束了自 2018 年以来连续三年的下滑态势。数据显示,2021 年,豪华品牌乘用车的销售量为 347.2 万辆,同比增长 20.7%,高于乘用车增速 14.2 个百分点,占乘用车销售总量的 16.2%,刷新历史销量新高。

　　或许是良好的市场表现给豪华品牌发展注入了信心,记者注意到,去年多家豪华品牌率先披露了销量成绩。特别值得一提的是,作为自主品牌豪华阵营的代表,近年红旗已悄然跻身至第二梯队。据悉,去年红旗销量超 30 万辆,同比增长超五成。

　　在国内汽车市场重拾正增长的同时,也呈现出明显的消费升级趋势。"无论是在车市调整阶段还是增长期,近年我国汽车市场呈现出明显的消费升级趋势,以及消费市场需求层面的变化,这会在很大程度上改变汽车市场格局。相比于某个细分市场的突出表现,这个变化则更加令人感到欣喜。"在销量数据披露的第一时间,中汽协副秘书长陈士华在接受《中国消费者报》记者采访时表达了他的看法。他认为,已进入发展通道的国内汽车消费升级趋势会在未来一段时间内保持相当的稳定性。

　　思考:国内汽车消费升级的原因有哪些?

学生自我总结

通过完成任务 3 市场购买行为分析，我能够做如下总结：

一、主要知识

概括本任务的主要知识点：
1.
2.

二、主要技能

概括本任务的主要技能：
1.
2.

三、主要原理

你认为，进行消费者购买决策的意义是：
1.
2.

四、相关知识与技能

你在完成本任务后掌握的相关知识与技能：
1. 消费者市场的主要表现有：
2. 组织市场的主要表现有：
3. 消费者购买决策的过程包括：

五、成果检验

你在完成本任务后取得的学习成果：
1. 完成本任务的意义有：
2. 学到的知识或技能有：
3. 自悟的知识或技能有：
4. 你对消费者购买决策行为分析的看法是：

任务 4　市场竞争状况分析

学习目标

1. 知识目标
(1) 掌握市场竞争者的相关知识。
(2) 了解竞争者的影响。
(3) 掌握如何分析、制定竞争策略。
2. 能力要求
(1) 能举例评价竞争者的优势与劣势。
(2) 能对竞争者策略做出分析。
(3) 能够完整表述竞争态势分析的意义。
3. 思政目标
(1) 树立正确的竞争观念。
(2) 具备诚信经营意识。
(3) 树立公平交易理念。

任务解析

根据市场营销职业工作过程的活动顺序,这一学习任务可以分解为以下子任务。

市场竞争状况
分析课前阅读

营销故事

有一位动物学家对生活在非洲大草原奥兰治河两岸的羚羊进行过研究。他发现东岸羚羊群的繁殖能力比西岸的强,奔跑速度也不一样。对这些差别,动物学家曾百思不得其解。

有一年,他在动物保护协会的协助下,在东西两岸各捉了10只羚羊,把它们分别送往对岸。结果,运到西岸的10只一年后繁殖到14只,运到东岸的10只仅剩下3只,另外7

只全被狼吃了。这位动物学家终于明白了,东岸的羚羊之所以强健,是因为在它们附近生活着一个狼群;西岸的羚羊之所以弱小,正是因为缺少这么一群天敌。

动物如果没有天敌,种群就会退化,一旦遇到突发事件往往最先灭绝,有天敌的动物则通过不断进化逐步繁衍壮大。大自然中的这一现象在人类社会也同样存在,营销如果没有竞争对手就不会有发展动力。

哪里有市场,哪里就有竞争,市场与竞争互相依存,不可分割。我们知道,市场上既有一个个无数的消费者,也有一个个无数生产者——企业。企业数量众多往往意味着要相互竞争。为了在竞争中立于不败之地,企业必须明确自己在同行竞争中所处的位置,识别自己的竞争者。

当你了解了你的竞争对手时,就可以轻易地找到有效的营销手段。也正如《孙子兵法·谋攻篇》中所说:"知彼知己,百战不殆。"

读后问题:

1. 企业之间的市场竞争会体现在哪些方面?
2. "知彼知己,百战不殆"讲的是关于竞争的什么?
3. 阅读材料告诉我们,竞争有利于企业发展吗?
4. 只有同行才是竞争者吗?

4.1 市场竞争者认知

与电视纪录片《动物世界》中物竞天择的非洲大草原一样,企业所面临的市场竞争也是十分残酷的,每天都有一些企业把另外一些企业作为"美餐"来享用,甚至还出现了"降维打击"的说法。因此,作为市场营销人员,首先应该能识别自己的竞争者。

企业在日常经营活动中,不但要了解消费者及其购买行为,而且还要清晰地认识谁是自己的竞争对手。从表面上看,识别竞争者是一项非常简单的工作。但是,由于市场需求的复杂性、层次性、易变性,生产技术的快速发展和演进,以及产业的发展,都使得企业面临复杂的竞争形势,一个企业可能会被新出现的竞争对手打败,或者由于新技术的出现和需求的变化而被淘汰。因此,企业必须密切关注竞争环境的变化,了解自己所处的竞争地位及彼此的优劣势,只有知己知彼,方能百战不殆。

4.1.1 竞争者的发现

在经营活动中,企业的竞争者有很多,大致可以分为现实竞争者和潜在竞争者。一个企业很可能不是被现实竞争者击败,而是被潜在竞争者吞噬。因而,全面认识竞争者具有十分重要的意义。

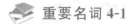 **重要名词 4-1**

市场竞争者

市场竞争者有广义与狭义之分。广义的竞争者是来自多方面的,如企业与自己的顾客、供应商之间都存在着某种意义上的竞争关系。狭义的竞争者是指那些与本企业提供的产品或服务相类似,并且所服务的目标顾客也相似的其他企业。

在现实经营活动中,由于认识的限制,一些企业对竞争者的定位不是十分准确、全面,往往只注意到最相近的、提供相同产品或服务给消费者,并且价格相当的同业者。其实,企业还应该注意更为广泛意义下的竞争者,即与本企业在同一目标市场满足相同需求的企业,甚至还包括那些满足消费者不同需求的企业。比如,从行业来看,我们常用到的中性笔多种多样,这些厂家之间必然存在竞争关系。但从更广的角度来看,钢笔、圆珠笔等书写用具也对中性笔生产厂家构成了威胁。

1. 现实竞争者

现实竞争者是指生产经营同品类、同品种产品或服务,与本企业角逐共同目标市场,与企业构成直接竞争关系的企业。这种竞争关系的竞争对手主要来自同行企业,表现为全方位的正面竞争势态,对手的强弱不仅直接影响到市场的需求状况,还直接影响到本企业的市场占有率。

营销实务 4-1   **电商商标里的现实竞争**

"电商大战"的主角们苏宁、京东和国美,它们的商标颜色也钟情于"红、黄、蓝"这三种广告流行色。广告界人士表示,从电商商标色彩的异同里,也能读出这个行业的竞争故事。从视觉的角度来说,企业商标的颜色和公司的观念、宗旨、产品都有很大的关系。而且重要的是,商标颜色可以让受众最快地感受到企业的某些特点。

苏宁和京东同属电商,两者提供的商品和服务比较相近,有同质化竞争的影子;国美几易商标颜色,从另一方面可以反映出企业内部曾经历过的比较大的调整,现在稳定在夺目的红色,或许能表现出它想要脱颖而出的心情。

评析:企业商标的颜色和公司的观念、宗旨、产品都有很大的关系。红色是非常引人注目的颜色,黄色给人带来的心理暗示是开朗、明快和阳光,蓝色能让人联想到理性、沉稳和冷静感。三种颜色的搭配,使得电商的现实竞争从商标颜色就开始啦!

---

2. 潜在竞争者

潜在竞争者是指暂时对企业不构成威胁,但具有潜在威胁的竞争对手。潜在竞争者的可能性威胁,取决于进入本行业的障碍程度,以及行业内部现有企业的反应程度。进入障碍主要存在于六个方面,即规模经济、品牌忠诚、资金要求、分销渠道、政府限制及其他方面的障碍(如专利等)。

企业一般只关注了现实的竞争对手,而忽略了潜在的竞争对手。为了能够在激烈的市场竞争中生存下来,企业还应该具备识别潜在竞争对手的能力,随时准备迎战新的对手,因为潜在竞争对手突然转变成现实竞争对手时,往往会给本企业带来极大的冲击。

可是,识别潜在竞争对手比识别现实竞争对手困难得多。如果漫无目的地从浩如烟海的市场信号中搜寻潜在竞争对手,往往会无功而返。然而,这并不意味着企业会束手无策。潜在的进入者只有在获得目标市场的大量信息后才能决定是否进入目标市场。因此,企业通过信息传播渠道,顺藤摸瓜,可以发现那些具有潜在进入特质的企业。

一般可以从下述各类企业中将潜在竞争对手辨识出来。

(1) 不在本行业,但能够轻易克服行业限制的企业。当提供互补或替代产品的企业对另一方的市场情况都比较了解时,进入对方市场的限制就比较低。如果企业进入互补或替代的市场能显著地提高原有产品的销量和竞争能力,那么它进入的可能性就非常大。如报社与杂志社都非常熟悉对方的业务和市场,为了争夺同一个客户群,它们之间的竞争往往很残酷。一旦有合适的机会,它们就有可能进入替代品的行业,在同一市场中展开激烈竞争。

(2) 进入本行业可产生明显协同效应的企业。企业进行整体性协调后所产生的整体功能的增强,称之为协同效应。正是这种企业整体功能的增强为企业带来了竞争优势。因此,如果本行业成为某企业的一种产业后能够使该企业产生明显的协同效应,那么该企业进入本行业的可能性就很大。

(3) 产业的延伸必将导致加入本行业竞争的企业。如长虹、海尔两家都力图成为整个中国家电业的领先企业,长虹在加强彩电生产的同时,开始生产空调等白色家电,而海尔也开始从白色家电领域向黑色家电渗透。

(4) 可能前向整合或后向整合的客户或供应商。从企业关系的层次来看,有从制造商向批发商和分销商再到最终用户的前向整合,以及从制造商向供应商的后向整合。某些政策上的优惠会导致企业间的前向整合或后向整合,如当采取按最终产品征税时,就会促使许多企业纵向兼并。这些经过整合后产生的新企业,往往具有很强的竞争力。

(5) 可能发生兼并或收购行为的企业。为了追求规模经济效益、加强生产经营的稳定性、促进企业的快速发展或减少竞争对手,扩大或垄断市场,有一定实力的企业很可能会兼并与收购一些相关企业。一些有实力的企业通过兼并或收购其他企业的方式进入新市场,会激化企业间的竞争。

4.1.2　竞争者的识别

企业营销人员在研究市场时,首先必须认识同行。如果同行提供的产品(或服务)及满足消费者的某方面需求与自己有较大的相似性,便可以认定该企业为本企业的主要竞争对手。这也是识别竞争者的基本策略。当然,在市场营销活动中,竞争者的范围绝不仅限于此,营销人员应该以更广阔的视野去识别多种多样的竞争者。

1. 从行业角度识别竞争者

行业一般是指按生产同类产品或具有相同工艺过程或提供同类劳动服务划分的经济活动类别,如饮食行业、服装行业、机械行业、金融行业、移动互联网行业等。俗话说:"同行是冤家。"从行业结构角度识别竞争者是一种非常有效的手段。从本行业角度,营销人员可以从现有同行厂家、潜在进入者和替代品厂家等几个方面去识别竞争者。

(1) 现有同行厂家。现有同行厂家是指本行业内现有的与企业生产同样产品的其他厂家。显然,这些厂家是企业的直接竞争者。

（2）潜在进入者。潜在进入者是指当某一行业前景乐观、有利可图时，可能进入本行业的新的竞争企业，这些企业使该行业增加新的生产能力，并要求重新瓜分市场份额和主要资源。另外，某些多元化经营的大型企业还经常利用其资源优势从一个行业侵入另一个行业。新企业的加入，将可能导致产品价格下降，利润减少。

（3）替代品厂家。替代品厂家是指生产与某一产品具有相同功能、能满足同一需求的不同性质其他产品的厂家。随着科学技术的发展，替代品将越来越多，某一行业的所有企业都将面临与生产替代品的其他行业的企业进行竞争。

由于竞争者首先存在于本行业之中，企业先要从本行业出发来发现竞争者。提供同一类产品或服务的企业，或者提供可相互替代产品的企业，共同构成一个行业。如家具行业、服装行业、食品行业等。由于同行业企业产品的相似性和可替代性，彼此间形成了竞争的关系。在同行业内部，如果一种商品的价格变化，就会引起相关商品的需求量的变化。

例 4-1　冰箱消费中的替代性

某冰箱生产厂家调查发现，三门冰箱的价格上涨，就可能使消费者转向购买其竞争产品两门冰箱，这样，两门冰箱的需求量就可能增加。反之，如果三门冰箱的价格下降，消费者就会转向购买三门冰箱，使得两门冰箱的需求量减少。因此，企业需要全面了解本行业的竞争状况，制定针对行业竞争者的战略。

2. 从市场消费的角度识别竞争者

企业还可以从市场、消费者需要的角度出发来识别竞争者。凡是满足相同的市场需要，或者服务于同一目标市场的企业，无论是否属于同一行业，都可能是企业的潜在竞争者。从这一角度出发，有品牌竞争者、行业竞争者、需要竞争者和消费竞争者。

（1）品牌竞争者。品牌竞争者是指同一行业中以相似的价格向相同的顾客提供类似产品或服务的其他企业。品牌竞争者之间的产品相互替代性较高，因而竞争非常激烈，各企业均以培养顾客品牌忠诚度作为争夺顾客的重要手段。

例 4-2　品牌竞争者

学生手机市场中，OPPO、荣耀、vivo 等厂家之间就是品牌竞争者的关系。这些厂家之间的产品相互替代性较高，因而竞争非常激烈，各企业均以培养顾客品牌忠诚度作为争夺顾客的重要手段。

（2）行业竞争者。行业竞争者是指提供同种或同类产品，但规格、型号、款式不同的企业。所有同行业的企业之间存在彼此争夺市场的竞争关系。如家用空调与中央空调的厂家、家用电脑与商用电脑的厂家、生产高档汽车与生产中档汽车的厂家之间的关系。

（3）需要竞争者。需要竞争者是指提供不同种类的产品，但满足和实现消费者同种需要的企业。如航空公司、铁路客运、长途客运汽车公司都可以满足消费者外出旅行的需要。当火车票价上涨时，乘坐飞机、汽车的旅客就可能增加，相互之间争夺满足消费者的同一需要。

例 4-3　需要竞争者

2022 年 6 月 28 日，随着合（肥）福（州）高铁的正式开通运营，新一轮的"陆空大战"又开始上演。合肥至厦门、福州航线客流出现大幅度减少，福厦至合肥的航班班次不是减班就是停航，票价也出现跳水。

合福高铁开通运营后，合肥至福州最快列车的运行时间由原来的 8 小时缩短至 4 小时内，至厦门缩短至 4 小时。随着合福高铁沿线城市的时空距离大幅缩短，不少往返两地的市民和游客开始"弃空改陆"。

（4）消费竞争者。消费竞争者是指提供不同产品，满足消费者的不同愿望，但目标消费者相同的企业。如很多消费者收入水平提高后，可以把钱用于购买汽车，或购置房产，也可以用于旅游。因而这些企业间存在相互争夺消费者购买力的竞争关系，消费支出结构的变化，对企业的竞争有很大影响。

3. 从企业所处竞争地位的角度识别竞争者

从企业所处的竞争地位来看，企业面临的竞争者一般有以下层面。

（1）市场领导者，也称行业龙头。其是指在某一行业的产品市场上占有最大市场份额的企业。如联想是国内家用电脑市场的领导者，海尔是国内日用家电市场的领导者，可口可乐公司是世界上软饮料市场的领导者等。这些市场领导者通常在产品开发、价格调整、渠道建设、促销力量等方面处于支配地位。

例 4-4 中国经济新闻网 2021 年 1 月 29 日消息，2021 年伊始，热水器市场呈现出了较为波动的态势。中怡康最新发布的 2021 年第 3 周线下数据显示，海尔系、A. O. 史密斯及美的系依旧是行业头部 TOP3 品牌，零售量分别为 27.2%、12.2% 及 11.1%，其中 TOP1 的份额连续 3 周份额提升，超过了二、三名之和。从整体市场来看，受即将到来的春节假期及年货节的影响，热水器市场发展较上周增长明显，零售额及零售量环比增速分别上升 113.2%、96.2%。从品牌份额来看，海尔系、A. O. 史密斯与美的系仍牢牢占据主力阵营。

数据显示，美的系零售额占比为 9.7%，零售量占比为 11.1%；A. O. 史密斯零售额占比 20.2%，零售量占比 12.2%；海尔系零售额占比 24.4%，零售量占比 27.2%。可见，在 2021 年的市场较量中，海尔系热水器仍旧是用户首选品牌。

（2）市场挑战者，也称行业中的第二梯队，是指在行业中处于次要地位（第二、三甚至更低地位）的企业。如戴尔、惠普是国内家用电脑市场的挑战者，格力、海信是日用家电市场的挑战者，百事可乐是软饮料市场的挑战者等。这些挑战者常常通过主动竞争扩大市场份额，来提高自己的市场地位。

（3）市场追随者，也称安于现状者，是指在行业中居于次要地位，并安于次要地位，在发展路线上紧跟市场领导者的企业。市场追随者的最主要特点是跟随，因此在技术方面不做新技术的开拓者和率先使用者，而是做学习者和改进者；在营销活动中，不做市场培育的开路者，而是搭便车，以减少风险和降低成本。市场追随者通过观察、学习、借鉴、模仿市场领导者的行为，不断提高自身竞争力。有人把这种做法称作"后发优势"。

（4）市场补缺者，也称"小市场中的游动哨"，是指行业中相对较弱小的一些中、小企业，它们对于市场上被大企业忽略的某些细小部分比较敏感。在这些小市场上，这类企业通过专业化经营来获取最大的收益，在大企业的夹缝中求得生存和发展。市场补缺者通过生产和提供某种具有特色的产品和服务,赢得发展的空间,甚至可能发展成为"小市场中的巨人"。

美国一个著名的营销战略研究认为,由于这些中小企业集中力量致力于市场中被大企业忽略的某些细分市场,在这些小市场上专业化经营,因而获取了最大限度的收益。这些可以为中小企业带来利润的有利市场位置称为"利基(Niche)",或补缺基点,因此市场补缺者又被称为市场利基者。

一个理想的补缺基点应具有以下特征:有足够的市场潜量和购买力;利润有增长的潜力;对主要竞争者不具有吸引力;企业具有占据该补缺基点所必需的资源和能力;企业已有的信誉足以对抗竞争者。

当然,在实践中,为了更好地发现竞争者,营销人员应该同时从行业和市场这两个方面,结合产品细分和市场细分来进行分析。从细分市场出发发现竞争者,可以更具体、更明确地制定相应的竞争战略。

课堂测评

测评要素	表 现 要 求	已达要求	未达要求
知识掌握	能掌握市场竞争者的含义		
技能掌握	能初步认识市场竞争者的类型		
任务内容整体认识程度	能概述识别竞争者的要领		
与职业实践相联系程度	能描述日常生活中的市场竞争者的表现		
其他习得	能描述与其他课程、职业活动等的联系		

4.2　市场竞争策略分析

在明确了自己的竞争者之后,市场营销人员还应该进一步研究这些竞争对手的竞争策略,如竞争对手的经营目标、市场策略及特点,经营中的优势与劣势,对市场的反应速度等,以便有针对性地制定自身的市场竞争策略。

 重要名词 4-2

市场竞争策略分析

市场竞争策略分析是指企业营销人员通过某种分析方法识别出竞争对手,并对它们的目标、资源、市场力量和当前战略等要素进行评价。其目的是准确判断竞争对手的战略定位和发展方向,以便自己做出有针对性的竞争对策。

4.2.1　竞争者市场目标分析

在识别了主要竞争者之后,接下来营销人员必须回答两个问题:每个竞争者在市场上的目标是什么? 什么是竞争者行动的动力? 这两个问题的解答有助于营销人员看清竞争对手的市场目标。

竞争者通常会有多个市场目标,如追求利润最大化、投资报酬率、市场占有率、技术领先、服务领先、低成本领先、信誉领先等。通常来讲,竞争者的目标可能是单一的,也可能是综合的。单一目标一般就是指所有的竞争者都追求利润最大化,并以此为出发点制定竞争策略。当然,在今天,更多的竞争者更趋向于追求综合目标,即有较高的盈利水平、市场份额的增长、充裕的资金流动、领先于其他企业的技术和服务,等等。

企业营销人员必须跟踪了解竞争者进入新的产品细分市场的目标。若发现竞争者开拓了一个新的细分市场,这对企业来说可能也是一个发展机遇;若企业发现竞争者开始进入本公司经营的细分市场,这意味着企业将面临新的竞争与挑战。对于这些市场竞争动态,企业若了如指掌,就可以争取主动,有备无患。营销人员进行竞争者综合市场目标分析可以采取以下措施。

1. 寻找竞争者市场目标侧重点

尽管每个竞争者可能都追求综合市场目标,但综合目标中都有侧重点。这些侧重点可能是获利能力、市场占有率、现金流量、成本控制、技术领先、服务领先等。营销人员必须了解每个竞争者的目标重点,才能对其竞争行为的反应做出正确的估计。如一个以"服务领先"为主要目标的竞争者,会对其他企业在售后与客户管理方面的进展作出强烈的反应,而对广告投放方面的变化相对不那么敏感。

2. 观察竞争者市场行为

在明确了竞争对手市场目标侧重点的基础上,营销人员还应该通过密切观察和分析竞争者目标,积极跟踪竞争者的行为。这样做可以为企业的竞争决策提供方向。例如,当发现竞争者拓展了一个新的细分市场时,就意味着本企业也拥有了一个新的市场机会,当发现竞争者试图进入本企业原有的市场时,则需要及时采取相应的竞争对策。

营销实务 4-2　　　　　　　　　　　　　**沃尔玛的竞争策略**

在沃尔玛创业初始,面对像西尔斯、凯马特这样强大的竞争对手,沃尔玛采取了以小城镇为主要目标市场的发展战略。

在20世纪60年代,像凯马特这样的大公司对在人口低于5万人的小镇开分店根本不感兴趣,而山姆·沃尔顿的信条是即使是5 000人的小镇也照开不误,而且山姆对商品选址有严格要求,首先要求商店选址在围绕配送中心的600公里辐射范围内,把小城镇逐个填满后,然后再考虑向相邻的地区渗透。这样既使沃尔玛避免了和那些强大对手直接竞争,同时又抢先一步占领了小城镇市场。与此同时,沃尔玛为了进一步建立和保持长久的竞争优势,把"天天平价"和"保证满意"确定为沃尔玛的战略目标。同时为了满足顾客的需求,不断推出新的服务方式和服务项目,如山姆会员店、超级购物广场、一站式购物、免费停车、免费送货等,最终以超一流的服务赢得了顾客的忠诚,取得了在服务方面的差异化。

评析:沃尔玛公司由于能够成功实施在价格方面的总成本领先战略和服务方面的差异化战略,因而建立了远远超过其他竞争对手的巨大竞争优势,最终凭借这些优势,将西尔斯、凯马特等对手一一击败,建立起今日的零售王国。

4.2.2　竞争者经营策略分析

通常情况下,处于不同竞争地位的企业所采取的竞争策略也不同。

1. 市场领导者策略

市场领导者通常采取的策略主要有:采取各种措施吸引顾客,扩大市场需求总量,保护现有市场占有率和设法在现有的基础上提高市场占有率。具体措施主要表现为:吸引新的消费对象、开发产品新的用途、刺激消费者群体增加消费量;阵地防御、攻防结合;在国家政策允许的前提下,竭力提高市场占有率等。

2. 市场挑战者策略

市场挑战者通常采取主动直接竞争,或者在保护自己已有市场基础上,寻找竞争对手的薄弱环节,集中力量,发动降价或促销攻势等策略,来获取自己的竞争利益。

3. 市场追随者策略

市场追随者通常会采取一些不致引起报复性竞争的跟随策略。主要表现为在各个细分市场和市场营销组合中,尽可能仿效领导者,但仍与其保持若干差异,以形成明显的距离,同时在一些不引人注意的方面又能出现创新。概括起来就是:紧密跟随、距离跟随、选择跟随。

4. 市场补缺者策略

市场补缺者通常从自己的优势或长处出发,发挥"船小好调头"的特点,根据不同的分类标准进行专业化营销。最常见的是根据顾客的分类进行专业化营销,如最终用户专业化、顾客规模专业化、特殊顾客专业化等。此外,还可以根据服务项目、配送渠道、地理方位乃至根据顾客的订单进行专业化、个性化营销。

重要信息 4-2　　　　　　　　竞争对手的信息来源

对竞争对手的信息进行例行的、细致的、公开的收集是非常重要的基础工作。竞争信息的主要来源包括以下方面。

(1)年度报告、竞争产品的文献资料、内部报纸和杂志。这些通常是非常有价值的,因为它们记载了许多详细信息,如重大任命,员工背景,业务单位描述,理念和宗旨的陈述,新产品和服务,以及重大战略行动等。

(2)竞争对手的历史。这有助于了解竞争对手文化、现有战略地位的基本原理及内部系统和政策的详细信息。

(3)广告。从这方面可以了解竞争产品的宣传主题、媒体选择、费用高低和特定战略的时间安排。

(4)行业出版物。这有助于了解本行业财务、战略公告、产品数据等诸如此类的信息。

(5)公司官员的论文和演讲。这对于获得竞争对手的内部程序细节、组织的高级管理理念和战略意图是有价值的。

(6)销售人员的报告。虽然这些报告通常带有偏见性,但地区经理的信息报告是提供有关竞争对手、消费者、价格、产品、服务、质量、配送等方面信息的第一手资料。

（7）顾客的报告。顾客的报告可向内部积极索要获得，也可从外部市场调研专家处获得。

（8）供应商的报告。供应商的报告对于评价诸如竞争对手投资计划、行动水平和效率等是非常有用的。

（9）专家意见。许多公司通过外部咨询来评价和改变它们的战略。对这些外部专家的了解是有用的，因为他们在解决问题时通常采用一种特定的模式。

4.2.3 竞争者优势与劣势分析

1. 竞争者优势与劣势指标认知

竞争者优势与劣势是指竞争者在营销活动中所体现出来的，比其他竞争对手更优越或更不利的竞争资源和能力的组合。主要体现为以下指标。

（1）产品。主要包括竞争企业产品在市场上的地位、产品的适销性及产品系列的宽度与长度。

（2）价格。主要包括竞争企业产品的定价策略，价格高低。

（3）销售渠道。主要包括竞争企业销售渠道的广度与长度、销售渠道的效率与实力、销售渠道的服务能力。

（4）生产与经营能力。主要包括竞争企业的生产规模与生产成本水平、设施与设备的技术先进性与灵活性、专利与专有技术、质量控制与成本控制、区位优势、员工状况、原材料的来源与成本。

（5）研究与开发能力。主要包括竞争企业内部在产品、工艺、基础研究、仿制等方面所具有的研究与开发能力，研究与开发人员的创造性、可靠性、简化能力等方面的素质与技能。

（6）资金实力。主要包括竞争企业的资金结构、筹资能力、现金流量、资信度、财务管理能力。

（7）管理水平。主要包括竞争企业管理者的领导素质与激励能力、协调能力、管理者的专业知识、管理决策的灵活性、适应性、前瞻性。

2. 竞争者优势与劣势分析

知道从哪些方面去分析竞争者优势与劣势后，营销人员还必须通过一些特定的途径，运用专门方法进行竞争者优势与劣势分析。

首先，可以通过二手资料、个人经历或传闻来了解有关竞争者的优势和劣势，如收集有关竞争者过去几年经营活动的重要数据，包括竞争者的目标、策略与所取得的业绩；其次，可通过向客户、供应商和中间商进行第一手营销调研来增加对竞争者的了解；最后，组织专门的顾客调研，即要求顾客按不同的属性及其重要程度来评价本企业与竞争者提供的产品或服务的价值，从中可以看到竞争者的弱点，同时也发现本企业的薄弱环节。

需要指出的是，在寻找竞争者的弱点时，营销人员应保持客观态度，不能盲目相信自己的假定。只有根据市场变化不断对竞争形势进行新的分析，企业才能做出较为准确的判断,而不至于盲目乐观。

(1) 竞争者优势与劣势 SWOT 分析

在分析竞争者优势与劣势时,最常用的方法就是 SWOT 分析法。企业的优势是指制定并执行策略、完成计划及达到经营目标时,可以利用的能力、资源及技术力量;企业的劣势是指能力、资源等方面的欠缺。

从整体看,SWOT 可以分为两部分:"SW"用来分析内部条件;"OT"用来分析外部条件。这是一种系统思维,而且可以把对问题的"诊断"和"开处方"紧密结合在一起,条理清楚,便于检验。

(2) 数据比较分析竞争者优势与劣势

在分析竞争者优势与劣势时,营销人员还可以将收集到的数据资料整理分析,运用表格列示竞争者分析结果。如表 4-1 所示。

表 4-1 竞争者优势与劣势分析

企业	产品知名度	价格	技术水平	售后服务
甲				
乙				
丙				
丁				

说明:根据收集到的数据资料,设计出评价量表,各项内容可以按照优、良、中、差来填写。

4.2.4 竞争者市场反应分析

在竞争中,不同企业对竞争的态度和行为,即反应模式是不同的。营销人员应辨别竞争者的心理状态,甄别它们的反应,以便能够针对不同竞争者设计出不同的应对措施。

1. 从容型竞争者

从容型竞争者认为,顾客对自己品牌的忠诚度高,不会因为竞争对手的攻击而改变品牌选择。因此,对竞争对手的行动没有反应或没有强烈反应。但是在有的时候,竞争对手没有反应还可能有其他原因,营销人员一定要寻找出其中真正的原因。

2. 选择型竞争者

有的企业不是对竞争对手的所有攻击行为都有反应,而是有选择性地进行回应。这类竞争者属于选择型竞争者。面对这类竞争者,营销人员要分析竞争对手在哪些方面会有强烈的反应,然后选择相应的攻击手段。

3. 强烈型竞争者

这种反应是指竞争者"睚眦必报",面对向其业务范围发起的任何形式的进攻都会做出最为强烈的反应。

4. 随机型竞争者

这种类型的竞争者的反应模式不确定,对某一攻击行动可能采取反击,也可能不采取任何行动,往往使对手难以判断。

重要信息 4-3　　　　　市场竞争分析报告的主要内容

1．产品市场分析

（1）产品市场容量

（2）行业分析：主要品牌市场占有率、销售量年增长率、行业发展方向

（3）市场发展历程及产品生命周期

2．市场竞争状况分析

（1）市场竞争状况

（2）竞争者地位分布

（3）竞争者类型：产品销售特征、主要销售渠道、主要销售手段

（4）产品地位分布及策略比较

（5）行业竞争者分析：主要生产企业的基本资料、主要品牌的经营策略、竞争品牌近三年的发展情况、竞争者未来发展预测

3．市场特点

4．消费状况

5．主要品牌产品零售价格市场调查

6．国内（际）市场发展历程

课堂测评

测评要素	表 现 要 求	已达要求	未达要求
知识掌握	能掌握市场竞争者策略的含义		
技能掌握	能初步分析市场竞争者策略		
任务内容整体认识程度	能概述市场竞争者分析工作的意义		
与职业实践相联系程度	能描述日常生活中的企业市场竞争策略		
其他习得	能描述与其他课程、职业活动等的联系		

4.3　市场竞争对策的制定

营销人员分析了竞争对手的市场目标、市场策略及特点，经营中的优势与劣势，以及对市场的反应速度后，接下来，就要结合实际，为自己的企业设计出有针对性的竞争对策。

4.3.1　分析自身市场竞争定位

在分析并明确了竞争对手的相关情况后，营销人员应该根据所在企业的目标、具备的资源、所处的环境等因素来确定自己的定位。只有明确自己在目标市场上的竞争地位，才能制定出有针对性的竞争策略。

 重要名词 4-3

市场竞争定位

市场竞争定位是指突出本企业产品与竞争者同类产品的不同特点，通过评估选择，确

定对本企业最有利的竞争优势并加以开发,最终在消费者心目中树立起有别于其他竞争者形象的过程。

1. 分析自身市场份额

通常情况下,市场营销人员可以通过分析所在企业在目标市场中所占有的份额和所起的作用来确定其市场竞争地位,如表 4-2 所示。假设某一市场为这些企业所占据,其中40%～60%的市场掌握在市场领导者手中,他们享有最大的市场份额;20%～40%的市场掌握在市场挑战者手中,他们正奋力争取扩大市场份额;10%～20%的市场为市场跟随者,他们居于第三位并想维持其市场份额;10%以下由市场补缺者分享,这些企业专门为大企业忽略的细分小市场提供服务。

表 4-2　市场结构假设表

市场地位	市场领导者	市场挑战者	市场追随者	市场补缺者
市场份额	40%～60%	20%～40%	10%～20%	10%以下

说明:本表是为了方便表述"市场竞争定位"这一内容而设计的,具体的市场份额数据因行业、产品的不同而不同,在市场竞争分析工作中不能机械套用。

2. 突出自身竞争定位

竞争定位的目的是能够在消费者脑海中建立起企业自身有别于竞争者的形象,即让消费者所感受到相对于竞争者的形象。竞争定位最重要的前提是差异化,定位的结果是以消费者的主观认知来判断,且定位并非一成不变,当环境改变时,可能需要重新定位。

4.3.2　选择市场竞争对策

确立了自己的市场竞争地位后,营销人员就可以为企业制定相应的竞争策略。市场竞争对策的制定有基本竞争策略与不同地位企业竞争策略。

1. 市场竞争策略类型

(1) 成本领先策略,也称为低成本战略。成本领先策略是指企业通过有效降低产品的生产和销售成本,在保证产品和服务质量的前提下,使自己的产品价格低于竞争对手的价格,以迅速扩大产品销售量、提高市场占有率的竞争策略。

(2) 产品差异化策略。产品差异化策略是指企业凭借自己的专有技术或特长,在产品或服务等方面具备了一定的独特性或差异化,树立起一些全产业范围内具有独特性的东西,使消费者产生兴趣进而消除价格的可比性,以差异优势增强竞争力的竞争策略。

(3) 集中策略。集中策略是指企业从自身拥有的特长和优势出发,扬长避短,紧紧抓住某一领域进行高度的专业化经营。

2. 不同地位企业竞争策略

(1) 市场领导者竞争对策。处于市场领导者地位的企业,往往有着行业内比较大的市场占有率,在产品价格变动、新产品开发、市场覆盖率的变化、销售方式的选择等许多方面起着相对支配或者领先的作用。同时由于树大招风,市场领导者企业也面临着众多其他企业的竞争威胁。因此,市场领导者企业必须保持着高度警惕,采取适当的竞争策略,以维护自己的竞争优势。

一般而言,市场领导者企业要维护竞争优势有以下两种竞争策略。

① 扩大市场需求。当一种产品的市场需求总是在扩大,收益最大的往往是处于市场领导者地位的企业。所以,市场领导者可以通过吸引新的消费对象、开发产品新的用途和刺激消费者群体增加消费量,来促进产品总需求量不断增长,扩大整个市场容量。

② 维护并扩大市场占有率。在市场领导者企业面临的竞争对手中,相对总有一个或几个实力雄厚者。所以,还必须防止和抵御其他企业的强攻,维护并扩大自己现有的市场占有率。可以采取的措施有二:其一,进攻措施,即在降低成本,提高销售效益、产品创新、服务水平等方面争取能处于行业领先地位,同时针对竞争对手的薄弱环节主动出击;其二,防御措施,即根据竞争的实际情况,在企业现有阵地周围建立不同防线。

(2) 市场挑战者竞争对策。处于市场挑战者地位的企业,一般都具有相当的规模和实力,在竞争策略上有相当大的主动性,它们随时可以向市场领导者企业或其他企业发动进攻。市场挑战者要进行挑战可以采取以下进攻策略。

① 确定挑战目标。挑战目标是指企业的竞争对手和主攻方向。一般有三种挑战目标可供市场挑战者企业选择:处于市场领导者地位的企业、与自己实力相当的企业和进攻力量薄弱的小企业。

② 选择挑战竞争策略。市场挑战者可以选择的进攻方向及具体运用的营销策略有三种。第一,正面进攻。当市场挑战者企业实力明显高于对方企业时,可以采用正面或全面进攻的策略。第二,迂回进攻。当竞争对手的实力较强,正面的防御阵线非常严密,市场挑战者企业可以采用迂回进攻的策略。第三,游击进攻。当与竞争者企业相比本企业暂时规模较小,力量较弱,则可以采用游击进攻的策略,根据自己的力量针对竞争对手的不同侧面,进行小规模的、时断时续的攻势。

营销实务 4-3　　　　　　　　　**小米的竞争策略**

性价比是小米为消费者提供的一个非常重要的价值主张。小米的成功,离不开对大势的判断和把握。在对中国的市场进行分析之后,小米提出"蚂蚁市场"的概念,即在很多领域,市场份额最大的企业也只有15%～30%的市场占有率,行业里缺大象,大多是小蚂蚁。而且这种蚂蚁市场最后导致的结果,是市场上有一两个产品品质很好,但是很贵,而大部分产品虽然便宜,但质量很差。总之,消费者很难买到既便宜又好用,即高性价比的产品。而中国经济的发展决定了消费者的需求必然要升级。

因此小米用开发计算机、手机的思维和能力去改造插座、充电器这样的产品市场,包括按照最严格的标准生产、改良材料、设计优化等,让整个市场的产品品质得到提升。

评析:小米公司通过打造爆品、做到极致、营造粉丝、快速迭代等竞争策略,推出了新产品,提升了市场认可度。

(3) 市场追随者竞争对策。市场追随者企业有三种可供选择的跟随策略。

① 紧密追随。市场追随者企业在进行营销活动的所有市场范围内,都尽可能仿效市场领导者企业,借助先行者的优势打开市场,并跟着获得一定的份额。但是要注意,紧密追随并不等于直接侵犯市场领导者企业,那样会遭到被追随者凶狠的报复。

② 保持距离追随。市场追随者企业在营销策略的主要方面紧跟市场领导者企业。例如,选择同样的目标市场,提供类似的产品,紧随其价格水平,模仿其分销渠道等。在企业营销策略的其他方面则发展自己的特色,争取和领导者企业保持一定的差异。

③ 有选择追随。市场追随者企业根据自身的具体条件,部分仿效市场领导者企业,择优追随。同时在其他方面坚持独创,独树一帜。例如,主动地细分和集中市场,有效地研究和开发等,尽量在别的企业想不到或者做不到的地方去争取一席之地。

（4）市场补缺者竞争对策。处于市场补缺者地位的企业,其目的在于利用自身特长寻找市场中的空隙并努力去满足。可以采取以下对策。

① 识别"补缺基点"。市场补缺者首先要找到对主要的市场竞争者不具有吸引力,或者是大部分市场竞争者忽视,而又有利可图的市场缝隙,并具备满足这一市场需求的能力,能够与竞争者抗衡。

② 发挥专业特长,满足市场需求。在找到市场的某些细小部分后,充分发挥自己专业化的特长,来获取最大限度收益。

课堂测评

测评要素	表 现 要 求	已达要求	未达要求
知识掌握	能掌握市场竞争定位的含义		
技能掌握	能初步分析市场竞争定位策略		
任务内容整体认识程度	能概述市场竞争策略制定的意义		
与职业实践相联系程度	能描述日常生活中的企业市场竞争定位		
其他习得	能描述与其他课程、职业活动等的联系		

任务 4 小结

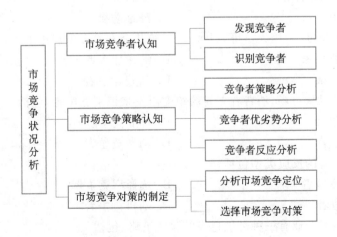

教学做一体化训练

一、重要名词

市场竞争者   市场竞争者分析

二、课后自测

（一）单项选择题

1. 生产经营同品类、同品种产品或服务,与企业构成直接竞争的关系的企业是指（   ）。

    A. 现实竞争者　　　　　　　　　　B. 潜在竞争者

    C. 行业竞争者　　　　　　　　　　D. 替代品厂家

2. 俗话说:"同行是冤家",是指可以从（   ）角度去识别竞争者（

    A. 行业结构　　　　　　　　　　　B. 品牌竞争者

    C. 消费竞争者　　　　　　　　　　D. 市场追随者

3. 市场竞争者策略分析中,（   ）通常采取主动直接竞争

    A. 挑战者　　　　　　　　　　　　B. 领导者

    C. 追随者　　　　　　　　　　　　D. 补缺者

4. 企业通过降低产品成本,使自己的产品价格低于竞争对手的策略是指（   ）

    A. 成本领先策略　　　　　　　　　B. 产品差异策略

    C. 集中策略　　　　　　　　　　　D. 无差异策略

5. 关于"补缺基点"说法正确的是（   ）。

    A. 往往对主要竞争者不具有吸引力　　B. 大部分市场竞争者竭力争取

    C. 无利可图的市场缝隙　　　　　　D. 即使进入这一市场,也无法与竞争者抗衡

（二）多项选择题

1. 市场领先者的竞争策略包括（   ）。

    A. 开辟产品的新用途　　　　　　　B. 提高市场占有率

    C. 季节折扣　　　　　　　　　　　D. 阵地防御

2. 从本行业角度,营销人员可以从（   ）等几个方面去识别竞争者。

    A. 现有同行厂家　　　　　　　　　B. 潜在加入者

    C. 替代品厂家　　　　　　　　　　D. 消费竞争者

3. 企业还可以从市场、消费者需要的角度出发来识别竞争者,包括（   ）。

    A. 品牌竞争者　　　　　　　　　　B. 行业竞争者

    C. 需要竞争者　　　　　　　　　　D. 消费竞争者

4. 市场竞争者的反应类型包括（   ）。

    A. 从容型竞争者　　　　　　　　　B. 选择型竞争者

    C. 强烈竞争者　　　　　　　　　　D. 随机竞争者

5. 市场追随者企业有三种可供选择的跟随策略,包括（   ）。

    A. 紧密追随　　　　　　　　　　　B. 保持距离追随

C. 创新追随　　　　　　　　　　D. 有选择追随

6. 市场挑战者可以选择的进攻方向及具体运用的营销策略有三种,包括(　　　)。

A. 正面进攻　　　　　　　　　　B. 迂回进攻

C. 游击进攻　　　　　　　　　　D. 阵地防守

（三）判断题

1. 选择型竞争者不对竞争者的任何攻击行为进行反击。(　　　)

2. 市场领导者战略的核心是进攻。(　　　)

3. 市场挑战者集中全力向对手的主要市场阵地发动进攻,这就是正面进攻。(　　　)

4. 市场补缺者取胜的关键在于专业化的生产和经营。(　　　)

5. 攻击弱竞争者能更大幅度地扩大市场占有率和利润水平。(　　　)

6. 扩大市场总需求,市场领导者往往受益最多。(　　　)

7. 对市场挑战者来说,防御性策略是其最理想的选择。(　　　)

8. 采用跟随策略的缺点在于风险很大。(　　　)

（四）简答题

1. 企业分析竞争者需要哪些步骤?

2. 竞争者的市场反应可分为哪几种类型?

3. 在具体的竞争策略选择中,通常需要考虑哪些因素?

4. 简述市场领先者、市场挑战者、市场跟随者、市场补缺者的主要竞争策略。

5. 简述补缺基点的特征。

（五）案例分析

广东格兰仕(集团)公司成立于1992年6月,其前身是一个从事羽绒制品的乡镇企业,经过几年的发展,格兰仕集团一举成为中国微波炉产品的垄断性企业,市场份额在许多地区占到80％以上。值得称道的是,格兰仕并不是微波炉市场的先行者,之所以能在市场上百战不殆,靠的是其独特的"制造中心"概念和"低价策略"营销手段。多年来,格兰仕挥舞着"低价之剑"向竞争对手发起一轮又一轮进攻,在中国的家电市场上书写了一个个经典的价格战案例,被业内称为"降价屠夫""大白鲨"等。其微波炉销量自1995年以来一直在同行业内处于首位。2000年底格兰仕进入空调行业。

一、微波炉经营特点

1. 价格下调幅度大。格兰仕的降价策略是要么不降价,要降就大幅度地降,格兰仕每次降价,调价幅度都在20％以上,有时甚至达到40％。如此高的降价幅度,在消费者心中产生了震撼效果,这是格兰仕降价策略较为成功的重要因素之一。

2. 降价策略多样化。格兰仕的降价策略,每次都有所不同,有时是全面降价,有时是只调低一个规格,有时是调低一个系列。

3. 促销攻势强。格兰仕的价格调整,力度大,变化多,同时配合强大的促销攻势,使其降价活动获得最大效果。

二、空调产品经营策略

2000年底格兰仕进入空调行业后,经过近两年的发展,针对业内的问题,制定了新的战略。

进入空调行业后,格兰仕受到竞争对手的猛烈攻击:将格兰仕评论为"三线品牌",其行为是"故意炒作",声称"价格低对消费者没有好处""价格战是低层次竞争,纯粹是商业炒作"等。格兰仕副总裁俞尧昌针对这种情况与国务院经济发展中心企业研究所副所长,经济学博士陈淮探讨了"价格战的五类分子""竞争力的划分标准"等问题。

正如业内人士所言,价格战正是老品牌心中的永远的"痛":一是滞销积压的巨大库存,二是居高不下的经营成本(而非生产成本),三是吞金吃银的网络建设,四是狂轰滥炸的广告费用。四大包袱构成了老品牌无法治愈的致命伤,导致价格战中出现了"五类分子":一偷工减料类(质量有问题),二是资源消耗类亏损,三是短期行为类(特价机),四是暗度陈仓类(抛库存),五是让利于民类(上规模降成本)。

在认真分析了业内的这些特点后,格兰仕在携巨资进军空调业前,甩开了四大包袱,轻装上阵,制定了正确的营销战略。

1. 在制造方面,定位"全球制造"中心。通过与跨国公司在全球产业链上的强强合作,低成本地引进领先国际的高水平生产线、装备、技术、管理等,起步即实现了"高档空调中档价"。

2. 在网络通路方面,采取的是"简单就是力量"的运作模式:只做中间,不做终端。采用区域多家代理制,少走弯路。这一整合社会资源的做法降低了营销成本和经营风险。格兰仕高层认为,公司的核心能力在于其规模化的制造能力,企业应该集中精力做好自己最擅长的事情,赚取制造业利润而非商业利润,否则就会"种了别人的田,荒了自己的地"。同时,格兰仕宣称,不搞分销网络及终端建设,让商家"经营零风险",这给经销商吃了一颗"定心丸",减少了工商之间的猜疑,有助于建立一种稳固的利益共同体。因此,厂商之间形成了"精心开拓市场,齐心捍卫市场,开心分享市场"的良性循环。

3. 在价格方面,格兰仕坚持惠民让利,将企图永远分享空调暴利的企业彻底打倒,摧毁行业的暴利,让价格回归到百姓能接受的水平,实现"努力,让顾客感动"的平民主义。

格兰仕虽然进军空调行业不到两年的时间,年生产能力迅速达到设计生产能力,还利用自己的全球营销网络优势积极推动产品出口,并探索将格兰仕微波炉发展模式移植到空调行业。

从格兰仕的市场运作风格来看,称之为"家电大鳄"可谓是名副其实。企业战略通常分为三种:一是成本领先;二是差别化;三是集中于一点。这三种战略在企业家的武器库中都属"常规兵器",并不特别神秘,然而能把这三种"常规兵器"练得炉火纯青、登峰造极的中国企业却并不多,格兰仕却在自觉或不自觉中,领会了这三种看似简单的战略,并加以灵活运用:当有其他竞争对手试图进入格兰仕的微波王国时,格兰仕就迅速挥起价格屠刀,格杀勿论,让"入侵者"无利而图,无功而返,从而牢牢控制了企业安全的主动权;当别的企业都在拼命搞多元化时,格兰仕集中于一点,只做微波炉;当别的企业不惜一切代价,做品牌建网络时,格兰仕放弃两头,咬住一点,只做制造,做大做强;当别的企业又是上市又是"迁都",忙得不亦乐乎之时,格兰仕稳如泰山,不上市不"迁都",并搬来海外生产线,进一步强化自己的制造能力。格兰仕的厚积薄发,异军突起,靠的就是稳健和简单。

问题:

1. 分析格兰仕的市场竞争策略。

2. 总结该案例对家电业的借鉴意义。

□ 同步实训 4-1：市场竞争者认知

实训目的：认识市场竞争者的类型，理解其实际意义。

实训安排：

1. 学生分组，讨论总结一种全组相对熟悉的商品。如方便面、瓶装水等。

2. 尝试分析这一商品的生产厂家之间是什么样的竞争关系。

3. 选择部分学生制作 PPT 进行展示，并组织讨论与评析。

评价标准：

1. 获取资料的时间与准确性；

2. 小组活动中的参与程度；

3. 书面文案、PPT 的内容与形式。

□ 同步实训 4-2：市场竞争策略认知

实训目的：认识市场竞争策略的类型，理解其实际意义。

实训安排：

1. 学生分组，讨论总结一种全组相对熟悉的商品，如牛奶、饮料或方便面等日用消费品。

2. 尝试用 SWOT 分析法分析这一商品生产厂家的竞争策略。

3. 选择部分学生制作 PPT 进行展示，并组织讨论与评析。

评价标准：

1. 获取资料的时间与准确性；

2. 小组活动中的参与程度；

3. 书面文案、PPT 的内容与形式。

□ 同步实训 4-3：市场竞争对策认知

实训目的：认识市场竞争对策的选择，理解其实际意义。

实训安排：

1. 学生分组，选定三个不同品牌日用品，分析厂家的竞争对策。

2. 从消费者的角度，为某一品牌提出竞争对策建议。

3. 选择部分学生制作 PPT 进行展示，并组织讨论与评析。

评价标准：

1. 获取资料的时间与准确性；

2. 小组活动中的参与程度；

3. 书面文案、PPT 的内容与形式。

市场竞争状况
分析课程思政

课程思政园地

2018 年，瓜子二手车直卖网曾因"遥遥领先"四个字，支付了 1 250 万元的罚款，平均每个字 312.5 万元，相当于 11.4 千克黄金。上述广告为一个时长约 15 秒钟的视频广告，内容为"创办一年、成交量就已遥遥领先"。

北京市工商行政管理局海淀分局向"瓜子二手车直卖网"的经营主体——金瓜子科技发展(北京)有限公司下达行政处罚决定书,认定其二手车广告宣传中使用的"创办一年、成交量就已遥遥领先"的广告语缺乏事实依据,与实际情况不符,违反了《中华人民共和国广告法》第四条、第二十八条规定,罚款1 250万元。

行政处罚决定显示:2016年12月3日,金瓜子科技发展(北京)有限公司与乐视网信息技术(北京)股份有限公司签订《乐视网广告交易平台网络广告发布协议》,广告类型为体育前贴片,广告发布期限为2016年9月7日—2016年12月28日,总计112天,广告费总金额人民币1 250万元。

思考:企业应该具备怎样的价值观、利益观?

学生自我总结

通过完成任务4市场竞争状况分析,我能够做如下总结:

一、主要知识

概括本任务的主要知识点:
    1.
    2.

二、主要技能

概括本任务的主要技能:
    1.
    2.

三、主要原理

你认为,认识竞争者的意义是:
    1.
    2.

四、相关知识与技能

你在完成本任务后掌握的相关知识与技能:
    1. 市场竞争者的主要类型有:
    2. 市场竞争策略的主要内容有:
    3. 市场竞争对策的主要内容包括:

五、成果检验

你在完成本任务后取得的学习成果：

1. 完成本任务的意义有：

2. 学到的知识或技能有：

3. 自悟的知识或技能有：

4. 你对市场竞争者分析的看法是：

任务5 市场营销信息处理

任务解析

根据市场营销职业工作过程活动顺序,这一学习任务可以分解为以下子任务。

5.1 营销信息的认识

5.2 市场调查的认识

5.3 市场调查的组织

市场信息收集
课前阅读

营销故事

一位早期互联网从业者说:互联网还没搞清楚的时候,移动互联就来了;移动互联还没搞清楚的时候,大数据就来了。近两年,"大数据"这个词越来越为大众所熟悉,"大数据"一直是以神秘的形象出现在大众面前,面对大数据,相信许多人都一头雾水。下面我们通过一个经典案例,带领大家近距离接触一次"大数据"。你会发现它其实就在身边而且也很有趣。

全球零售业巨头沃尔玛百货有限公司在对消费者购物行为分析时发现，男性顾客在购买婴儿尿片时，常常会顺便搭配几瓶啤酒来犒劳自己，于是尝试推出了将啤酒和尿布摆在一起的促销手段。没想到这个举措居然使尿布和啤酒的销量都大幅增加了。如今，"啤酒＋尿布"的数据分析成果早已成了大数据技术应用的经典案例，被人津津乐道。

随着互联网和电子商务的快速发展，"用户画像"这个概念悄然而生，它抽象地描述了一个用户的信息全貌，是进行个性化推荐、精准营销、广告投放等应用的基础。如京东用大数据技术勾勒用户画像，给用户以友好舒适的购买体验，能很大程度上提高用户的购买转化率甚至重复购买，对提高用户忠诚度和用户黏性有很大帮助。

读后问题：

1. 你觉得大数据是指什么？
2. 你认为自己的大数据会体现在哪些方面？
3. 企业会用哪些手段获取你的大数据？
4. "啤酒＋尿布"的数据是怎样得来的？
5. 未来的市场信息收集与整理工作的发展方向会怎样？

5.1　营销信息的认识

营销信息是指哪些信息？它和我们日常生活中经常提及的市场信息又是什么关系？营销信息与我们前面学习的营销环境、购买行为、竞争状况有什么样的关系？营销人员应该从哪些方面去认识并捕捉这些信息呢？

5.1.1　营销信息解读

企业的市场营销活动必须建立在充分的信息收集基础之上。只有这样，才能预测市场的发展趋势，满足目标顾客需求，降低经营风险，提高竞争力。在营销环境分析、购买行为分析、竞争状况分析等工作进行完毕后，就会从中收集到很多方面的信息。那么，这些营销信息具体又是指什么？它与我们通常所说的市场信息的关系又是怎样的呢？

如前所述，市场是市场信息的发源地，而市场信息是指对市场上各种经济关系和各种经济活动现状、经济活动的变化情况，以及与市场营销有关的各种消息、情报、图表、数据资料的总称。市场信息一般通过文字、语言、数据、凭证、报表、符号、广告、商情等形式表现和传递，对企业的经营活动具有重要意义。显然，市场信息是一个大概念，而针对企业具体的营销活动来讲，特定的市场营销信息则属于其中的重要组成部分。

1. 营销信息含义认知

所有的市场营销活动都以信息为基础而展开，企业经营者进行的决策也是基于各种信息，而且经营决策水平越高，外部信息和对将来预测的信息就越重要。那么，市场营销信息究竟指什么呢？

 **重要名词 5-1**

营销信息

营销信息即市场营销信息,是指一定时间和条件下,与企业的市场营销活动及与之相联系的生产与服务有关的各种消息、情报、数据、资料的总称,是商品流通运行中商流、物流运动变化状态及其对接收者效用的综合反映。它一般通过语言、文字、数据、符号等形式表现出来。

我们可以这样理解营销信息的含义:营销信息有狭义与广义之分,狭义的营销信息专指有关市场商品或服务销售的信息,如商品或服务销售情况、消费者情况、销售渠道与销售技术、产品的评价等。广义的营销信息包括多方面反映市场活动的相关信息,如社会营销环境情况,需求情况,流通渠道情况,产品情况,竞争者情况,原材料、能源供应情况,科技研究、应用情况及动向等。

由此,我们也应该理解,只有在进行市场营销环境分析、购买行为分析、竞争状况分析的基础上,广泛进行营销活动相关信息的收集,才能为后续的市场营销活动奠定坚实的基础。

2. 营销信息特点认知

(1)信息源的多样性和信息量的膨胀性。在今天,许多企业市场营销活动范围是全球性的,非常广阔,而市场因素是多元化的,有产品市场,又有服务市场,营销信息来自四面八方,形形色色。由于市场不断扩大,技术进步速度加快,市场竞争日益激烈,都使信息量与日俱增。特别是大数据时代的来临,营销信息的量度呈几何级数不断膨胀。

(2)信息的时效性。一定的市场营销信息只有在一定的时期内,在特定的环境和条件下,才能对经营管理活动产生影响。随着时间的推移,企业面临的经营环境和拥有的经营条件必然有不同程度的变化,信息的准确性、有效性也会发生程度不同的变异。

(3)信息的非共享性。由于市场容量与自然资源的有限性,企业在市场需求、市场供给、制造技术等方面会排斥别的企业与其共享相关信息,即营销信息具有明显的非共享性、排他性、竞争性和保密性。如美国可口可乐公司将其可乐产品的配方视为巨额财富,并以 30 亿美元数额标注在公司账目上。一旦可口可乐的配方公布于众,并失去知识产权保护,其得天独厚的垄断地位就会受到威胁。

(4)信息的经济性。营销信息的经济性表现为它可以为人们带来不同程度的效益,或是经济效益,或是社会效益,或者同时带来两种效益——有了信息的参与,产品的成本得以下降,效率得以提高,风险得以减少,这正是营销信息的经济性或价值性的体现。

5.1.2 营销信息类型认知

一般来讲,就特定的市场营销活动而言,营销信息包含以下类型。

1. 产品信息

产品信息是市场营销信息的基础,因为一切竞争均源于产品。产品信息不仅包括行业内的,也包括和一些与行业相关联的内容,如品名、形状、包装、规格、价格体系、产品特点及未来发展趋势等。比如手机生产企业需要了解的产品信息有:目前市场上主要的手机产品有多少个品牌,有多少个品种,有多少种操作系统,大体都是什么价位,不同的产品种类有什么特点,每个品种有什么独特的方面。只有掌握了上述的信息,决策者才能够做出准确判断,决定未来的产品策略。

2. 渠道信息

营销渠道就是商品和服务从生产者向消费者转移过程的具体通道或路径。渠道信息具体包括:行业的渠道构成,渠道成员的特点,利益如何分配,如何避免渠道冲突,渠道进入成本,等等。以矿泉水为例,渠道覆盖范围极其广泛,不仅适用于传统的批发、零售、连锁店,还适用于大型超市、专卖店,甚至还有集团采购,等等。

3. 消费者信息

由于中国区域广阔,城乡差异大,从而导致了消费者的差异巨大,更多的消费者由于缺乏对产品的理性认知,而受广告、口碑等方面影响显著。这就需要企业要对各区域消费者结构、购买心理、消费心理及消费行为进行调查和分析。一般来说,消费者信息收集是企业非常重视的。以宝洁公司为例,进行洗发液消费者调查时针对不同女性的洗发需求进行分析,依次确定舒爽洗发的飘柔、去头屑的海飞丝、修护损伤的潘婷等,无论从功能及名称确定,均是对消费行为和心理的准确判断和定位。

4. 策略信息

策略信息主要是指竞争对手的情况,即通过竞争对手的市场行为判断、分析其所使用的市场策略。这就适用于“知彼知己,百战不殆”的战争法则,只有深入了解竞争对手的想法和行为,才能制定准确的市场策略。市场竞争本身就是“兵无常势,水无常形”,只有正确地选择对手,评估对手,定位自己,出奇制胜,才能做到“立于不败之地”。

5. 战略信息

战略信息主要指行业大环境,主要可分为三个方面:一是国家的政策法律调整给整个行业带来变化,比如涉及环境保护禁止污染的法律颁布,就会对化工或造纸行业造成巨大影响;二是行业内企业重大战略变化,比如破产、兼并、重组、上市等;三是行业危机及机会把握,比如现阶段我国钢铁产业过剩,导致许多地方钢铁企业被限产、关停。

以上只是市场营销信息涉及的主要方面,市场营销信息内容包罗万象,很多边缘信息也起到相当重要的作用。由于目前市场营销信息高度发达,如何在盈千累万的信息中甄别有效信息成为至关重要的问题。

重要信息 5-1　　　　　　　　　**营销信息的作用**

(1) 营销信息是营销活动的起点。企业营销必须根据顾客需要,从产品定价、促销、分销渠道等方面全方位开展。市场营销的这些活动,无疑都是以市场信息为起点的。观察市场、了解市场、确定目标市场、选择目标市场策略、掌握市场动态,是企业进行有效市场营销的必要活动,也是掌握信息的重要手段。

(2) 营销信息是营销决策的前提。“运筹帷幄,决战千里”,企业如果不依靠大量准确的市场信息,就无法进行正确有效的营销决策。为此,决策的科学化要求企业建立现代化的信息处理系统,并以此作为开展企业营销决策活动的前提。

(3)营销信息是营销管理的基础。管理离不开市场信息。企业不仅要及时掌握市场供求的信息,还要系统收集有关科技、工艺、设备、质量、财务等方面的信息。没有这些信息作为基础,营销管理无从下手,就成了无本之木。

(4)营销信息是营销沟通的工具。企业必须使自身的营销活动与市场营销环境相协调,在协调中求生存,谋发展。为此,企业必须与外界环境进行营销沟通,市场信息是企业营销沟通的重要手段。只有通过大量的信息交流,才能有效地了解、掌握市场环境,改善企业与外界环境的各种关系,使之统筹兼顾,相互协调。

5.1.3 营销信息来源认知

对营销企业来讲,营销信息可以概括为内部信息与外部信息。外部信息的来源主要有以下几个途径。

1. 市场营销人员的积累与客户反馈

市场营销人员的日常积累及客户的反馈是外部信息来源的首要途径。市场营销活动中,市场营销信息的收集也是市场营销或销售人员的主要职责,长期的市场营销实践,市场营销人员能够通过自己的学识、经验,获取许多市场的第一手资料。同时,市场营销人员在与客户交流中,也能随时听取客户的意见、建议,甚至是抱怨。对于营销企业来讲,这些都是非常可贵的营销信息。

2. 公共媒体

相关报刊、电视报道,以及专业的报刊等公共媒体能够最大程度上提供行业内的有效信息,而且由于其接触层面高,更多的是对一些策略及战略信息的传播,多半是宣传性的公共信息,不涉及商业机密。

3. 权威部门的信息披露

国家主管部门及行业协会组织披露的信息,主要是行业规划、政策约束及相关行业发展前景展望和数据。

4. 互联网数据发布

互联网作为新兴媒体作用不可小觑,而且时效性强,缺点是信息泛滥。引用互联网数据时,要对其信息的真实性进行印证和甄别。随着大数据时代的来临,营销信息更加纷繁复杂。

5. 行业专家

由于了解内情,行业专家提供的信息往往比较真实,行业专家、资深人士的观点、发言和交流,也是非常重要的信息来源之一。

课堂测评

测评要素	表 现 要 求	已达要求	未达要求
知识掌握	能掌握营销信息的含义		
技能掌握	能初步认识营销信息的来源		

测评要素	表 现 要 求	已达要求	未达要求
任务内容整体认识程度	能概述营销信息的特征		
与职业实践相联系程度	能描述日常生活中的营销信息表现		
其他习得	能描述与其他课程、职业活动等的联系		

5.2 市场调查的认识

企业营销人员了解了市场营销信息的含义及其来源,在实际工作中,就会按照计划,有目的地进行调查,收集相关信息。那么,什么是市场调查? 市场调查类型、方法有哪些呢?

5.2.1 市场调查认知

在竞争激烈的市场上,企业的任何决策都存在着不确定性和风险,只有通过有效的市场调查,掌握足够的市场信息,才能顺应市场需求的变化趋势,了解企业所处的生存、发展和竞争环境的变化,增强企业的应变能力,把握经营的主动权,创新营销组合,识别新的市场机会,实现预期的经营目标。

1. 市场调查概念认知

市场调查是现代企业经营过程中一项重要的基础工作,也是企业营销管理的重要组成部分,常常事关企业的生存与发展。那么,什么是市场调查呢?

 重要名词 5-2

市场调查

市场调查是指为了形成特定的市场营销决策,采用科学的方法和客观的态度,对市场营销有关问题所需的信息,进行系统的收集、记录、整理和分析,以了解市场活动的现状和预测未来发展趋势的一系列活动过程。

在国外,通常将市场调查活动统称为市场调研或营销调研。国际商会(ICC)/欧洲民意和市场营销调查学会(ESOMAR)在《市场营销和社会调查业务国际准则》中将市场调查表述为:"营销调查(marketing research)指个人和组织对有关其经济、社会、政治和日常活动范围内的行动、需要、态度、意见、动机等情况的系统收集、客观记录、分类、分析和提出数据资料的活动。"市场调查包括社会调查和民意调查,是指运用统计和分析方法,以及应用社会科学的专业知识系统收集和分析个人或机构的信息,掌握事物的核心或为决策提供帮助的参考。

2. 市场调查特点认知

我们可以从以下 4 个特点来进一步理解市场调查的含义。

(1)目的的针对性。市场调查的目的是了解、分析和判断企业市场营销管理中是否存在问题,或解决已经存在的问题,预测行业未来的发展趋势,从而为企业制定特殊的营销决策服务,并非对市场营销的所有问题笼统、盲目地进行调查。

(2)方法的科学性。市场调查活动必须采用科学的方法,如市场信息范围的确定方法、信息收集方法的选择、流程的设计、执行的技巧与严谨度、采集到的数据的处理方法、分析方法等。市场调查活动只有运用科学的方法进行组织、实施和管理,才能获取可信度较高的调查结果,才能做出比较正确的市场决策。

(3)过程的关联性。市场调查活动是一个系统化的工作,包括调查活动的设计与组织、所需信息资料的收集、整理和分析、调查报告的出具等。一系列工作环环相扣、紧密联系、互相依存又互相影响,共同构建了市场调查活动的全过程。

(4)活动的社会性。市场是社会经济活动的缩影,本身具有社会性。市场调查的内容涉及社会经济生活的方方面面,因而具有社会性。比如信息资料收集阶段,需要调查人员能与被访问者进行有效沟通、交流。

重要信息 5-2	市场调查在市场营销中的角色

市场调查在营销活动中扮演着两种重要角色。首先,它是市场信息反馈过程的一部分,可以向决策者提供关于当前营销组合有效性的信息和进行必要变革的线索。其次,它是探索新的市场机会的基本工具。市场细分调研和产品调研都有助于营销经理识别最有利可图的市场机会。

(资料来源:小卡尔·迈克丹尼尔、罗杰·盖茨:《当代市场调研》,范秀成等译,机械工业出版社,2000)

5.2.2 市场调查内容与方法认知

市场调查的内容大致与前述营销信息相对应,涉及市场营销活动的整个过程。根据营销信息内容、来源的不同,需要选择相对应的市场调查方法。

1. 市场调查内容认知

(1)市场环境调查。市场环境调查主要包括经济环境、政治环境、社会文化环境、科学环境和自然地理环境等。具体的调查内容包括市场购买力、经济结构、国家的方针、政策和法律法规、风俗习惯、科技发展动态、气候等各种影响市场营销的因素。

(2)市场需求调查。市场需求调查主要包括消费者需求量调查、消费者收入调查、消费结构调查、消费者行为调查。具体的调查内容包括消费者为什么购买、购买什么、购买数量、购买频率、购买时间、购买方式、购买习惯、购买偏好和购买后的评价等。

营销实务 5-1	成功的麦当劳

麦当劳在中国开到哪里,火到哪里,令中国餐饮界人士又是羡慕,又是嫉妒,可有谁看到了它前期认真细致的市场调研工作呢? 麦当劳进入中国市场前,连续 5 年做跟踪调查,了解中国消费者的经济收入情况和消费习惯;提前 4 年分别在中国的东北和北京郊区试种马铃薯;与此同时,根据中国人的身高形体特征确定并制作好最佳尺寸的柜台、桌椅样

品,还不远万里从香港空运麦当劳快餐成品到北京,进行口味试验和分析;开第一家分店时,在北京选了 5 个地点进行反复比较、论证。最后麦当劳在中国正式开业,一炮打响。

评析:市场需求调查是麦当劳在中国市场取胜的关键。其市场调查内容全面,调查过程组织严谨,结论分析可靠。

(3)市场供给调查。市场供给调查主要包括产品生产能力调查、产品实体调查等。具体的调查内容包括某一产品市场可以提供的产品数量、质量、功能、型号、品牌等,生产供应企业的情况等。

(4)营销实务调查。市场营销实务调查主要包括产品、价格、渠道和促销的调查。产品的调查主要有了解市场上新产品的开发情况、设计情况,消费者的使用情况,消费者的评价,产品的生命周期阶段,产品的组合情况等。产品的价格调查主要有了解消费者对价格的接受情况、对价格策略的反应等。渠道调查主要包括了解渠道的结构、中间商的情况、消费者对中间商的满意情况等。促销活动调查主要包括各种促销活动的效果,如广告实施的效果、人员推销的效果、营业推广的效果和对外宣传的市场反应等。

(5)竞争情况调查。市场竞争情况调查主要包括对竞争企业的调查和分析,了解同类企业的产品、价格等方面的情况,以及他们采取了什么竞争手段和策略。只有做到知己知彼,才能帮助企业确定正确的竞争策略。

2. 市场调查方法认知

市场调查的方法主要有观察法、实验法、访问法、问卷法和网络调查法。

(1)观察法。观察法是社会调查和市场调查研究的最基本的方法。它是由调查人员根据调查研究的对象,利用眼睛、耳朵等感官以直接观察的方式对其进行考察并搜集资料的调查方法。例如,市场调查人员到被访问者的销售场所去观察商品的品牌及包装情况。

营销实务 5-2   **观察的效力**

美国一家市场调查公司有个叫帕科·昂德希尔的人,是著名的商业密探。有一家音像商店由于地处学校附近,大量青少年经常光顾。恩维罗塞尔市场调查公司通过调查,发现这家商店磁带放置的位置过高,身材矮的孩子往往拿不到,从而影响了销售。昂德希尔指出应把商品降低 18 英寸放置,结果销售量大大增加。

还有一家叫伍尔沃思的公司发现商店的后半部分的销售额远远低于其他部分,昂德希尔通过对拍摄现场的观察解开了这个谜题:在销售高峰期,现金收款机前顾客排着长长的队伍,一直延伸到商店的另一端,妨碍了顾客从商店的前面走到后面,针对这一情况,商店专门安排了结账区,结果使商店后半部分的销售额迅速增长。

评析:观察法是市场调查的重要方法之一,特别适于在对社会生活中人们行为的各种资料的搜集过程。它是有目的、有计划地通过对被调查者言语和行为的观察、记录来判断其心理特点的心理学基本研究方法之一。

(2)实验法。实验法是指调查人员根据调查的要求,用实验的方式,将调查的对象控制在特定的环境条件下,然后对其进行观察以获得相应的信息的调查方法。控制对象可以是产品的价格、品质、包装等,在可控制的条件下观察市场现象,揭示在自然条件下不易发生的市场规律,这种方法主要用于市场销售实验和消费者使用实验。

营销实务 5-3　　　　　　"安静的小狗"是如何受宠的

"安静的小狗"是一种猪皮便鞋,由美国沃尔弗林环球股份公司生产。20世纪60年代末这种鞋在美国家喻户晓。"安静的小狗"问世的时候,该公司为了了解消费者的心理,采取了欲取先与的策略:先把100双鞋子无偿送给100位顾客试穿8周。8周后,公司通知顾客要收回鞋子。如果谁想留下,每双请付款5美元。其实,公司并非真想收回鞋子,而是想进行一次调研:5美元一双的猪皮鞋是否有人愿意卖?

结果,绝大多数人把鞋留下了。得到这个有利的信息,该公司便大张旗鼓地进行推销。最终,公司将价格定为7.5美元,销售了几万双"安静的小狗"。

评析:市场调查方法设计巧妙,市场信息反馈及时,使得制鞋公司能够迅速适应市场需要,做出有针对性的营销决策。

(3)访问法。访问法可以分为结构式访问、无结构式访问和集体访问。①结构式访问。结构式访问是利用设计好的、有一定结构的访问问卷进行的访问。调查人员要按照事先设计好的调查表或访问提纲进行访问,要以相同的提问方式和记录方式进行访问。提问的语气和态度也要尽可能地保持一致。②无结构式访问。无结构式访问是没有统一问卷,由调查人员与被访问者自由交谈的访问。它可以根据调查的内容,进行广泛的交流。例如:对商品的价格进行交谈,了解被调查者对价格的看法。③集体访问。集体访问是通过集体座谈的方式听取被访问者的想法,收集信息资料。它可以分为专家集体访问和消费者集体访问。

(4)问卷法。问卷法是通过设计调查问卷,让被调查者填写调查表的方式获得所调查对象信息的调查方法。在调查中将调查的资料设计成问卷后,让接受调查的对象将自己的意见或答案填入问卷中。在一般的实地调查中,问答卷是采用最广泛的调查方法;同时问卷调查法在目前网络市场调查中的运用也较为普遍。

(5)网络调查法。网络调查法是利用互联网的交互式信息沟通渠道来搜集有关信息资料的一种方法。这种资料搜集方法包括两种形式,一是在网上直接用问卷进行调查;二是通过网络来搜集市场信息中的一些二手资料。这种方法的优点是便利、快捷、调查效率高,调查成本低;缺点是调查范围受到一定的限制。

5.2.3　市场调查类型认知

按照不同分类标准,市场调查可以分为以下类型。

1. 按调查的范围分类

(1)全面调查。全面市场调查又称为普查,是对市场调查对象总体的全部单位进行的调查,其调查结果虽然比较准确,但不易进行,需要投入大量人力、物力。

(2)非全面市场调查。非全面市场调查是指对市场调查对象总体中的部分单位进行的调查,分为典型调查、重点调查和抽样调查。典型调查是从市场调查对象总体中选择具有代表性的部分单位作为典型进行的调查,其目的是通过典型单位的调查结果来认识同类市场现象总体的规律性及其本质。重点调查是从市场调查对象总体中选择少数重点单位进行调查,其目的是通过对这些重点单位的调查,反映市场的基本情况。抽样调查是根据概率原则在市场调查对象总体中抽出适量样本进行的调查,其结果可以控制,在市场调查中应用较广。

2. 按调查资料的收集方法分类

(1)文案调查。文案调查也称为二手资料调查或桌面调查,是指通过收集各种历史和现实的动态统计资料,从中摘取与市场调查课题有关信息的方法。它具有简单、快速、节省调查经费等特点,尤其适用于对历史资料和现状的了解,既可作为一种独立方法来运用,也可作为实地调查的补充。

(2)实地调查。实地调查是指调查者自身收集第一手市场资料的方法。它包括观察法、实验法和访问法。实地调查在借助科学研究方法的基础上,能够得到比较真实的资料和信息。

3. 按调查目的和深度分类

(1)探索性调查。探索性调查是指为了界定调查问题的性质及更好地理解问题而进行的小规模的调查活动。在调查初期,调查者通常对问题缺乏足够的了解,或尚未形成一个具体的假设,对某个调查问题的切入点难以确定,这时需要进行探索性市场调查的设计。

(2)描述性调查。描述性调查是指通过对第一手资料的收集、整理,把市场状况特征如实加以描述和反映的调查方法。它主要解决"谁""什么""什么时间""什么地点"和"怎样"的问题,如消费者的收入层、年龄层、购买特性的调查等。

(3)因果性调查。因果性调查是指通过指出各个市场因素之间的相互关系,进一步分析原因和结果的调查方法。

> 课堂感悟:全面调查结果要比非全面调查结果准确/不准确(　　　),但是,受条件限制,一般都采用非全面调查。

(4)预测性调查。预测性调查是指对未来可能出现的市场行情的变动趋势进行的调查,它是在描述性调查和因果性调查的基础上,对市场的潜在需求进行的估算、预测和推断。

课堂测评

测评要素	表 现 要 求	已达要求	未达要求
知识掌握	能掌握市场调查的含义		
技能掌握	能初步认识市场调查的内容		
任务内容整体认识程度	能概述市场调查的意义		
与职业实践相联系程度	能描述日常生活中的市场调查活动		
其他习得	能描述与其他课程、职业活动等的联系		

5.3　市场调查的组织

市场调查是一项系统化的活动,整个工作过程必须进行有序的安排。那么,市场调查活动过程包括哪些环节？这些环节又具体包括哪些工作呢？

为了使市场调查活动顺利进行，调查人员应依据调查研究的目的和调查对象的实际情况，对调查工作的各个方面和全部过程做出总体安排，以提出具体的调查步骤，制定合理的工作流程。

市场调查工作可以由社会上专业的市场调查公司进行，也可以由企业内部的市场调查人员实施。为了市场调查活动的顺利进行，在调查实施之前，调查人员应依据调查研究的目的和调查对象的实际情况，对调查工作的各个方面和全部过程作出总体安排，提出具体的调查步骤，制定合理的工作流程。从而使整个调查活动有序进行。

市场调查活动一般包括准备阶段、设计阶段、实施阶段和总结阶段。

5.3.1　市场调查的准备阶段

这一阶段是市场调查工作的开始。准备工作是否充分，对后续的实际调查工作的开展和调查质量的影响很大。

1. 确定市场调查目标

调查目标的确定是一个从抽象到具体、一般到特殊的过程。首先，调查者应限定调查的范围，找出企业最需要了解和解决的问题。其次，分析现有的与调查问题有关的资料，如企业销售记录、市场价格变化等，在此基础上明确本次调查需要重点收集的资料。最后，写出调查目标和问题的说明。

> 课堂感悟：调查目标的确定不能闭门造车，可以从多个方面去思考，最终将其描述出来。

确定市场调查目标应该有一个科学的操作过程。首先，通过与企业管理层、行业专家进行访谈，初步了解企业面临的问题；其次，可以通过查阅二手资料，进一步从另一个角度去认识企业可能面临的问题；最后，组织一些座谈会，了解管理层以外的人士对营销问题的看法。这样，一个较为清晰的市场调查目标就会呈现在我们面前。

2. 建立调查项目组

为了保证市场调查项目的顺利实施，需要先建立项目领导小组，主要负责管理控制项目的实施。在此基础上，抽调各职能部门人员和外聘人员组成市场调查人员。

（1）市场调查项目领导组。如果调查项目规模较大，涉及多个方面的工作，除了营销人员外，还需要企业内部的产品研究开发部、调查部、统计部、资料室等多个部门指派相关人员，一起组成市场调查项目领导组，以保证调查工作的顺利实施。

（2）选择市场调查人员。通常情况下，一家企业一般不可能拥有太多的专职市场调查人员，而兼职的调查队伍又不太稳定。因此，调查公司常常要进行招聘市场调查人员的工作。招聘市场调查人员，可以采取书面的形式，也可以采取面试形式。在招聘过程中，对调查人员主要考虑其责任感和沟通能力。

5.3.2　市场调查的设计阶段

市场调查设计阶段的主要工作是设计市场调查方案和市场调查问卷。

重要名词 5-3	市场调查方案

市场调查方案是指在正式调查之前,根据市场调查的目的和要求,对调查的各个方面和各个阶段所作的通盘考虑和安排。市场调查的总体方案是否科学、可行,关系到整个市场调查工作的成败。

1. 设计市场调查方案

设计市场营销方案阶段的主要工作包括以下内容。

(1)确定调查项目。调查项目是将要向调查单位调查的内容。调查项目的确定取决于调查的目的和任务,以及调查对象的特点与数据资料搜集的可能性。

(2)确定调查方法。市场调查方法的确定应在考虑调查资料搜集的难易程度、调查对象的特点、数据取得的源头、数据的质量要求等因素后作出选择。

(3)确定抽样方法。抽样设计包括样本的数量、抽样方法、调查地点、调查对象的确定等。

(4)确定调查人员。为了确保调查工作的实施,应制定具体的人力资源配置计划,主要包括调查的组织领导、调查机构的设置、调查员的选择与培训、课题负责人及成员、各项调研工作的分工,等等。企业委托外部市场调查机构进行市场调查时,还应对双方的责任人、联系人、联系方式作出规定。

(5)确定调查费用。在进行调查预算时,要将可能需要的费用尽可能考虑全面,以免将来出现一些不必要的麻烦而影响调查的进度。同时,费用也要合理估算,切不可随意多报、乱报。

(6)确定工作计划。调查工作计划主要包括工作日程、工作进度监督、对调查人员的考核等。

2. 设计市场调查问卷和调查表

作为市场调查活动中搜集市场调查资料的工具,调查表或调查问卷既可以作为书面调查的记载工具,也可以作为口头询问的提纲。调查表是用纵横交叉的表格按一定顺序排列调查项目的调查工具;调查问卷是根据调查项目设计的对被调查者进行调查、询问、填答的测试试卷,是市场调查搜集资料的常用工具。

> 课堂感悟:有的书里将问卷称作调查表,其实,观察调查里用到的表格才属于调查表;问卷是一系列问题组成的测试卷。

5.3.3　市场调查的实施阶段

实施市场调查就是按照市场调查方案规划的程序或步骤,进行市场信息的收集,并对收集到的资料进行有效性检查后,用专门方法对其进行分析的过程。

1. 文案调查的组织

根据调查目的的要求,需要收集二手资料的,可以按照人员分工,通过查找书籍或其他文献资料,在整理分析的基础上,初步了解调查对象的性质、范围、内容和重点,为正式调查创造条件。

费涅克是一名久居城市的美国商人,常常听到媒体报道,很多城市居民饱受噪音干扰之苦,却又无法摆脱。在一次休假旅游中,小瀑布的水声激发了他的灵感。他带上立体声录音机,录下了小溪、小河流水,鸟鸣等声音,然后回到城里复制出录音带高价出售。想不到生意十分兴隆,买"水声"的顾客川流不息。这种奇妙的商品,能把人带入大自然的美妙境界,使那些久居闹市的人暂时忘却烦恼,还可以帮助失眠者尽快进入梦乡。

评析:留心处处皆商机。在我们抱怨生意难做时,通过一些二手资料调查,也可以发掘新商机。谁是新商机的发现者,谁就是市场的独占者。

2. 实地调查的组织

(1) 落实工作计划。要按照事先划定的调查区域确定每个区域调查样本的数量,访问员的人数,每位访问员应访问样本的数量及访问路线,每个调查区域配备一名督导人员;明确调查人员及访问人员的工作任务和工作职责,做到工作任务落实到位,工作目标责任明确。

(2) 做好过程管理。调查组织人员要及时掌握实地调查的工作进度完成情况,协调好每个访问员之间的工作进度;要及时了解访问员在访问中遇到的问题并帮助解决,对于调查中遇到的共性问题,提出统一的解决办法;要做到每天访问调查结束后,访问员首先对填写的问卷进行自查,然后由督导员对问卷进行检查,找出存在的问题,以便在后面的调查中及时改进。

3. 调查资料的整理

调查资料的整理与分析是一个去伪存真、由此及彼、由表及里、综合提高的过程,它能大大提高市场信息的浓缩度、清晰度和准确性,从而大大提高信息资料的价值。

(1) 调查资料的整理。在市场调查资料收集活动结束后,要对所收集的资料进行相应的整理,它与进行调查同样重要,也是保证资料完整与真实的必要步骤。作为调查工作者,应当在调查活动结束后,对当天的资料进行复核和整理。这样才会及时发现问题,并在下次调查时进行回访,或是追问事实,弥补不足。

课堂感悟:调查资料收集回来后,必须通过整理分析,才能揭示数据背后隐含的信息。

(2) 调查资料的分析。资料分析是市场信息处理的重要内容。它是指对市场调查过程中收集到的各种原始数据进行适当的处理,使其显示一定的含义,进而反映不同数据之间及并报数据之间的联系,并通过分析,得出某些结论的过程。数据分析所采用的主要是一些统计技术。大量事实证明,仅有收集到的数据资料,而无正确的分析技术,是不能正确了解和认识市场的。

5.3.4　市场调查的总结阶段

市场调查总结阶段的主要工作包括编写市场调查报告和提供信息咨询服务。

1. 撰写市场调查报告

市场调查报告是市场调查人员以书面形式，反映市场调查内容及工作过程，并提供调查结论和建议的报告。市场调查报告是市场调查研究成果的集中体现，其撰写得好坏将直接影响到整个市场调查研究工作的成果质量。一份好的市场调查报告，能给企业的市场经营活动提供有效的导向作用，能为企业的决策提供客观依据。

(1) 明确市场调查的目的。这是撰写市场调查报告的基本准备工作。每一个市场调查报告都有明确的撰写目的和针对性，即反映情况、指出原因、提出建议，从而为企业的决策部门制定或调整某项决策服务。而市场调查报告撰写的目的，其依据或实质就是市场调查的目的，两者具有一致性。

(2) 落实写作材料。这是撰写市场调查报告的基础和中心准备工作。一份市场调查报告是否具有较高的决策参考价值，很大程度上取决于它在写作时拥有材料的数量及质量。准备落实材料时，必须注意以下两方面。

① 不能忽视反面材料的收集。在各类调查，尤其是产业调查、销售渠道调查及消费者调查中，不注意听取反面意见而导致决策失误的教训是很多的。因此可以这样说，对于客观存在的反面意见，如果不注意听取，这种市场调查所取得的材料，不仅是不全面的，而且是虚假的，其危害程度比不进行调查还要严重。

② 不能仅重视微观材料，忽视宏观材料。市场调查涉及的内容，一般是围绕一类或一种产品或某一市场的营销活动进行的微观调查。通过微观调查得出的结论，尤其是其中对产品市场或对该营销活动的预测性意见，如果不根据经济背景的宏观材料进行检验或校正，往往会出现偏差。

(3) 确定报告类型及阅读对象

调查报告有多种类型，一般性报告要求内容简单明了，对调查方法、资料分析整理过程、资料目录等作简单说明，结论和建议可适当多一些。专题性报告要求报告详细明确，中心突出，对调查任务中所提出的问题作出回答。调查报告还必须明确阅读对象，阅读对象不同，他们的要求和所关心问题的侧重点也不同。

(4) 构思报告。撰写市场调查报告与其他报告或写作一样，在动笔前必须有一个构思过程，也就是凭借调查所收集的资料，初步认识调查对象，经过判断推理，提炼出报告主题。在此基础上确立观点，列出论点和论据，考虑文章的内容与结构层次，拟定提纲。

2. 提供信息咨询服务

市场调查人员将调查结果以用户需求的形式提供给用户，并为用户做必要的辅导、讲解，为其营销决策提供科学依据。或者企业内部的市场调查人员将调查结果提交管理层，并做出一些解释。这一阶段既是对本次市场调查活动的总结、评估，也是为今后的市场调查工作提供经验、方法与教训。

重要信息 5-3　　　　　　　　**市场调查报告内容**

(1) 报告封面。封面包括报告的题目、报告的使用者、报告的编写者及提交报告的日期等内容。作为一种习惯做法,调查报告题目的下方应注明报告人或单位、通讯地址、电话、报告日期,然后另起一行注明报告呈交的对象。

(2)报告目录。目录是整个报告的检索部分,便于读者了解报告结构,有利于读者阅读某一部分内容。如果可能,目录应当非常详细。

(3)报告摘要。报告摘要具体包括四个方面的内容:①简要说明调查目的;②介绍调查对象和调查内容,包括调查时间、地点、对象、范围、调查要点及所要解答的问题;③简要介绍调查研究的方法;④简要说明调查结论与建议。

(4)报告正文。正文是调查报告的核心部分,主要包括整个市场调查的详细内容,具体包括调查使用方法,调查程序,调查结果。对调查方法的描述要尽量讲清是使用何种方法,并提供选择此种方法的原因。

(5)结论与建议。结论和建议的编写具体包括三个方面的内容。①概括全文。综合说明调查报告的主要观点,深化文章的主题。②形成结论。在对真实资料进行深入细致的科学分析的基础上,得出报告结论。③提出看法和建议。通过分析,形成对事物的看法,在此基础上,提出建议或可行性方案。

(6)报告附件。附件中包括的主要内容有:项目策划书;抽样方案,包括样本点的分布和样本量的分配情况等;调查问卷;主要质量控制数据等。

课堂测评

测评要素	表 现 要 求	已达要求	未达要求
知识掌握	能掌握市场调查活动程序		
技能掌握	能初步认识市场调查各阶段的具体工作内容		
任务内容整体认识程度	能概述市场调查组织的意义		
与职业实践相联系程度	能描述日常生活中的市场调查组织过程		
其他习得	能描述与其他课程、职业活动等的联系		

任务 5 小结

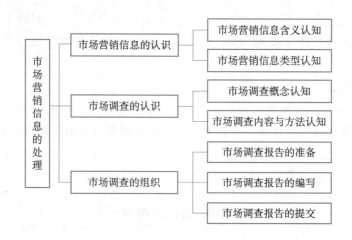

教学做一体化训练

一、重要名词

营销信息　　市场调查　　市场调查方案

二、课后自测

（一）单项选择题

1. 所有的市场营销活动,特别是经营决策,必须建立在充分的(　　)基础之上。

A. 资金　　　　　　B. 信息　　　　　　C. 物资　　　　　　D. 人力资源

2. 关于全面调查说法正确的是(　　)。

A. 又称为抽查

B. 是对市场调查对象总体的部分单位进行的调查

C. 其调查结果不太准确

D. 不易进行,需要投入大量人力、物力。

3. 实地调查获取的资料是(　　)。

A. 第一手资料　　　B. 二手资料　　　　C. 文案资料　　　　D. 影像资料

4. 与市场调查方案没有关系的是(　　)。

A. 调查抽样的方法　　　　　　　　B. 调查工作的计划安排

C. 市场调查的费用　　　　　　　　D. 调查报告的篇幅

5. 调查问卷是根据调查项目设计的对被调查者进行调查、询问、填答的(　　)。

A. 测试试卷　　　B. 文案资料　　　C. 二手资料　　　D. 无序资料

6. 二手资料专门指(　　)。

A. 陈旧的资料　　　　　　　　　　B. 别人已经收集整理过的资料

C. 不能直接收集的资料　　　　　　D. 无用的资料

（二）多项选择题

1. 营销信息包括(　　)。

A. 产品信息　　　B. 渠道信息　　　C. 消费者信息　　　D. 策略信息

E. 战略信息

2. 市场调查活动过程一般包括(　　)阶段。

A. 准备阶段　　　B. 设计阶段　　　C. 设施阶段　　　D. 总结阶段

3. 市场调查方案一般格式包括(　　)。

A. 前言部分　　　　　　　　　　　B. 调查内容和具体项目

C. 调查的对象　　　　　　　　　　D. 调研的方法

E. 时间进度安排、经费预算

4. 按照调查目的分类,市场调查类型主要包括(　　)。

A. 探索性调查　　　B. 描述性调查　　　C. 因果性调查　　　D. 预测性调查

5. 由于市场容量与生产资料的有限性,企业在市场需求、市场供给、制造技术等方面会排斥别的企业与其共享相关信息,即营销信息具有明显的(　　)。

A. 非共享性　　　B. 排他性　　　　C. 竞争性　　　　D. 保密性

6. 市场调查的特点包括(　　　)。

A. 目的的针对性　B. 方法的科学性　C. 过程的关联性　D. 活动的社会性

(三) 判断题

1. 营销信息是营销沟通的工具。(　　　)

2. 简单来讲,文案调查法就是我们可能在足不出户的情况下,通过一些文案工作获取已有信息就可以用来佐证我们的调查项目,支持我们的决策活动。(　　　)

3. 实地调查是收集二手资料的方法之一。(　　　)

4. 根据营销信息内容、来源的不同,需要选择相对应的市场调查方法。(　　　)

5. 通常情况下,一家企业一般都拥有大量的专职市场调查人员。(　　　)

6. 市场调查工作只能由企业内部的市场调查人员实施。(　　　)

(四) 简答题

1. 市场调查工作过程包括哪些环节?

2. 市场调查资料分析工作有哪些内容?

3. 市场调查人员的基本要求有哪些?

4. 市场调查报告包括哪几方面内容?

(五) 案例分析

很多同学都喜欢穿牛仔裤,但是,你知道牛仔裤的来历吗?

一、牛仔裤的历史

一位叫李维·斯特劳斯的人发明了牛仔裤,距今已有 100 多年的历史。历经风雨,牛仔裤不但没有随时光的流逝而消失,反而为越来越多的消费者所喜爱,成为一种流行全球的服装时尚。牛仔裤的生产历经百年,这 100 多年,是牛仔裤不断发展、变化,紧跟时代潮流,追随消费者品位的 100 年。李维公司也由起初年产几百条款式单一的牛仔裤,成为如今年产上亿条,款式、色泽丰富多样,销售额高达 20 亿多美元的牛仔裤王国。李维·斯特劳斯所创立的牛仔裤公司,如今已传到他的第四代子孙。今天,世界各国都有许许多多牛仔裤生产厂家。这些厂家根据当今的服装时尚、社会潮流,生产出远远超过李维公司生产量的牛仔裤,以满足广大消费者的需求。

二、牛仔裤的发明

1895 年,通往旧金山的道路上,滚滚的人流像长蛇般蠕动着,他们是从四面八方汇集而来的淘金大军。这支庞大的队伍中有男人,有女人;有老人,有小孩;有农民、工人、小企业主;他们操着各种口音,或单身,或兄弟、姊妹结伴,或夫妻携儿带女……队伍中有 3 个年轻人,衣着相貌奇异独特,显然是异乡人。其中一个清瘦、文静、稚气未脱的年轻人便是李维·斯特劳斯。年轻的李维·斯特劳斯出身于德国犹太家庭。他厌倦了家族世袭式的文职工作,追随两位哥哥远渡重洋到美国淘金。

一到旧金山,李维·斯特劳斯就发现,传闻归传闻,现实归现实,旧金山并非满地黄金,不掘自来。前来淘金的人摩肩接踵,项背相望。李维暗想,做生意也许比淘金更容易些,于是他开了一间日杂百货商店。犹太人生来就会做生意,李维也不例外。他很快就能用简单的英语词汇,与买东西的美国人进行交流,不久就掌握了做生意的窍门。一天,李维边卖货,边与一位矿工闲聊,矿工说道:"李维,你的帆布包真耐用,不怕磨,又不怕脏,瞧我买的这个包,用了半年,还是完好无损。"矿工边说边摘下他的帆布包。"老兄,包是耐用,可瞧瞧你的裤子,屁股都包不住了。你不能光顾挣钱呀!"李维指着矿工的裤子关切地说道。"不是我舍不得花钱,实在是裤子不耐穿。矿工们穿的工装裤都是棉布的,很容易磨破。瞧瞧我们这群人,10个中有9个都像我这样。如果工装裤做得和帆布包一样结实,就好了!"矿工边说,边连连感叹。

"和帆布包一样结实",李维嘴里嘀嘀咕咕,若有所思。他突然转身跑进店里,急急忙忙取了一块东西,不由分说地拉着矿工的胳膊就走。矿工不知道李维要做什么,内心充满疑惑。李维停下了脚步,原来是一家裁缝店。直到裁缝量完了矿工裤子的尺寸,在一块李维带来的布上比划了几下,矿工这才恍然大悟。原来,这块布正是做包用的帆布,李维让裁缝为矿工赶制一条帆布短裤,世界上第一条帆布工装裤就这样诞生了。

矿工穿着帆布短裤乐滋滋地走了。望着他远去的背影,一个大胆的构想在李维的心中酝酿成熟,他决定放弃手头的小百货商店,立即改做工装裤!

果然,帆布短裤一面世,便大受欢迎。它结实、耐用,穿着舒适,深受淘金工人和西部牛仔们的喜爱。订货单雪片似地飞向李维,李维在矿区一举成名。1853年,"李维帆布工装裤公司"正式成立。李维开始大批量生产帆布工装裤,专以淘金者和牛仔为销售对象。

三、牛仔裤的流行

顾客就是上帝。李维知道,弱肉强食的竞争中,优胜劣汰是永远不变的规律。李维自从生产帆布工装裤起,就没有停止过对产品的改进工作,即使产品供不应求也一如既往。

为了极大限度地满足消费者的需要,李维来到矿区,体验、观察矿工的工作。为了让矿工免受蚊虫叮咬,他将短裤改为长裤;为了使裤袋坚实耐用,李维把原来的线缝改用金属钉牢……这些新改进,深受矿工们的欢迎,李维的生意长盛不衰

后来,当法国生产的哔叽布盛行于美国时,李维发现它不但耐磨,而且比帆布美观、柔软,于是决定以这种新式面料替代帆布。不久,李维又将这种裤子改得紧贴腿面,使人穿上更显挺拔洒脱。这种裤子深受牛仔们的欢迎。经过多年的改进,"李维裤"形成了特有的式样,并渐渐被"牛仔裤"这个名字取而代之。

(资料来源:王鸿:《美国人经商智慧》,世界图书出版公司,1997)

问题:

1. 在发明牛仔裤之前,李维是怎样进行市场调查的,使用了什么样的方法?

2. 你认为李维的调查对其发明牛仔裤起了什么作用?

3. 请谈谈你对市场调查促发商机的看法。

□ **同步实训5-1:市场调查认知**

实训目的:了解市场调查的含义与特征,理解其实际意义。

实训安排:

1. 学生分组,列举自己日常生活中经历过的市场调查活动,讨论分析其过程。

2. 在讨论的基础上,归纳出自己市场调查活动的结果,并说明其意义。由此推及企业的市场调查活动。

3. 选择部分学生制作 PPT 进行展示,并组织讨论与评析。

实训总结:学生小组交流不同分析结果,教师根据分析(文案)报告、PPT 演示、讨论分享中的表现分别给每组进行评价打分。

□ **同步实训 5-2:市场调查活动认知**

实训目的:了解市场调查主要工作,理解其实际意义。

实训安排:

1. 学生分组,讨论"购买商品房"应经历的市场调查过程,并分析其原因。

2. 根据分析结果,分析讨论,并概括主要的市场调查过程。

3. 选择部分学生制作 PPT 进行展示,并组织讨论与评析。

实训总结:学生小组交流不同分析结果,教师根据分析(文案)报告、PPT 演示、讨论分享中的表现分别给每组进行评价打分。

□ **同步实训 5-3:市场营销报告编写认知**

实训目的:掌握市场调查报告的编写,理解其实际意义。

实训安排:

1. 学生分组,根据同步实训 5-2 中购买商品房调查示例中形成的调查结论,写成模拟市场调查报告。

2. 学生分组,讨论这一报告形成中的技巧与要求,判断是否能够根据调查结论购买商品房。

3. 选择部分学生制作 PPT 进行展示,并组织讨论与评析。

实训总结:学生小组交流不同分析结果,教师根据分析(文案)报告、PPT 演示、讨论分享中的表现分别给每组进行评价打分。

市场信息收集
课程思政

课程思政园地

2020 年 3 月 16 日和 4 月 9 日,中国航天发射火箭连续两次失利,这也再次体现航天事业的高风险。一个多月以来,型号队伍和航天专家同舟共济、夜以继日、集中会战,深入开展问题复盘、原因分析、试验验证等归零工作,目前两次失利的故障定位和机理已基本明确。与此同时,有关部门在航天全线组织开展了全面质量整顿和复核复查,对原定近期执行的火箭发射计划进行了适当的调整。

中国载人航天工程办公室主任助理季启明表示,作为系统最复杂、安全要求最高的一项航天工程,载人航天始终坚持"质量第一,安全至上"。长征五号 B 运载火箭担负着发射空间站舱段的重要使命,关系到载人航天工程"三步走"战略目标能否实现,容不得任何闪失。在前期开展的大量质量安全与可靠性工作基础上,针对近期出现的两次发射失利,长征五号 B 运载火箭和任务相关系统迅即开展了故障剥离和举一反三,进行技术状态和产品质量的再复查、再复核、再确认,全面排查风险和薄弱环节,进一步完善方案预案,努力使失利的教训变成宝贵的财富。

思考:航天发射失利原因调查研究的重大意义有哪些?

学生自我总结

通过完成任务 5 市场营销信息处理,我能够做如下总结:

一、主要知识

概括本任务的主要知识点:
    1.
    2.

二、主要技能

概括本任务的主要技能:
    1.
    2.

三、主要原理

你认为,市场调查工作的基本原理是:
    1.
    2.

四、相关知识与技能

你在完成本任务后掌握的相关知识与技能:
    1.市场调查出现的原因有:
    2.市场调查活动过程包括:
    3.市场调查报告内容主要有:

五、成果检验

你在完成本任务后取得的学习成果:
    1.完成本任务的意义有:
    2.学到的知识或技能有:
    3.自悟的知识或技能有:
    4.你对市场调查分析的看法是:

项目三
目标市场选择

随着移动通讯的发展,我们手上都有了一部手机,有的人还不止一部。在各种市场宣传噱头中,我们常常听到一个说法:学生机。那么,什么是学生机呢?

其实,学生机最早是香港一家公司面向学生和教职工推出的几款廉价笔记本电脑机型,后来,手机业界也引入了"学生机"营销概念,通常是指价格相对便宜的,适合学生购买和消费的手机,而功能方面和常规手机并无实质差异。当然,大学生对手机还有着较多的要求,如外形美观、设计出色、做工有保证、用户体验好等。

工信部统计数据显示,截至 2017 年 2 月底,中国手机用户数量已达到 13.3 亿人,其中 1—2 月累计净增 1 171 万户(根据 2016 年12 月月报数据计算),相当于中国 95％的人都在使用手机。

那么,在手机厂商眼里,面对这么大的一个市场,究竟是怎样做的呢? 苹果以创新性技术和高价格锁定了一部分高端人群;小米充分利用网络营销与互联网技术,采取低定价模式,建立了"米粉"群……

显然,市场的空间很大,但是,经过仔细研究后结合自己的资源条件,适合企业自身的市场可能也就那么一点点。正所谓"弱水三千,只取一瓢饮"——请进入市场细分目标市场选择定位(STP)。

本项目主要内容:任务 6　目标市场分析

任务 6 目标市场分析

学习目标

1. 知识目标
(1) 理解市场细分的概念。
(2) 认知目标市场的概念。
(3) 理解市场定位的意义。
2. 能力要求
(1) 能够开展市场细分活动。
(2) 能够参与企业产品市场定位。
(3) 能够对该项职业活动有整体的认识。
3. 思政目标
(1) 具备爱国主义情怀。
(2) 理解"一带一路"战略。
(3) 理解我国转换增长动力的意义。

任务解析

根据市场营销职业工作过程活动顺序,这一学习任务可以分解为以下子任务。

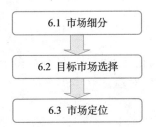

6.1 市场细分

6.2 目标市场选择

6.3 市场定位

目标市场细分
课前阅读

营销故事

智能手机时代,突然有一阵全世界的手机都设计成一个样子,所有的手机看上去都像是 iPhone 的翻版。然而,日本在智能手机的细分定制方面走在了世界的前面。有一款富士通老年人智能手机,累计销量超过 1 000 万部。

老年人视力普遍不好,这款手机界面上有巨大的写着"1、2、3"的虚拟按钮,老年人可以设置这几个按键的对应号码,例如按"1"就可以打电话给大儿子,按"2"就可以打电话给二儿子。

　　拿起手机，试图去点开一个应用，但是点了好几下都没有反应。这是由于老年人的手经常抖动，所以这款手机特地设计了防止误操作的功能，要用力点才能点开一个应用。这款智能手机不能下载应用，也是为了防止老年人误操作导致不必要的麻烦。但是这款手机中已经内置了几十款老年人常用的应用，比如放大镜、天气、新闻、书法应用。此外，照顾到老年人说话的习惯，这款手机还有消除噪音和语音减速的功能。

　　目前，手机市场竞争已经非常激烈，既然无法像苹果、华为、三星那样去占据主流市场"一统天下"，那么做"一方诸侯"，也未尝不可。

　　读后问题：

　　1. 你所了解的手机还具有哪些特殊功能？

　　2. 你觉得目前市场上不同品牌智能手机的功能区别大吗？

　　3. 厂家按照功能去设计、定制手机主要考虑了消费者的哪些诉求？

　　4. 能否举出市场上相反的例子，说明原因。

6.1　市场细分

　　在现实市场营销活动中，市场细分是目标市场选择的基础工作。那么，什么是市场细分？市场细分的具体工作有哪些？营销人员在这一环节的主要工作是什么呢？

6.1.1　市场细分认知

　　消费市场是一个十分庞大而复杂的系统。从呱呱坠地的婴儿到古稀老人，都是消费市场的一员。然而，由于受年龄、性别、文化程度、收入、职业、兴趣、居住地点、环境等因素的影响，各类消费者的购买习惯、动机、方式和水平都有显著的差异，从而形成不同类型的需求市场。组织市场也有不同特点的企业或单位，也需要对其进一步细分，以便能够找准自己的服务对象。

1. 市场细分的概念

　　任何企业都不可能满足所有的市场需求，只有从多个购买群体中选定自己产品的消费群体，市场营销活动才会更有针对性。

 **重要名词 6-1**

市场细分

　　市场细分是指在市场营销活动中，通过市场调研，根据消费者购买行为、购买习惯，以及需求的差异性，按照一定标准把某一产品的市场整体划分为两个或更多的消费者群体，从而确定企业目标市场的活动过程。

　　市场细分的实质是细分消费者的需求。企业进行市场细分，就是要发现不同消费者需求的差异性，然后把需求基本相同的消费者归为一类，这样就可以把某种产品的整体市场划分为若干个细分市场。我们可以从以下几个方面，进一步理解市场细分的内涵。

（1）市场细分是对消费者进行分类。市场细分不是对产品进行分类，而是对同种产品需求各异的消费者进行分类。消费者不同方面的差异性是市场细分的重要依据。

（2）市场细分是求大同、存小异。由于消费者所处的社会、经济、自然条件等因素的不同，以及消费者的性别、年龄、文化程度、职业、爱好、经济条件、价值观念的不同，他们的需求、欲望、购买行为具有明显差异。但对某种特定的产品而言，各种不同的消费者组成了对其某个特性具有偏好的群体。

（3）市场细分是一个聚集的过程，而不是分解的过程。市场细分在存小异求大同的基础上，把对某种产品的特点最容易做出反应的消费者，根据多种变量连续进行集合，直到形成企业的某一细分市场。

2. 市场细分的依据

企业进行市场细分，往往是出于对消费者需求变化的主动适应。实践中，细分工作也有着以下客观依据。

（1）市场的可细分性。市场是商品交换关系的总和，包含众多商家、商品及服务，本身就是可以细分的。

例 6-1　我国手机市场细分

在我国，通过对不同群体的调查分析发现，根据受教育程度的不同，其手机所拥有的功能是不一样的。小学程度以下的用户，其手机几乎只具备通话功能，对于手机的一些外延功能需求不大。还有一个很有意思的现象是，硕士学历以上的人群同样对于手机外延功能的需求比较少。相对而言，高中、大专及大学生群体对于手机外延功能的需求要高很多。

（2）消费者异质需求的存在。在市场上的消费者是一个庞大的群体，他们的消费需求总是或多或少存在着一些差异。根据消费者需求差异的大小，可以将市场大致分为两种类型。一类叫"同质性市场"。顾名思义，在这样的市场上，消费者的需求差异比较小，一般情况下，没有必要进行市场的精确细分。另一类叫"异质性市场"，是指由于消费者所处的地域、社会环境不同，自身的心理素质及购买动机也不同，造成了他们对产品的价格、质量、功能、款式等需求的差异性。

例 6-2　我国汽车市场细分

20 世纪 90 年代以前，人们都习惯把轿车称作"小车"，这是为了与卡车、客车等"大车"相区别。神龙富康问世，人们开始将轿车分为三厢车和两厢车。2000 年第一辆 10 万元家庭轿车赛欧的出现，使人们开始建立起明确的家庭用车概念。后来随着车型逐渐增多，才以价格、排量等作为标准，将轿车划分为"经济型车""中级车"和"高级车"。直到 2002 年，SUV 和 MPV 等车型进入国内，汽车的细分开始多样化、复杂化。接踵而至的是 S-RV、C-RV 等车型，还有 SMPV、CUV 等各种各样的车型划分，不胜枚举。有分析人士认为，从市场细分这个小角度，可以看出我国汽车市场这几年突飞猛进的发展。

（3）消费者需求的相似性。在现实生活中，具有相近社会背景、文化程度、经济实力、生活习俗等客观条件的消费群体总显现出在某种需求、欲望、心理、行为、习惯等方面的相似性,这种相似性就构成了市场细分的依据。

(4)企业的不同优势。市场中的企业在不同方面具备自己的优势,如其资源、设备、地理位置、技术等。不同的优势就可以满足不同的消费需求。

重要信息 6-1　　　　　　　　市场细分的意义

(1)有利于选定目标市场并制定营销策略。进行市场细分工作后,划分出来的子市场比较具体,在研究中,也容易了解消费者的需求。同时,企业可以根据自己的经营计划、生产技术和营销力量,精准地确定自己的服务对象,即目标市场。

(2)有利于分析新的市场机会。市场细分有利于企业研究潜在的市场需求,切实掌握消费者的满足程度及变化情况,方便企业对每一个细分市场的购买潜力、满足程度、竞争情况等进行分析对比,从而挖掘出有利于本企业的市场机会,并在产品、渠道、价格和广告宣传服务等方面把工作做细、做好,使消费者现实的和潜在的需求得到更好的满足。

(3)有利于充分利用企业资源,提高竞争实力。任何一个企业的资源和资金都是有限的,在细分市场上,竞争者的优势与劣势都能明显暴露出来。企业可以对各种市场机会进行比较,看准时机,抓住那些最有利的市场机会,选择适合自己的目标市场,集中人力、物力和财力资源,推出更适合消费者的产品,去争取局部市场上的优势。

(4)有利于企业提高经济效益。通过市场细分,企业可以针对自己的目标市场,生产出满足消费者需求的产品,从而增加企业的销售收入;产品适销对路可以加速商品流转,降低企业的生产销售成本,提高生产工人的劳动熟练程度,提高产品质量,全面提高企业的经济效益。

6.1.2　市场细分的开展

从市场细分工作的依据和意义可以看出,市场细分工作在企业营销活动,及至提升经营效益等方面的重要性。

1. 确定市场细分标准

在实际操作中,市场细分工作一定要遵循一定的标准,规范操作。消费者市场与生产者市场性质不同,进行市场细分的标准选取也不一样。

(1)消费者市场细分标准

消费品市场细分的标准主要是一些引起消费者需求变化的因素,即人口因素、地理因素、心理因素和行为因素。这些因素会单一或综合地对消费者的消费形成影响。

① 人口因素。人口是构成消费市场的基本要素之一。人口因素可以分为年龄、性别、家庭规模、收入、职业、教育程度、宗教、种族、国籍等,以这些因素为基础可把市场分割成不同的群体。人口因素是细分消费者市场时最常见的依据。一是因为消费者的需求、偏好与人口统计变量有着很密切的关系,如只有收入水平很高的消费者才可能成为高档服装、名贵化妆品、高级珠宝等的经常买主。另一个原因是人口因素比较容易衡量,有关数据相对容易获取。一般情况下,大多数企业是采用两个或两个以上人口统计变量来细分市场。

例 6-3　童装的年龄细分

童装企业进行童装品牌定位,可以通过年龄层细分市场。根据儿童的体貌特点和对服装的设计需求和消费特点细分起来应包括:0 岁段的婴儿装、1—3 岁段的幼儿装、4—6 岁段的小童装、7—9 岁段的中童装、10—12 岁段的大童装、13—16 岁段的少年装。

例 6-4　性别细分

由于生理上的差别,男性与女性在产品需求与偏好上有很大不同。诸如服装、化妆品、个人保健品、杂志、珠宝、鞋类等商品的营销人员通常根据性别来进行市场细分。像美国的一些汽车制造商,过去一直是迎合男性要求设计汽车,现在随着越来越多的女性参加工作和拥有自己的汽车,这些汽车制造商正研究市场机会,设计具有吸引女性消费者特点的汽车。又比如"太太"口服液是专门为女性研制的保健品,而"金利来"领带则是男人的专利。

例 6-5　收入细分

收入水平影响消费者的需求并且决定他们的购买能力。根据收入可以把市场分为高收入阶层、白领阶层、工薪阶层、低收入阶层等。高收入阶层和白领阶层更关注商品的质量、品牌、服务及产品附加值等因素,而低收入者则更关心价格和实用性。比如,轿车企业、房地产公司针对不同的收入人群提供不同的产品和服务。正因为收入是引起需求差别的一个直接且重要的因素,所以在诸如住房、服装、汽车及食品市场等领域,根据收入细分市场的情况相当普遍。

例 6-6　职业与教育细分

消费者职业与受教育水平的不同,也会引起需求的很大差异。例如,农民购买自行车偏好载重自行车,而学生、教师则是喜欢轻型的、样式美观的自行车。由于所受教育水平的不同,会使消费者的审美观具有很大的差异,诸如对居室装修风格、颜色等会有不同的偏好;有些职业,如医生,尽管经济收入水平和消费观念都符合消费珠宝首饰的要求,但其职业要求是不能佩戴首饰的。

② 按地理因素细分。地理细分是企业经常采用的一种市场细分标准。一般可从国界、地区、城乡、人口密度、地形、气候等因素进行划分。由于地理环境、气候条件、社会风俗和文化传统的影响,同一地区的消费者往往具有相似的消费需求,而不同地区的消费者在需求内容和特点上有明显差异。"一方水土养一方人",生活在草原和山区、内陆和沿海、温带和寒带、城市和乡村的人们有各自不同的需求和偏好。地理细分的主要依据是:分出不同地理位置的消费者对产品各有不同的需求和偏好,他们对企业采取的市场营销策略、对企业的价格、分销渠道、广告宣传等市场营销措施也各有不同的反应。例如,对同一种产品的广告宣传,城市消费者讲究时代感,乡村消费者看重的是实在、朴实。此外,市场位置的不同往往引起对某一产品的市场潜量和成本费用有所不同,企业应选择那些自己能为之最好服务的,效益高的地理市场为目标市场。

③ 按心理因素细分。根据购买者所处的社会阶层、生活方式、个性特点等心理因素细

分消费者市场就叫心理细分。在同一地理细分市场中的人可能显示出迥然不同的心理特征。

例 6-7　社会阶层细分

社会阶层是指在某一社会中具有相对同质性和持久性的群体。由于不同的社会阶层所处的社会环境、成长背景不同，因而兴趣偏好不同，对产品或服务的需求也不尽相同。处于同一阶层的成员具有类似的价值观、兴趣爱好和行为方式，不同阶层的成员则在上述方面存在较大的差异。很显然，识别不同社会阶层的消费者所具有不同的特点，对于很多产品的市场细分将提供重要的依据。

例 6-8　生活方式细分

人们消费的商品往往反映了他们的生活方式。来自相同的社会阶层、职业的人们可能各有不同的生活方式。如有的人追求新潮时髦，有的人追求恬静、简朴；有的人追求刺激、冒险，有的人追求稳定、安逸。生活方式不同的消费者对商品有不同的需求，例如西方的一些服装生产企业，为"纯朴的妇女""时尚的妇女"和"有男子气的妇女"分别设计不同的服装；大众汽车公司将消费者划分为"循规蹈矩的公民"和"汽车爱好者"。

为了进行生活方式的细分，企业可以用活动、兴趣、意见三个尺度来测量消费者的生活方式。

例 6-9　个性细分

个性是一个人心理特征的集中反映，个性不同的消费者往往有不同的兴趣偏好。俗话说："人心不同，各如其面。"每个人的个性都会有所不同。通常，个性会通过自信、自主、支配、顺从、保守、适应等性格特征表现出来。企业营销人员可以通过个性变量来细分市场，使他们的产品具有与消费者相一致的个性。在西方国家，对于化妆品、啤酒、汽车、保险之类的产品，有些企业以个性特征为基础进行市场细分并取得了成功。

④ 按行为因素细分。行为细分是指根据购买者对产品的了解程度、态度、使用情况及反应，把购买者划分为不同群体。研究认为，行为因素能更直接地反映消费者的需求差异，因而成为市场细分的最好出发点。按行为因素细分市场主要包括购买利益细分、使用者细分、使用数量细分、品牌忠诚度细分、购买的准备阶段细分和态度细分等几个方面。

例 6-10　购买利益细分

消费者在购买某种产品时，总是为了追求不同的利益，即解决某类问题，满足某种需要。营销界曾经将利益细分法运用于牙膏的市场细分工作中，发现有四种利益细分：低价格、防蛀牙、洁白牙齿和特殊香味。美国曾有人运用利益细分法研究钟表市场，发现手表购买者分为三类：①大约 23% 的购买者侧重价格低廉；②46% 的购买者侧重耐用性及一般质量；③31% 的购买者侧重品牌声望。当时美国各著名钟表公司大多都把注意力集中于第三类细分市场，从而制造出豪华昂贵手表并通过珠宝店销售。唯有 TIMEX 公司独具慧眼，选定第一、第二类细分市场作为目标市场，全力推出一种价廉物美的"天美时"牌手表，并通过一般钟表店或某些大型综合商店出售。该公司后来发展成为全世界第一流的钟表公司。

例 6-11　使用者细分

许多产品可按使用状况将消费者分为"从未用过""曾经用过""准备使用""初次使用""经常使用"等五种类型,即五个细分市场。大企业通常对潜在使用者感兴趣,而一些小企业则只能以经常使用者为服务对象。对使用状况不同的顾客,在广告宣传及推销方式方面都有所不同。

例 6-12　使用数量细分

根据消费者使用某一产品的数量大小细分市场,通常可分为大量使用者、中度使用者和轻度使用者。大量使用者人数可能并不很多,但他们的消费量在全部消费量中占很大的比重。美国一家公司发现,美国 80% 的啤酒是被所有消费者中 50% 的顾客消费掉的,另外一半顾客的消耗量只占消耗总量的 12%。因此,啤酒企业更愿意吸引重度饮用啤酒者,而放弃轻度饮用啤酒者,并把重度饮用啤酒者作为目标市场。公司还进一步了解到大量喝啤酒的人多是工人,年龄在 25—50 岁,喜欢观看体育节目,每天看电视的时间不少于 3 小时。很显然,根据这些信息,啤酒企业可以大大改进其在定价、广告传播等方面的策略。

例 6-13　品牌忠诚度细分

企业还可根据消费者对产品的忠诚程度细分市场。有些消费者经常变换品牌,另外一些消费者则在较长时期内专注于某一或少数几个品牌。通过了解消费者品牌忠诚情况和品牌忠诚者与品牌转换者的各种行为与心理特征,不仅可为企业细分市场提供一个基础,同时也有助于企业了解为什么有些消费者忠诚本企业产品,而另外一些消费者则忠诚于竞争企业的产品,从而为企业选择目标市场提供启示。

例 6-14　购买准备阶段细分

消费者对各种产品的了解程度往往因人而异。有的消费者可能对某一产品确有需要,但并不知道该产品的存在;还有的消费者虽已知道产品的存在,但对产品的价值、稳定性等还存在疑虑;另外一些消费者则可能正在考虑购买。针对处于不同购买阶段的消费群体,企业可进行市场细分并采用不同的营销策略。

例 6-15　态度细分

消费者对产品的态度可以分为:热爱、肯定、冷淡、拒绝和敌意等,企业还可根据市场上顾客对产品的热心程度来细分市场。不同消费者对同一产品的态度可能有很大差异,有的很喜欢该产品,因而持肯定态度,有的持否定态度,还有的则处于既不肯定也不否定的无所谓态度。企业应针对持不同态度的消费群体进行市场细分,并在广告、促销等方面应当有所不同。

(2)生产者市场细分标准

在市场细分工作中,许多用来细分消费者市场的标准,同样可用于细分生产者市场。如追求的利益、使用者情况、使用数量、品牌忠诚度和态度等。不过,在现实营销活动中,生产者与消费者在购买动机与行为上存在着一些差别,所以,除了运用前述消费者市场细分标准外,还可用一些新的标准来细分生产者市场。

① 最终用户的要求。按最终用户的要求细分工业品市场是一种通用的方法。在产业市场上,不同的最终用户所追求的利益不同,对同一种产品的属性看重不同的方面。

例 6-16　最终用户利益细分

同样是购买轮胎,飞机制造商对该产品的安全性要求比农用拖拉机制造商高得多;而汽车制造商在生产比赛用车和一般乘用车时,对轮胎的质量等级也有不同的要求。最终用户的每一种要求就可以是企业的一个细分市场,企业为满足最终用户的不同需求,应相应地运用不同的营销组合,提供他们所真正追求的利益。

② 用户规模。购买量(大、中、小)通常用来作为生产者用户细分的依据。许多情况下,企业需要根据用户规模大小来细分市场,并根据用户或客户的规模不同,采用不同的营销组合策略。比如,对于大客户,适合直接联系,直接供应,在价格、信用等方面给予更多的优惠;而对众多的小客户,则适合使产品进入商业渠道,由批发商或零售商去组织供应。

例 6-17　用户规模细分

一家办公室用具制造商按照顾客规模将其顾客细分为两类顾客消费群:一类是大客户,这类顾客群由该公司的全国客户经理负责联系;另一类是小客户,由外勤推销人员负责联系。

③ 用户地理位置。产业用户的地理分布往往受一个国家的资源分布、地形气候和经济布局的影响制约。不同地区的顾客对某种产品的需求存在很大的差异。

例 6-18　用户地理细分

在美国,很多计算机硬件和软件公司都位于加利福尼亚的硅谷地区。一些市场取向地域性,是因为购买者喜欢从当地供应商那里购买产品,远处的供应商在价格和服务方面通常没有竞争优势。因此,向地理上集中的产业销售产品的公司往往能够从就近经营中获利。

④ 用户的购买情况。用户的购买情况是指产业用户的购买能力、购买目的、购买方式、批量、付款方式和审批手续等。这些情况也可以作为细分市场的标准。

⑤ 购买决策人情况。产业用户购买决策人的年龄、受教育程度、社会经历和所担任职务等因素也可以作为细分市场的标准。

2. 选择细分标准的原则

理论上,细分市场有许多标准,但对于具体的一项市场细分工作而言,并非所有的细分标准都可机械套用。要想做好细分市场工作,市场细分标准的选择必须遵循以下原则。

(1)可衡量性原则。可衡量性是指用来细分市场的标准及细分后的市场是可以识别和衡量的,即子市场或分市场之间有明显的区别,有合理的范围。

如果某些细分标准或购买者的需求和特点很难衡量,细分市场后无法界定,难以较为确切地描述,那么这样的市场细分工作就失去了意义。一般来说,一些带有客观性的标准,如年龄、性别、收入、地理位置、民族等,都易于确定,并且有关的信息和统计数据也比较容易获得;而一些带有主观性的标准,如心理和性格方面的变数,就比较难以确定,以此为依据进行市场细分一定要慎之又慎。

例 6-19　难以衡量的细分标准

据估计,美国约有 2 400 万左撇子,几乎相当于加拿大的总人口数。但是绝少有产品是针对左撇子市场的,主要问题在于很难找到和衡量这个市场。没有有关左撇子人口的统计数据,而且人口普查局也没有相关的调查记录。

(2) 可进入性原则。可进入性是指企业能够进入所选定的市场部分,能进行有效的促销和分销,实际上就是考虑未来营销活动的可行性。即:一是企业能够通过一定的广告媒体把产品的信息传递到该市场众多的消费者中去;二是产品能通过一定的销售渠道抵达该市场。否则,该细分市场的价值就不大。

例 6-20　本田汽车的细分标准

本田公司在向美国消费者推销其汽车时,就遵循这一原则,从而成功地进行了市场细分,选择了自己的目标市场。同奔驰、奥迪等高级轿车相比,本田的汽车虽然价格较低,但是技术水平却较高,足以从竞争对手口中争食。然而,本田公司没有这样做。根据本田的推测,20 世纪 80 年代末、90 年代初,随着两人家庭的增多,年轻消费者可随意支配的收入将越来越多,涉足高级轿车市场的年轻人也将越来越多。与其同数家公司争夺一个已被瓜分的市场,即部分早就富裕起来并拥有高级轿车的中老年消费者市场,不如另开辟一个尚未被竞争对手重视的,因而可以完全属于自己的市场,即刚刚和将要富裕起来的中青年消费者市场。

(3) 可盈利性原则。可盈利性是指企业进行市场细分后所选定的子市场的规模足以使企业获得收益。进行市场细分时,企业必须考虑细分市场上顾客的数量,以及他们的购买能力和购买产品的频率。如果细分市场的规模过小,市场容量太小,细分工作繁琐,成本耗费大,获利小,就不值得去细分。

例 6-21　无效的细分

我国内陆省份一个普通大学的餐厅经过市场调查后,专门开设一个西餐馆,以满足少数师生酷爱西餐的要求。然而,经营时间不长就门可罗雀。这就是由于这个细分市场太小而得不偿失。

(4) 相对稳定性原则。相对稳定性是指细分市场在一定的时间内能保持相对稳定的状态,以便企业制定长期的市场营销策略,稳定地开拓并占领目标市场,获得预期的效益。如果细分市场变化较大,企业的经营风险也会随之增加。

3. 进行市场细分

(1) 科学运用市场细分标准

在市场细分工作中,许多标准都是变动的,常见的有消费者的年龄、收入、购买动机,生产者的经营规模、产品种类等。在进行市场细分时,一定要根据企业的实际情况,科学合理地运用这些细分标准。

① 单一标准。单一标准是指以影响消费者需求的某一个重要因素为标准开展市场细分工作。如服装企业,按年龄细分市场,可分为童装、少年装、青年装、中年装、中老年装、老年装;或按气候的不同,可分为春装、夏装、秋装、冬装。

② 多个标准。多个标准是指以影响消费者需求的两种或两种以上的因素为标准进行市场细分。如锅炉生产商,主要根据企业规模的大小、用户的地理位置、产品的最终用途及潜在市场规模来细分市场。

③ 系列标准。系列标准是指以企业经营的特点并按照影响消费者需求的多个因素为标准,从大到小进行市场细分。这种方法可使目标市场更加明确而具体,有利于企业更好地制定相应的市场营销策略。如自行车市场,可按地理位置(城市、郊区、农村、山区)、性别(男、女)、年龄(儿童、青年、中年、中老年)、收入(高、中、低)、职业(工人、农民、学生、职员)、购买动机(求新、求美、求价廉、求坚实耐用)等变量因素细分市场。

(2) 市场细分工作的步骤

市场细分应该按照一定的程序来进行,通常有这样几个步骤。

① 确定市场范围。即企业确定进入什么行业,生产什么产品,这是市场细分工作的起点。

例 6-22　明确市场范围

某一房地产公司打算在乡间建造一幢简朴的住宅,若只考虑产品特征,该公司可能认为这幢住宅的出租对象是低收入顾客,但从市场需求角度看,高收入者也可能是这幢住宅的潜在顾客。因为高收入者在住腻了高楼大厦之后,恰恰可能向往乡间的清静,从而可能成为这种住宅的顾客。

② 列出市场范围内所有潜在顾客的需求情况。根据细分标准,比较全面地列出潜在顾客的基本需求,作为以后深入研究的基本资料和依据。

③ 选出消费者最具差别性的需求作为细分标准。对于列举出来的基本需求,不同顾客强调的侧重点可能会存在差异。通过差异比较,不同的顾客群体即可初步地被识别出来。

④ 对细分标准进行筛选。消费者的共同需求,不能作为市场细分的标准,应该舍去。如住宅遮风避雨的功能是每位用户的要求,就不能作为细分市场的标准,因而应该剔除。

⑤ 根据市场细分标准,对市场进行细分。企业可以根据实际情况用一个或几个标准来对市场进行细分。进行细分后确定子市场名称,以引起消费者对企业产品的认同感。

⑥ 了解产品市场的新标准,以进一步细分市场。随着需求的变化,市场有可能进一步细分,这就要求企业必须进一步分析每一细分市场需求与购买行为特点。

⑦ 决定细分市场规模,选定目标市场。即在调查基础上,估计每一细分市场的规模,并对细分市场上产品竞争的状况做出分析,选择对企业最有利的子市场作为经营重点对象。

英国一家小油漆厂,通过调查对市场作了以下细分。本地市场的60%,是一个大市场,对各种油漆产品都有需求,但是自己无力参与。另有四个分市场,各占10%的份额。其中,一个是家庭主妇群体,特点是不懂室内装饰需要什么油漆,但是要求质量好;一个是油漆工助手群体,顾客需要购买质量较好的油漆,替住户进行室内装饰;一个是老油漆技工群体,他们的特点是一向不买调好的油漆,只买颜料和油料自己调配;最后是对价格敏感的青年夫妇群体,收入低,租公寓居住,按照英国的习惯,公寓住户在一定时间内必须油漆住房,以保护房屋,因此他们购买油漆不求质量,只要比白粉刷浆稍好就行,但要价格便宜。

经过研究,该厂决定选择青年夫妇作为目标市场,并制定了相应的市场营销策略。

(1)产品。经营少数不同颜色、大小不同包装的油漆。并根据目标顾客的喜爱,随时增加、改变或取消颜色品种和装罐大小。

(2)分销。产品送抵目标顾客住处附近的每一家零售商店。目标市场范围内一旦出现新的商店,立即招徕经销本厂产品。

(3)价格。保持单一低廉价格,不提供任何特价优惠,也不跟随其他厂家调整价格。

(4)促销。以"低价""满意的质量"为号召,以适应目标顾客的需求特点。定期变换商店布置和广告版本,创造新颖形象,并变换使用广告媒体。

评析:由于市场细分选择恰当,市场营销战略较好适应了目标顾客,虽然经营的是低档产品,该企业仍然获得了很大成功。

课堂测评

测评要素	表 现 要 求	已达要求	未达要求
知识掌握	能掌握市场细分的含义		
技能掌握	能初步认识市场细分的操作		
任务内容整体认识程度	能概述市场细分的意义		
与职业实践相联系程度	能描述日常生活中的市场细分表现		
其他习得	能描述与其他课程、职业活动等的联系		

6.2 目标市场选择

市场细分的目的就是能够有效选择并进入目标市场。经过市场细分工作,企业市场研究人员依据不同标准将市场划分为不同的小市场。根据自身企业的条件与资源,就可以进一步选定自己的目标市场。那么,什么是目标市场?目标市场选择有哪些具体的工作?

6.2.1 目标市场认知

在企业市场营销活动中,市场细分和目标市场选择是两个基本的环节。市场细分工作是选择和确定目标市场的基础和前提,目标市场选择则是市场细分工作结果的体现,是目标市场营销的第二个步骤。可以讲,企业的一切市场营销活动都是围绕目标市场进行的。

1. 目标市场的概念

简言之,目标市场是指在市场细分的基础上企业选定并决定进入的最佳细分市场。

 **重要名词 6-2**

目标市场

目标市场是指企业在市场细分的基础上,根据自身条件和外界因素所确定的营销对象。企业的目标市场可以是一个或几个子市场,也可以包括大部分子市场,或者是整个市场。目标市场的多少取决于企业的营销战略目标及企业的实力。

在企业市场营销活动中,企业必须选择和确定目标市场。这主要基于以下两个方面的原因。第一,选择确定目标市场,明确企业的具体服务对象,关系到企业市场营销活动目标的落实,是企业制定市场营销活动计划的首要内容和基本出发点;第二,对于企业来说,并非所有的细分市场都具有同等吸引力,都有利可图,只有那些和企业实际情况和条件相匹配的细分市场对企业才具有较强的吸引力,才可能是企业的最佳细分市场。

2. 目标市场选择的条件

企业在完成了市场细分工作后,总会运用一些标准来评价和选择出自己的目标市场。一般来讲,进行目标市场选择应满足以下一些条件。

(1) 应有足够的规模与潜力。规模大则购买力强,足以实现企业的预期市场目标。市场潜力大,企业则可以获得长足的发展。

(2) 应有足够的吸引力。具有一定规模和发展前景的市场仅仅是目标市场选择的第一个条件,从长期盈利的角度来看,细分市场还应该具有长期的吸引力。

(3) 应符合企业的目标和资源条件。一方面,某些细分市场虽然有较大吸引力,但不能推动企业实现发展目标,甚至分散企业的精力,使之无法完成其主要目标,这样的市场应考虑放弃。另一方面,还应考虑企业的资源条件是否适合在某一细分市场经营。只有选择那些企业有条件进入、能充分发挥其资源优势的市场作为目标市场,企业才会立于不败之地。

重要信息 6-2 　　　　　　　　确定目标市场的备忘录

---

(1) 产品、市场和技术三者密切关联。企业所选择的目标市场,应能充分发挥企业的技术特长,生产符合目标市场需求的产品。

(2) 遵循企业既定的发展方向。目标市场的选择应根据企业市场营销战略目标的发展方向来确定。

(3) 发挥企业的竞争优势。选择能够突出和发挥企业特长的细分市场作为目标市场,这样才能利用企业相对竞争优势,在竞争中处于有利的地位。

(4) 取得相乘效果。新确定的目标市场不能对企业原有的产品带来消极的影响。新老产品要能互相促进,实现同时扩大销售量和提高市场占有率的目的,从而使企业所拥有的人才、技术、资金等资源都能有效地加以利用,使企业获得更好的经济效益。

6.2.2　目标市场模式选择

企业可能考虑的目标市场模式共有 5 种。

1. 市场集中化

最简单的模式是企业只选择一个细分市场。通过集中营销,企业能更清楚地了解细分市场的需求,从而树立良好的信誉,在细分市场上建立巩固的市场地位。一旦企业在细分市场上处于领导地位,它将获得很高的投资效益。但对某些特定的细分市场,一旦消费者在该细分市场上的消费意愿下降或其他竞争对手进入该细分市场,企业将面临很大风险。

2. 选择专业化

在这种情况下,企业有选择地进入几个不同的细分市场。从客观上讲,每个细分市场都具有吸引力,且符合企业的目标和资源水平。这些细分市场之间很少或根本不发生联系,但在每个细分市场都可以盈利。这种多细分市场覆盖策略能分散企业的风险。因为即使其中一个细分市场丧失了吸引力,企业还可以在其他细分市场上继续盈利。

3. 产品专业化

产品专业化指企业同时向几个细分市场销售一种产品。在这种情况下,一旦有新的替代品出现,那么企业将面临经营滑坡的危险。

4. 市场专业化

企业集中满足某一特定消费群体的各种需求。企业专门为某个消费群体服务并争取树立良好的信誉。企业还可以向这类消费群推出新产品,成为有效的新产品销售渠道。但如果由于种种原因,使得这种消费群体的支付能力下降的话,企业就会出现效益下滑的危险。

5. 市场全覆盖

市场全覆盖是指企业力图为所有消费群提供他们所需的所有产品。一般来讲,只有实力较强的大企业才可能采取这种营销战略。当采用这种营销战略时,企业通常通过无差异性营销和差异性营销两种途径全面进入整个市场。

6.2.3　目标市场策略选择

在营销活动中,通常有三种不同的目标市场选择策略供企业选择,包括无差异性市场营销策略、差异性市场营销策略和集中性市场营销策略。如图 6-1 所示。

1. 无差异性市场营销策略

无差异性市场营销策略是指企业不考虑细分市场的差异性,把整体市场作为一个大的目标市场,不进行细分,对所有的消费者只提供一种产品,采用单一市场营销组合的目标市场策略(见图 6-1)。

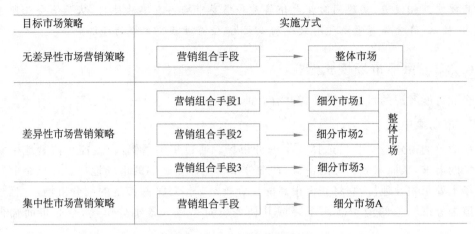

图 6-1　三种目标市场选择策略

无差异性市场营销策略适用于少数消费者需求同质的产品；消费者需求广泛、能够大量生产、大量销售的产品；以探求消费者购买情况的新产品、某些具有特殊专利的产品。

采用无差异性市场营销策略的企业一般具有大规模、单一、连续的生产线，拥有广泛或大众化的分销渠道，并能开展强有力的促销活动，投放大量的广告和进行统一的宣传。

例 6-23　无差异性市场策略

美国可口可乐公司就一直奉行典型的无差异性市场策略。面对世界各地的消费者，可口可乐都保持统一的口味、包装，甚至连广告语也统一为"请喝可口可乐"。

无差异性市场营销策略的优点是具有经济性，有利于标准化和大规模生产，有利于降低单位产品的成本费用，获得较好的规模效益。因为只设计一种产品，产品容易标准化，能够大批量地生产和储运，可以节省产品生产、储存、运输、广告宣传等费用；不搞市场细分，也相应减少了市场调研、制定多种市场营销组合策略所要消耗的费用。

无差异市场营销策略的缺点是不能满足消费者需求的多样性，不能满足其他较小的细分市场的消费者需求，不能适应多变的市场形势。因此，在现代市场营销实践中，无差异市场营销策略只有少数企业才采用。

2. 差异性市场营销策略

差异性市场营销策略是在市场细分的基础上，企业以两个以上乃至全部细分市场为目标市场，分别为之设计不同产品，采取不同的市场营销组合，满足不同消费者需求的目标市场策略。差异性市场营销策略适用于大多数异质的产品（见图 6-1）。

采用差异性市场营销策略的企业一般是大企业，有一部分企业，尤其是小企业无力采用，因为采用差异市场营销策略必然受到企业资源和条件的限制。较为雄厚的财力、较强的技术力量和素质较高的管理人员，是实行差异市场营销策略的必要条件，而且随着产品品种的增加，分销渠道的多样化，以及市场调研和广告宣传活动的扩大与复杂化，生产成本和各种费用必然大幅度增加，需大量资源作为依托。

例 6-24　**差异性市场策略**

天津牙膏厂为了适应不同地区、不同生活习惯、不同生活水平的消费者需求,分别开发了不同价格的"蓝天高级牙膏""果味蓝天牙膏";功能、规格不同的"脱敏牙膏""防锈牙膏""喜风牙膏""蓝天旅游牙膏";以及适应不同年龄、民族需要的"蓝天学生牙膏""童友透明牙膏""雅洁儿童牙膏""穆斯林牙膏",等等。

差异市场营销策略优点是能扩大销售,减少经营风险,提高市场占有率。因为多品种的生产能分别满足不同消费者群的需要,扩大产品销售。某一两种产品经营不善的风险可以由其他产品经营所弥补;如果企业在数个细分市场都有可能取得较好的经营效果,就能树立企业良好的市场形象,提高市场占有率。

3. 集中性市场营销策略

集中性市场营销策略是企业将整体市场分割为若干细分市场后,只选择其中一个细分市场为目标市场,集中力量,实行专业化生产和经营的目标市场策略(见图 6-1)。

集中市场营销策略主要适用资源有限的中小企业或初次进入新市场的大企业。中小企业由于资源有限,无力在整体市场或多个细分市场上与大企业展开竞争,而在大企业未予注意或不愿顾及而自己又力所能及的某个细分市场上全力以赴,则往往容易取得成功。实行集中市场营销策略是中小企业变劣势为优势的最佳选择。

例 6-25　**集中性市场策略**

日本尼西奇起初是一个生产雨衣、尿布、游泳帽、卫生带等多种橡胶制品的小厂,由于订货不足,面临破产。总经理多川博在一个偶然的机会,从一份人口普查表中发现,日本每年约出生 250 万个婴儿,如果每个婴儿用两条尿布,一年需要 500 万条。于是,他们决定放弃尿布以外的产品,实行尿布专业化生产。一炮打响后,又不断研制新材料、开发新品种,不仅垄断了日本尿布市场,还远销世界 70 多个国家和地区,成为闻名于世的"尿布大王"。

集中市场营销策略的优点是目标市场集中,有助于企业更深入地注意、了解目标市场的消费者需求,使产品适销对路,有助于提高企业和产品在市场上的知名度。集中市场营销策略还有利于企业集中资源,节约生产成本和各种费用,增加盈利,取得良好的经济效益。

集中市场营销策略的缺点是企业潜伏着较大的经营风险。由于目标市场集中,一旦市场出现诸如较强大的竞争者加入、消费者需求的突然变化等,企业就有可能因承受不了短时间的竞争压力,而立即陷入困境。因此,采用集中市场营销策略的企业,要随时密切关注市场动向,充分考虑企业对未来可能意外情况下的各种对策和应急措施。

重要信息 6-3　　　　**影响目标市场选择的因素**

(1)企业实力。如果企业实力较强,可根据产品的不同特性选择采用差异市场营销策略或无差异市场营销策略;反之则可选择采用集中市场营销策略。

(2) 产品性质。这里的产品性质是指产品是否同质,即产品在性能、特点等方面差异性的大小。如果企业生产同质产品,可选择采用无差异市场营销策略;如果企业生产异质产品,则可选择采用差异市场营销策略或集中市场营销策略。

(3) 市场性质。这里的市场性质是指市场是否同质,即市场上消费者需求差异性的大小。如果市场是同质的,即消费者需求差异性不大,消费者购买行为基本相同,企业可选择采用无差异市场营销策略;反之企业则可选择采用差异市场营销策略或集中市场营销策略。

(4) 产品市场生命周期。处在介绍期和成长期初期的新产品,由于竞争者少,品种比较单一,市场营销的重点主要是探求市场需求和潜在消费者,企业可选择采用无差异市场营销策略。当产品进入成长期后期和成熟期时,由于市场竞争激烈,消费者需求差异性日益增大,为了开拓新的市场,扩大销售,企业可选择采用差异市场营销策略或集中性市场营销策略或保持原有市场,延长产品市场生命周期。

(5) 企业的市场营销战略目标和资源。企业的目标市场策略应当与竞争对手的目标市场策略不同。如果竞争对手强大并采取无差异市场营销策略,企业则应选择采用差异市场营销策略或集中市场营销策略,以提高产品的市场竞争能力;如果竞争对手与自身实力相当或面对实力较弱的竞争对手,企业则可选择采用与之相同的目标市场策略;如果竞争对手都采用差异市场营销策略,企业则应进一步细分市场,实行更有效、更深入的差异市场营销策略或集中市场营销策略。

课堂测评

测评要素	表 现 要 求	已达要求	未达要求
知识掌握	能掌握目标市场的含义		
技能掌握	能初步认识目标市场策略		
任务内容整体认识程度	能概述目标市场的实践意义		
与职业实践相联系程度	能描述日常生活中的目标市场策略表现		
其他习得	能描述与其他课程、职业活动等的联系		

6.3　市场定位

营销人员帮助企业明确了服务对象与经营范围,接下来营销人员还必须通过进一步的研究与分析,做好市场定位工作。什么是市场定位? 这项工作的主要内容有哪些? 操作过程中有哪些注意事项?

6.3.1　市场定位认知

企业选择和确定了目标市场及目标市场策略后依然面临着一个问题,那就是市场上的企业众多,选择同一个目标市场的企业不止一个。这时,怎样才能在同一个目标市场的竞争中取胜,让消费者知晓或记住我们的企业呢? 这就进入了目标市场营销的第三个工作任务——市场定位(Positioning)。

1. 市场定位的概念

市场定位是目标市场营销的重要组成部分,关系到企业及产品在激烈市场竞争中迎合消费者心理、树立企业及产品形象、实现企业市场营销战略目标等一系列至关重要的问题。

 **重要名词 6-3**

市场定位

市场定位也称产品的定位或竞争性定位,是指通过一定的信息传播途径,树立企业产品在目标市场即消费者心目中的个性或形象,使企业所提供的产品具有一定特色,适应一定顾客的需要与偏好,并与竞争者的产品有所区别。

我们可以从以下两个方面进一步理解市场定位。

(1)市场定位是在客户心目中树立独特形象。市场定位并不是对一件产品本身做些什么,而是在潜在消费者的心目中做些什么。市场定位的实质是使本企业与其他企业严格区分开来,使顾客明显感觉和认识到这种差别,从而在顾客心目中占有特殊的位置。

(2)市场定位可分为对现有产品的再定位和对潜在产品的预定位。对现有产品的再定位可能导致产品名称、价格和包装的改变,但是这些外表变化的目的是保证产品在潜在消费者的心目中留下值得购买的形象。对潜在产品的预定位要求营销者必须从零开始,使产品特色确实符合所选择的目标市场。

2. 市场定位的内容

(1)产品定位。产品定位是指侧重于将产品实体定位于质量、成本、特征、性能、可靠性、款式等不同方面的特色。如王老吉凉茶宣称自己是"预防上火的饮料"。

(2)企业定位。企业定位是指将企业形象定位于塑造品牌、员工能力、知识、言表可信度等方面的特色。如中国工商银行股份有限公司宣称其为"全球 500 强""第十四届中国最受尊敬企业"。

(3)竞争定位。竞争定位是指确定企业相对于竞争者的市场位置。如七喜汽水在广告中称它是"非可乐"饮料,暗示其他可乐饮料中含有咖啡因,对消费者健康有害。

(4)消费者定位。消费者定位是指通过确定企业的目标顾客群显示自己的定位。如2017 年 4 月,丰田汽车推出一款名叫 C-HR 的汽车,其定位就是"年轻人的首选"。

3. 市场定位的形式

(1)产品差别化。产品差别化是从产品质量、产品款式等方面实现差别。寻求产品特征是产品差别化定位经常使用的手段。

(2)服务差别化。服务差别化是向目标市场提供与竞争者不同的优异服务。企业的竞争力越好地体现在对顾客的服务上,市场差别化就越容易实现。

(3)人员差别化。人员差别化是指通过聘用和培训比竞争者更为优秀的人员以获取差别优势。

(4)形象差异化。形象差别化是指在产品的核心部分与竞争者雷同的情况下塑造不同的产品形象以获取差别优势。

6.3.2　市场定位的准备

市场定位的目的就是通过集中企业自有的竞争优势将自己与其他竞争者区别开来,

进而获得消费者认可。这项工作是企业通过分析研究,了解自身潜在的竞争优势,选择相对的竞争优势和市场定位策略,以及准确地传播企业市场定位的过程。

1. 确认自身潜在的竞争优势

企业要进行市场定位,也必须首先了解企业自身具备哪些潜在的竞争优势。要了解自身优势又必须通过与竞争对手作对比。

(1) 了解竞争者的定位状况。要了解竞争者向目标市场提供了何种产品及服务,在消费者心目中的形象如何,并对其成本及经营情况做出评估。

(2) 了解目标消费者对产品的评价标准。企业应努力搞清楚消费者最关心的问题,以作为决策的依据,并要确认目标市场的潜在竞争优势是什么,是同样条件能比竞争者定价低,还是能提供更多的特色满足消费者的特定需要。

(3) 与竞争者进行对比。企业通过与竞争者在产品、促销、成本、服务等方面对比分析,了解企业的长处和不足,从而认定企业的竞争优势。

2. 选择竞争优势和定位策略

企业通过与竞争者在产品、促销、成本、服务等方面对比分析,了解企业的长处和不足,从而能够发现自身的竞争优势。在充分发挥优势的基础上,企业可以根据自己的资源配置,通过营销方案差异化突出自己的经营特色,使消费者感觉自己从中得到了价值最大的产品及服务。

3. 准确传播企业的市场定位

企业在做出市场定位决策后,还必须通过一系列的宣传促销活动,使其独特的市场竞争优势能够准确地传播给消费者。为此,企业首先应使目标消费者了解企业市场定位,要在消费者心目中建立与该定位相一致的形象。其次,企业通过努力保持对目标消费者的了解,稳定目标消费者的态度并加深目标消费者的感情,巩固企业市场形象。最后,企业应注意目标消费者对其市场定位理解出现的偏差或由于企业市场定位宣传上失误而造成目标消费者的模糊、混乱和误会,及时调整与市场定位不一致的市场形象。

6.3.3 市场定位的方法

企业目标市场定位的最终确定是经过对企业自身与竞争对手做出客观评价且对消费者的需求有了充分分析后的抉择。从理论上讲,企业可选择的目标市场定位策略主要有以下几种。

1. 属性定位法

在市场上,企业产品本身的属性能使消费者体会到它的定位。这里的产品属性既包括制造技术、设备、生产流程、产品功能,也包括产品的原料、产地、历史等因素。

例 6-26　属性定位法

迪士尼乐园宣称自己是世界上最大的主题公园,王守义十三香强调其专门的调料配方,青岛啤酒、杏花村汾酒、北京烤鸭等产品则强调其产地定位。

如果企业的一种或几种属性是竞争者所没有或有所欠缺的,同时又是顾客认可和接受的,这时采用按产品属性定位的方法,往往容易收到良好的效果。

2. 竞争定位法

竞争定位法是指根据市场竞争状况和与竞争有关的属性或利益进行定位。主要是通过突出企业的优势,如技术可靠性程度高、售后服务方便快捷、受顾客欢迎的因素等,从而在竞争者中突出自己的形象。从市场竞争的角度来说,有避强定位、迎头定位和重新定位。

(1)避强定位。避强定位是指避开强有力的竞争对手,在无竞争的市场部分定位的策略,是市场定位策略之一。避强定位是一种"见缝插针""拾遗补缺"的定位方法,其优点是能够使企业远离其他竞争者,在该市场上迅速站稳脚跟,树立企业形象,从而在该市场上取得领导地位。

例 6-27　某国内品牌汽车产品定位

2002 年,我国某自有品牌汽车厂家通过调查,了解到青年消费者购买轿车最为关心的是外形、车价和售后服务。当时市场上有 A、B、C 三个竞争对手,其中 A 是合资企业,生产的轿车外形时尚、油耗低,但售后保养较贵;B 也是合资企业,生产的轿车工艺精良,质量水平高,但是售后保养更昂贵;C 也是合资企业,生产的轿车价格、售后保养相对低廉,但是车型落伍,配置较低。如图 6-2,图中圆圈代表销量。

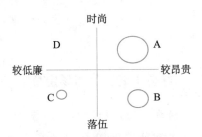

图 6-2　品牌汽车产品定位图

这家自有品牌汽车厂家通过研究,将自己的产品定位在图 6-2 中的 D 区,很快生产出外形时尚,油耗更低的小轿车。这款汽车于 2003 年初上市,一炮走红。

(2)迎头定位。迎头定位是指企业根据自身的实力,为占据较佳的市场位置不惜与市场上占支配地位的、实力最强或较强的竞争对手发生正面竞争,从而使自己的产品进入与对手相同的市场位置。一方面,迎头定位可能引发激烈的市场竞争,所以具有较大的风险性。但另一方面,由于竞争对手是最强大的,因此竞争过程往往相当引人注目,甚至产生所谓轰动效应,企业及其产品可以较快地为消费者或用户所了解,容易达到树立市场形象的目的。迎头定位要求企业必须具有与竞争对手不相上下的竞争实力。如百事可乐与可口可乐之间就在持续进行着竞争。

(3)重新定位。重新定位是指企业改变产品特色,使目标顾客对其产品新形象有一个重新认识的过程。在激烈的竞争中,重新定位实际上意味着企业营销战略的调整。在发生以下情况时,企业则必须考虑营销战略的调整。一是竞争者推出的产品定位于本企业产品的附近,使本企业品牌市场占有率有所下降;二是消费者喜好发生变化,开始喜欢竞争对手的产品。

3. 利益定位法

这里的"利益"既包括顾客购买企业产品时追求的利益,也包括购买企业产品所能获得的附加利益。

例 6-28 利益定位法

小天鹅集团向顾客承诺"终身保修"和"超过约定维修时间一天,补偿消费者一元";新飞冰箱在同容积冰箱中耗电最省,给顾客提供"省电"的利益;洗发水中飘柔的利益承诺是"柔顺",海飞丝是"去头屑",潘婷是"健康亮泽",新奥妮皂角洗发浸膏强调"不燥不腻,爽洁自然",夏士莲是"中药滋润";这些定位各自都能吸引一大批消费者,分别满足他们的特点要求。这些都是按产品为消费者提供的利益进行定位。

4. 产品用途定位法

产品用途定位法是工业产品最常用的市场定位方法。此外,为老产品找到一种新用途,是为该产品创造新的市场定位的好方法。

例 6-29 产品用途定位法

杜邦的尼龙最初在军事上用于制作降落伞,后来许多新的用途——作为袜子、衬衫、地毯、汽车轮胎、椅套的原料等——一个接一个地被发现。网络的研究也是开始于军事领域,随后广泛应用于通信、日常生活、汽车工业等。

营销实务 6-2　　　　　　　红色王老吉的市场定位

王老吉上市之前调查得知,消费者的认知和购买消费行为均表明,消费者对红色王老吉并无"治疗"要求,而是作为一个功能饮料购买,购买红色王老吉真实动机是用于"预防上火",如希望在品尝烧烤时减少上火情况的发生等,真正上火以后可能会采用药物,如牛黄解毒片,或传统凉茶进行调理。

再进一步研究消费者对竞争对手的看法,会发现红色王老吉的直接竞争对手,如菊花茶、清凉茶等由于缺乏品牌推广,仅仅是以低价渗透市场,并未占据"预防上火"的饮料的定位;而可乐、茶饮料、果汁饮料、水等明显不具备"预防上火"的功能,仅仅是间接的竞争者。研究人员对于企业与产品自身在消费者心中的认知进行了研究。结果表明,红色王老吉的"凉茶始祖"身份、神秘中草药配方、175 年的历史等,显然是有能力占据"预防上火的饮料"这一市场定位的。

由于"预防上火"是消费者购买红色王老吉的真实动机,显然有利于巩固加强原有市场。是否能满足企业对于新定位的期望——"进军全国市场",成为研究的下一步工作。通过收集资料、进行专家访谈等研究,结果一致显示中国几千年的中药概念"清热解毒"在全国广为普及,"上火""祛火"的概念也在各地深入人心,这就使红色王老吉突破了地域品牌的局限。

至此,尘埃落定。首先明确红色王老吉是在"饮料"行业中竞争,其竞争对手应是其他饮料;品牌定位为"预防上火的饮料",其独特的价值在于喝红色王老吉能预防上火,让消费者无忧地尽情享受生活:品尝煎炸、香辣、烧烤美食,通宵达旦看足球……

评析：王老吉在产品定位、用途、功效、价值、品牌等多个方面突出其特色，通过宣传推广，很快深入人心，营销活动也收到了预期效果。

5. 产品质量/价格定位法

一件仿制的装饰性项链，无论其做工多么精美，都是不可能与真正的钻石项链定位相同的。所以对于那些消费者对价格和质量都很关心的产品，选择两者作为市场定位的因素是突出企业的好方法。据此定位有以下几种情况。

（1）质价相符。当企业产品价格高于同类产品时，企业总是强调其产品的高质量和物有所值，说服顾客支付更多的钱来购买其产品。海尔集团的家电产品很少卷入价格战，一直维持其同类产品中的较高价格，但其销售却一直稳定增长，就体现了其产品"优质高价"的定位。

（2）质高价低。一些企业将质高价低作为一种竞争手段，用以加深市场渗透，提高市场占有率。

例 6-30　质高价低定位法

格兰仕集团就是采用这种定位方式，快速地占领了我国的微波炉市场，并一直保持着50％以上的极高市场占有率。这时，企业向顾客传递的信息是顾客所花的每分钱都能获取更大的价值，即"物超所值"。采用这种定位方式，企业要重视优于价格水平的产品质量的宣传，而不能只宣传产品的低价，否则就会造成产品在顾客心目中定位降低，从而造成定位失败。

6. 产品档次定位法

产品档次定位法是指企业在选择目标市场时常根据本企业的产品档次来选择。现实中，常见的是高档次定位策略，高档次的品牌传达了产品高品质的信息，往往通过高价位来体现其价值，并被赋予很强的表现意义和象征意义。

例 6-31　产品档次定位法

名牌手表劳力士、积家和上百万元一块的江诗丹顿能给消费者独特的精神体验和表达"高贵、成就、完美、优雅"的形象和地位；派克钢笔也是采用高档次定位大获成功的一个经典案例，采用高档次定位策略，使它从一般大众化的实用品成为一种显示高贵社会地位的象征。

7. 使用者类型定位法

使用者类型定位法是指企业以市场细分为前提针对某个子市场或某些特定消费者进行促销，使这些消费者认为企业的产品是特地为他们生产而且适合他们使用，从而满足他们的心理需要，促使他们对企业产生信任感。

例 6-32　使用者类型定位法

金利来品牌定位为"男人的世界"；哈药集团的护彤定位为"儿童感冒药"；百事可乐定位为"青年一代的可乐"等，都是使用者类型定位法的运用。

重要信息 6-4　　　　　　　　影响市场定位的因素

（1）产品属性。每个产品都有其不同的属性,企业可以依据产品鲜明的属性特征定位。例如,感冒药"白加黑"的产品属性特征是白天服用白色的药片,晚上服用黑色的药片。

（2）产品性价比。产品性价比是一种产品区别于另一种产品的重要特征,基于产品性价比优势进行市场定位是一个有效的战略选择方式。例如,"康师傅"方便面定位为高性价比产品。

（3）产品功能。强调产品的独特的功能会吸引相当一部分消费者,原因在于现在的消费者越来越追求独特功能的产品。例如,手机的智能化。

（4）使用者。该种定位基础关注的是使用者的个性特征和类型。不同的用户类型对产品有不同的需求,那么,不同类型的产品应适应不同的用户。例如,航天员手表。

（5）产品类别。企业也可以根据产品类别的不同(如餐饮类、卫生用品类等)进行产品的市场定位,以突出不同产品种类的差异。

（6）竞争者。针对竞争者对手的定位去确立企业产品的市场定位也是一种有效的定位方法。在快餐业,麦当劳与肯德基是一对强劲的竞争对手,针对麦当劳服务标准化的定位特点,肯德基提出了"鸡肉烹调专家"的差异定位策略。

课堂测评

测评要素	表 现 要 求	已达要求	未达要求
知识掌握	能掌握市场定位的含义		
技能掌握	能初步认识市场定位的操作		
任务内容整体认识程度	能概述市场定位的意义		
与职业实践相联系程度	能描述日常生活中的市场定位表现		
其他习得	能描述与其他课程、职业活动等的联系		

任务 6 小结

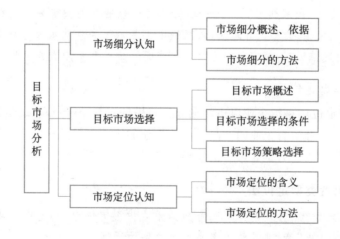

教学做一体化训练

一、重要名词

市场细分　　目标市场　　市场定位

二、课后自测

（一）单项选择题

1. 市场细分是一个（　　）的过程。

A. 聚合　　　　　B. 分解　　　　　C. 分析　　　　　D. 研究

2. 不易体现可衡量原则的市场细分标准是（　　）。

A. 年龄　　　　　B. 民族　　　　　C. 性别　　　　　D. 性格

3. 目标市场应有足够的吸引力主要指的是（　　）。

A. 市场足够大　　B. 市场规模很大　　C. 市场购买力强　　D. 市场前景光明

4. 关于无差异市场营销策略说法正确的是（　　）。

A. 具有经济性　　　　　　　　　B. 不利于标准化

C. 不利于大规模生产　　　　　　D. 不利于降低生产成本

5. 利益定位法中的"利益"指的是（　　）。

A. 购买者获得的利益　　　　　　B. 厂商的利益

C. 产品的利益　　　　　　　　　D. 中间商的利益

（二）多项选择题

1. 地理细分标准因素包括（　　）。

A. 地形　　　　　B. 气候　　　　　C. 城乡　　　　　D. 交通运输

E. 人口密度

2. 企业可以考虑的目标市场模式有（　　）。

A. 市场集中化　　B. 产品专业化　　C. 市场专业化　　D. 选择专业化

E. 全市场覆盖

3. 竞争者数目很少时,可以采取（　　）。

A. 无差异市场营销策略　　　　　B. 差异性市场营销策略

C. 集中性市场营销策略　　　　　D. 选择性市场营销策略

4. 市场定位的形式包括（　　）。

A. 产品差别化　　B. 服务差别化　　C. 人员差别化　　D. 形象差异化

5. 从市场竞争的角度,市场定位方法有（　　）。

A. 避强定位法　　B. 迎头定位法　　C. 重新定位法　　D. 选择性定位法

（三）判断题

1. 无选择性策略和选择性市场策略都是以整个市场为目标市场,为整个市场服务的。

（　　）

2. 目标市场营销是市场细分的基础。（　　）

3. 市场细分是对企业产品进行分类。（　　）

4. 选择性市场策略的优点是能节省各项成本和费用。(　　)

5. 市场定位可分为对现有产品的再定位和对潜在产品的预定位。(　　)

(四)简答题

1. 市场细分对企业有什么重要意义?

2. 进行消费者市场细分的依据主要有哪些?

3. 目标市场营销策略有多少种?

4. 简述完整的市场定位过程。

5. 企业市场定位策略有哪些?

(五)案例分析

荣事达电冰箱公司曾推出一款号称"全能冰箱"的新产品,即采用多重利益定位的方法,宣称该款冰箱具有"全无氟""长寿命""节能""静音""新造型""保鲜""抗菌"等优异特征及 31 项独特功能,拥有 8 项专利技术,成为综合性能较佳的"全能好手"。

荣事达电冰箱公司是荣事达集团公司与美国美泰克公司建立的合资企业,厂房建设堪称国际一流,设备先进程度在国际范围内处于领先地位,优化更是精益求精。在两年的产品设计研制过程中,荣事达工程技术人员与美方技术人员更是努力研发世界高新技术,并充分考虑我国国情,使荣事达电冰箱确实能具备上述种种独特功能。

制冷剂采用 R-134a,发泡剂采用环戊烷,均是国际上规定的 CFC 的长期替代物质,实现了"双绿色、全无氟"。"心脏"部件——压缩机采用目前世界上销量最大的恩布拉科公司生产的高效循环的往复式压缩机,可有效实现节能和静音。拥有亚洲地区唯一的双线平板喷涂生产线,可对箱体进行三种涂层保护,抗蚀防锈。采用进口的发泡设备,可实现门体整体发泡,门胆与门壳成为一体,无需螺钉固定,不仅美观,而且大大提高了门体密封的可靠性,增强了箱体的强度和刚性,结实耐用且不易变形。生产线上,充氮、氮检、焊接等工序选用的是意大利和德国进口的国际一流设备,在安全检测准确性方面可达到高于国家标准的要求。荣事达还斥资建立了高度自动化商检房,可对冰箱的制冷性能、外观等指标进行综合检测。

然而,我国电冰箱市场上的其他诸多电冰箱生产厂家,大多采用单一利益定位的方法。各个品牌的电冰箱只选出一个自己最具优势和独特性的属性,通过各种广告媒体反复突出这些诉求,以招徕广大的消费者。市场上各品牌冰箱单一利益定位的诉求主要有"省电冰箱""抗菌冰箱""电子冰箱""双绿色、全无氟冰箱""保健冰箱"等。

(资料来源:世界经理人论坛,2005.11.1)

问题:

1. 你认为电冰箱这类性质的商品,一般适于采用单一利益定位还是多重利益定位?

2. 荣事达冰箱的多重利益定位是恰到好处还是过宽?

3. 你认为上述各种品牌包括荣事达所提出的各种差异化诉求,哪些是最有意义或哪些意义不大?

(六)同步实训

□ **同步实训 6-1:市场细分认知**

实训目的:认识市场细分的依据与标准,理解其实际意义。

实训安排：

1. 学生分组，选定一种日用品（如牙膏、香皂等），分析厂家的细分策略。

2. 讨论其市场细分标准，为进一步做好市场细分提出对策建议。

3. 选择部分学生制作 PPT 进行展示，并组织讨论与评析。

实训总结：学生小组交流不同分析结果，教师根据分析（文案）报告、PPT 演示、讨论分享中的表现分别给每组进行评价打分。

□ **同步实训 6-2：目标市场选择认知**

实训目的：认识目标市场选择的依据与方法，理解其实际意义。

实训安排：

1. 学生分组，选定一种日用品生产厂家，分析并概括其目标市场的有关情况。

2. 讨论其目标市场选择的策略，并提出进一步做好目标市场选择的对策建议。

3. 选择部分学生制作 PPT 进行展示，并组织讨论与评析。

实训总结：学生小组交流不同分析结果，教师根据分析（文案）报告、PPT 演示、讨论分享中的表现分别给每组进行评价打分。

□ **同步实训 6-3：市场定位认知**

实训目的：认识市场定位的内容与方法，理解其实际意义。

实训安排：

1. 学生分组，选择康师傅与统一两个品牌的方便面，分析并概括这两个品牌商品的市场定位情况。

2. 讨论其市场定位策略，并提出进一步做好市场定位选择的对策建议。

3. 选择部分学生制作 PPT 进行展示，并组织讨论与评析。

实训总结：学生小组交流不同分析结果，教师根据分析（文案）报告、PPT 演示、讨论分享中的表现分别给每组进行评价打分。

目标市场细分
课堂思政

课程思政园地

国际在线 2022 年 1 月 14 日报道，中华人民共和国海关总署 14 日发布的数据显示，2021 年我国外贸规模首次突破 6 万亿美元。东盟继续保持我国第一大贸易伙伴地位，我国对"一带一路"沿线国家进出口增长超过两成。

中华人民共和国海关总署新闻发言人、统计分析司司长李魁文表示，2021 年，我国经济发展和疫情防控保持全球领先地位，外贸进出口实现较快增长，规模再创新高、质量稳步提升。他指出，我国与主要贸易伙伴进出口均实现稳定增长，前五大贸易伙伴依次为东盟、欧盟、美国、日本和韩国。对"一带一路"沿线国家进出口增速更快，具体主要呈现以下几个特点。"一是贸易规模稳步提升。二是产业链供应链合作更加密切。2021 年出口汽车零配件、纺织品、锂电子蓄电池分别增长 26.7%、14.1% 和 50.4%。三是能源、农业、矿产等领域合作向好。四是民营企业表现活跃。"

2021 年，面对新冠肺炎疫情蔓延、贸易保护主义抬头、国际产业链供应链加速重构等严峻复杂的国际形势，我国外贸交出亮眼成绩单，也进一步展示了外贸较强的韧性。

思考:我国为什么要将"一带一路"国家确立为目标市场?

学生自我总结

通过完成任务 6 目标市场分析,我能够做如下总结:

一、主要知识

概括本任务的主要知识点:
　　1.
　　2.

二、主要技能

概括本任务的主要技能:
　　1.
　　2.

三、主要原理

你认为,认识目标市场的意义是:
　　1.
　　2.

四、相关知识与技能

你在完成本任务后掌握的相关知识与技能:
　　1. 市场细分的主要依据有:
　　2. 目标市场选择策略的主要内容有:
　　3. 市场定位的主要方法包括:

五、成果检验

你在完成本任务后取得的学习成果:
　　1. 完成本任务的意义有:
　　2. 学到的知识或技能有:
　　3. 自悟的知识或技能有:
　　4. 你对目标市场分析的看法是:

项目四
市场营销策略选择

　　成语"双管齐下"说的是唐代一位画家高超的技艺,由此引申出了另外一个词"多措并举",意思是多种措施同时实施。市场营销活动策略也是这样。

　　企业在选定目标市场的基础上,开始筹划后续的一系列营销活动。这时,就应该综合考虑环境、能力、竞争状况,以及企业自身可以控制的因素,并加以最佳组合和运用,来实现企业的目的与任务。这就是营销策略,但不是一种策略,而是多种策略的组合,即营销组合策略(4ps 组合)。

　　所有的营销者不应忘记,产品(Product)、价格(Price)、分销(Place)、促销(Promotion)是自己企业的可控因素。在确定营销组合时,不仅更为具体和实用,还相当灵活;不但可以选择四个要素之间的最佳组合,而且可以恰当安排每个要素内部的组合。

任务 7　产品策略分析

学习目标

1. 知识目标
(1) 认识产品的概念。
(2) 认识产品组合的概念。
(3) 认识产品形象设计的含义。
2. 能力要求
(1) 能理解产品整体的含义。
(2) 能理解新产品开发的意义。
(3) 能完整表述产品形象设计的意义。
3. 思政目标
(1) 增强民族自豪感。
(2) 增强品牌自信。
(3) 激发爱国热情。

任务解析

根据市场营销职业工作过程活动顺序,这一学习任务可以分解为以下子任务。

产品策略分析
课前阅读

营销故事

提起伴随童年时代的动画片,你首先会想到哪一部?《猫和老鼠》《喜洋洋和灰太狼》《熊出没》《蝙蝠侠》,等等,你可能如数家珍。但是,如果问你觉得哪一部印象最深刻呢?你可能会说,是《猫和老鼠》。的确,这部美国动画片给一代又一代不同年龄、不同国家的观众带来了无数欢乐。猫和老鼠也成为美国动画史上极受欢迎的角色之一。

动画形象太深入人心,现实生活中,我们也有这样的感觉。一提到 vivo 手机,就想到了其代言人宋仲基。由于 vivo 手机主要针对年轻时尚用户,此番找来宋仲基代言也是情理之中的事情。提到 OPPO 手机,就会想到目前人气颇高的明星,如李易峰、杨洋、杨幂及TFBOYS 组合,这些明星集体为 R9 和 R9 Plus 代言。

显然,这样做的结果,一方面让年轻消费者很快就记住了这些手机品牌;另一方面也在这些消费者心目中树立起这些品牌的手机外观大气时尚,完全符合年轻消费群体追求的形象特征。

市场研究公司赛诺(Sino)发布了 2016 年上半年中国智能手机 Top 20 品牌销量报告。数据显示 2016 年上半年国内智能手机整体市场销量为 2.5 亿,其中华为销售量达 4377万,坐稳国内市场的头把交椅,OPPO 以 2902 万的销量列第二位。

读后问题:

1. 文中主要内容想要说明什么?
2. 为什么要请明星代言产品?
3. 你认为明星对你的购买行为影响大吗? 为什么?
4. 你自己熟悉的产品形象还有哪些?

7.1 产品的认识

营销人员做产品策略分析,首先要认识产品。那么,什么是产品? 什么又是产品策略呢? 产品策略对于企业来讲又意味着什么呢?

企业市场营销活动与社会需要的统一直接体现在其产品上,企业与市场的关系也是由产品来连接的。因此,产品策略的制定是企业市场营销工作的重要内容。那么,什么是产品策略呢?

 重要名词 7-1

产品策略

企业在制定经营战略时,首先要明确自己能够提供什么样的产品和服务去满足消费者的需求,这就是产品策略。产品策略是市场营销 4P 组合的核心,是价格策略、分销策略和促销策略的基础,从一定意义上讲,企业成功与发展的关键在于产品满足消费者的需求的程度及产品策略正确与否。

企业在其产品策略确定之后,在实施中会采取一系列有关产品本身的具体营销策略,如商标、品牌、包装、产品定位、产品组合、产品生命周期等方面的具体措施。

7.1.1 产品认知

企业的一切生产经营活动都是围绕着产品进行的,如何开发满足消费者需求的产品,并将产品迅速、有效地传送到消费者手中,构成了企业营销活动的主体。那么,产品是什么呢?

1. 产品

一般意义上,产品是指具有某种物质形状能提供某种用途的物质实体。这种概念仅仅指产品的实际效用,这里的产品是有形的、具体的。在这种观念下,企业往往将注意力只放在产品品质的改进上,而忽略了消费者的其他需求。

在消费者调查分析过程中,营销人员慢慢发现,消费者购买某种实体产品,并不是为了占有或获得产品本身,而是为了获得能满足某种需要的效用或利益。如我们购买钢笔是用来写字,买汽车是为了代步,买汉堡是为了充饥,买化妆品是希望美丽,等等。

显然,我们所理解的产品概念不应该只是一般意义那么简单。

2. 整体产品

随着时代的发展,消费者的消费需求也在不断发生着变化,这种变化促使产品的内涵与外延也处于变化之中。从内涵来看,产品从有形实体扩大到服务、人员、地点、组织和观念;从外延来看,产品从实质产品向形式产品、附加产品发展。

现代市场营销理论认为,整体意义上的产品包含实质产品、形式产品、附加产品和心理产品四个层次,也就是营销理论中产品的整体概念。如图 7-1 所示。

(1) 实质产品。实质产品也称核心产品,是指向消费者提供的、最基础的效用和性能,也是消费者购买某种产品时所追求的利益,是消费需求中最核心的部分。因此,实质产品在产品整体概念中也是最基本、最主要的内容。事实上,在日常生活中我们也常常遇到这样的情况,一般消费者购买某种产品并不是为了简单占有或获得产品本身,而是为了获得能满足某种需要的效用或利益。如前所述的购买钢笔、自行车、汉堡、化妆品等。

营销人员在进行开发产品、宣传产品等职业活动时,应特别强调产品能提供的利益,产品才具有吸引力。

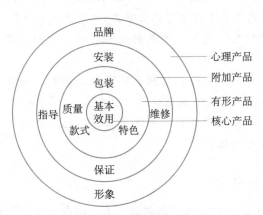

图 7-1 产品的整体概念图

(2) 形式产品。形式产品也称有形产品,是指产品的形体,也是核心产品借以实现的各种具体形式,即向市场提供的实体和服务的外观或形象。这些外观或形象体现为能让消费者识别的面貌,一般由产品质量水平、外观特色、式样、品牌名称和包装等因素构成。

营销人员应首先着眼于顾客购买产品时所追求的利益,以求更完美地满足顾客需要,从这一点出发再去寻求利益得以实现的形式,进行产品设计。

(3) 附加产品。附加产品是消费者购买产品时所获得的全部附加服务和利益,包括提供信贷、免费送货、保证、安装、售后服务等。附加产品的概念来源于对市场需要的深入认识。因为购买者的目的是满足某种需要，因而他们希望得到与满足该项需要有关的一切。

营销人员一定要注意，附加产品有利于引导、启发、刺激消费者购买、重复购买和增加购买。

（4）心理产品。心理产品指产品的品牌和形象提供给顾客心理上的满足。产品的消费往往是生理消费和心理消费相结合的过程，随着人们生活水平的提高，人们对产品的品牌和形象看得越来越重，因而它也是产品整体概念的重要组成部分。

重要信息 7-1　　　　　　　　　　产品的分类

（1）按产品的用途可划分为消费品和工业品

消费品是直接用于满足最终消费者生活需要的产品，工业品则由企业或组织购买后用于生产其他产品。两者在购买目的、购买方式及购买数量等方面均有较大的差异。

（2）按消费品的使用时间长短可划分为耐用品、半耐用品和非耐用品

耐用品的最大特点在于使用时间长，且价格比较昂贵或者体积较大。所以消费者在购买时都很谨慎，重视产品的质量及品牌，对产品的附加利益要求较高。

半耐用品的特点在于能使用一段时间，因此消费者不需经常购买，但购买时对产品的适用性、样式、色彩、质量和价格等基本方面会进行有针对性的比较、挑选。如大部分纺织品、服装、鞋帽，一般家具等。

非耐用品的特点是一次性消耗或使用时间很短，因此消费者需要经常购买，并且希望能方便及时购买。企业应在人群集中，交通方便的地区设置零售网点。

（3）按产品之间的销售关系可分为独立产品、互补产品和替代产品

独立产品即产品的销售不受其他产品销售的影响。比如钢笔与手表、电视机与电冰箱等都互为独立产品。

互补产品即产品与相关产品的销售相互依存相互补充。一种产品销售的增加（或减少）就会引起相关产品销售的增加（或减少）。

替代产品即两种产品之间销售存在着竞争关系。也就是说，一种产品销售量的增加会减少另外一种产品潜在的销售量。

7.1.2　产品组合认知

一般情况下，企业不可能只经营一种商品。因为产品和人的自然生长一样，都有一个从成长到衰退的过程。所以，企业往往通过经营多个商品，来达到化解经营风险的目的。

1. 产品组合的含义

产品组合也叫产品搭配，是指一个企业提供给市场的全部产品的大类项目组合。它反映了一个企业的全部产品项目和产品线系列构成，也是一个企业生产经营的所有产品在品种、规格、经营范围上的构成。

（1）产品线。产品线也称产品系列或产品大类，是指在技术和结构上密切相关，具有类似功能、规格，能满足同类需求的一组产品，里面一般包括多个产品项目。

例 7-1　格力的生产线

格力有家用空调生产线、中央空调生产线、热水器、电饭煲生产线等。这些生产线中又有许多不同规格、满足不同需求的空调、热水器、电饭煲产品。

（2）产品项目。产品项目是指产品内不同品牌、规格、式样、型号、质量和价格的特定产品。

例 7-2　格力的产品项目

格力的家用空调系列中就有挂式空调、柜式空调、特种空调等多个产品项目。

在一个企业中，可以只有一个产品线，也可以有几个产品线，每个产品线中产品项目数量也各有不同。产品项目是构成产品线的基本元素。

2. 产品组合的方式

产品组合的方式是指由产品组合的宽度、长度、深度及关联度四个方面。

（1）产品组合的宽度。产品组合的宽度是指企业产品线的总数，即有多少产品大类。企业的产品线众多，可以称作宽产品线；反之，叫作窄产品线。

宽产品线的产品组合有利于企业从多方面去满足消费者的需求，增加销售额，提高经济效益；充分利用人、财、物，挖掘生产和经营潜力，减少市场变化所带来的风险。窄产品线的产品组合，有利于企业集中各方面的资源，提高产品质量，提高专业水平，降低成本，加速资金周转，增加盈利。

例 7-3　产品组合的宽度

兴隆日用化工有限公司拥有牙膏、肥皂、洗涤剂、卫生球、清凉油五条生产线，则其产品组合的宽度是五条生产线。

（2）产品组合的长度。产品组合的长度是指企业每一产品线的产品项目的总数。企业某一产品中产品的项目较多意味着其组合较长；相反，项目较少则意味着产品组合较短。

产品组合较长，能在市场细分的基础上扩大目标市场，提高市场占有率，就可能实现小批量、多品种生产，资金周转快，有利于提高经济效益；产品组合较短，便于集中力量发挥企业专长，创名牌产品，吸引顾客，增加销量，也可以实现大批量、少品种生产，降低成本，增加效益。

例 7-4　产品组合的长度

上述日化企业产品组合中，牙膏有 5 种，肥皂 3 种，洗涤剂 6 种，卫生球 8 种，清凉油 5 种，共有 27 个产品品种（总长度）。

（3）产品组合的深度。产品组合的深度是指产品线中每一产品有多少品种。产品组合的长度和深度反映了企业满足各个不同细分子市场的程度。增加产品项目，增加产品的规格、型号、式样、花色，可以迎合不同细分市场消费者的不同需要和爱好，招徕、吸引更多顾客。

例 7-5　产品组合的深度

上述日化企业产品组合中有 5 种牙膏产品，其中一种牙膏有 3 个规格，2 个配方，则其产品组合深度是 6。

（4）产品组合的关联度。产品组合的关联度是指各生产线的最终用途、生产条件、分销渠道等方面相互关联的程度。

例 7-6　产品组合的关联度

上述日化企业五条生产线中的 27 个产品品种在用途、生产条件等方面，关联程度较高。如果该公司还生产汽车，那么，汽车生产线与日化用品生产线关联度就很低。

营销实务 7-1　　　　　　　格力多元化品牌策略

如今，很多人一提到空调就会想到格力，目前国内空调市场竞争激烈，而格力表现突出。对此，陈自立表示，从一个年产值不到 2 000 万元的小厂到全球大型的专业化空调企业，二十多年间，格力电器完成了一个国际化家电企业的成长蜕变。在塑造品牌形象的过程中，格力坚持与时俱进的品牌思路，针对不同阶段的市场需求及社会现实，格力给品牌不断"注入"新的理念，希望塑造一个品质卓越、技术领引、责任担当的品牌形象。

近些年来，格力从只做空调发展到了一定程度上的多元化，而其他产品类别多使用子品牌，例如大松、晶弘等。陈自立表示，在空调领域和家用电器领域上，格力致力于打造世界级品牌，形成格力特有的"以主带副，共同发展"的多元化品牌格局。

评析：海尔是单品牌策略，格力正好与海尔是差异化策略，产品组合宽度、长度方面，两家公司也有较大的不同。

7.1.3　产品生命周期认知

1. 产品生命周期的含义

一种产品进入市场后，它的销售量和利润都会随时间推移而改变，呈现一个由少到多，再由多到少的过程。就如同人的生命一样，由诞生、成长到成熟，最终走向衰亡，这就是产品的生命周期现象。产品退出市场并非质量或其他方面的原因，而是由于出现了强有力的竞争对手，使其逐渐失去魅力，最终被市场淘汰。

 重要名词 7-2

产品生命周期

产品生命周期是指产品从进入市场开始，直到最终退出市场为止所经历的市场生命循环过程。典型的产品生命周期一般可分为四个阶段，即介绍期（或引入期）、成长期、成熟期和衰退期。如图 7-2 所示。

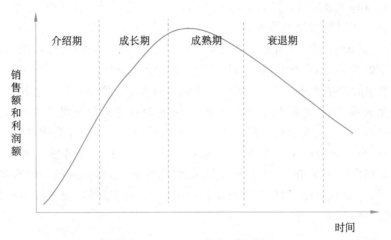

图 7-2　产品生命周期曲线图

（1）介绍（引入）期。新产品投放市场，便进入介绍期。这一阶段，消费者对产品还不了解，只有少数追求新奇的消费者可能购买，销售量很低。为了扩展销路，需要大量的促销费用，对产品进行宣传。在这一阶段，由于技术方面的原因，产品不能大批量生产，因而成本高，销售额增长缓慢，企业获利较少，甚至可能亏损。

（2）成长期。这一阶段，消费者对产品已经熟悉并接受，大量的消费者开始购买，市场逐步扩大。产品已定型并大批量生产，生产成本相对降低，企业的销售额迅速上升，利润也迅速增长。竞争者看到有利可图，将纷纷进入市场参与竞争，使同类产品供给量增加，价格随之下降，企业利润增长速度逐步减慢，最后达到生命周期利润的最高点。

（3）成熟期。这一阶段，产品工艺、质量稳定，市场需求趋向饱和，潜在的顾客已经很少，销售额增长缓慢直至转而下降，标志着产品进入了成熟期。在这一阶段，竞争逐渐加剧，产品售价降低，促销费用增加，企业利润下降。

（4）衰退期。这一阶段，随着科学技术的发展，新产品或新的代用品出现，将使顾客的消费习惯和兴趣发生改变，转向其他产品，从而使原来产品的销售额和利润额迅速下降。多数企业无利可图，竞争者纷纷退出市场。

2. 产品生命周期各阶段营销策略

（1）介绍期营销策略。根据这一阶段的特点，企业应努力做到"快"字当先。投入市场的产品要有针对性，进入市场的时机要合适，应尽快让消费者接受产品，以此来缩短介绍期更快地进入成长期。可采取的措施有：想方设法扩大产品知名度，占领市场；以高价格、高促销费用推出新产品，尽快收回投资；也可以低价格、高促销费用推出新产品，以最快的速度打入市场，取得更高的市场占有率。

（2）成长期营销策略。新产品经过市场介绍期以后消费者对该产品已经熟悉，消费习惯业已形成，销售量迅速增长。这一阶段，企业应努力做到"好"字当先，提高产品的竞争能力，满足顾客更广泛的需求，吸引更多的顾客。可以采取的策略有：进一步对产品进行改进；寻找新的细分市场；改变广告宣传的重点；适时降价。

（3）成熟期的营销策略。进入成熟期以后，产品的销售量增长缓慢，逐步达到最高峰，然后缓慢下降。这时的市场竞争非常激烈，各种品牌、各种款式的同类产品不断出现。这一阶段，企业应该做到"改"字当先。可以采取的策略有：开发新的目标市场；改革产品，吸引有不同需求的顾客；加大产品促销力度，刺激销售量的回升。

（4）衰退期的营销策略。这一阶段，产品销售量急剧下降，企业从这种产品中获得的利润很低甚至为零，大量的竞争者退出市场，说明消费者的消费习惯已发生改变。面对处于衰退期的产品，企业应该做到"变"字当先。可以采取的策略有：维持策略，继续沿用过去的营销策略，直到这种产品完全退出市场为止；集中策略，把企业能力和资源集中在最有利的细分市场和分销渠道上，从中获取利润；收缩策略，抛弃无希望的顾客群体，大幅度降低促销水平，尽量减少促销费用，以增加目前的利润；放弃策略，对于衰退比较迅速的产品，应该当机立断，放弃经营。

重要信息 7-2	制定产品组合策略的意义

产品组合策略是指企业根据市场需要及自身条件，选择适当的产品组合宽度、长度和关联度来确定经营规模和范畴的策略。通常，企业采用的产品组合策略有以下几种。

（1）扩大产品组合策略。扩大产品组合策略包括开拓产品组合的宽度和加强产品组合的长度。前者是指在原有产品组合中增加产品线，扩大产品经营范围；后者是在原有产品线内增加新的产品项目，发展系列产品。一般来说，扩大产品组合能够使企业更充分、更合理地利用人、财、物资源，挖掘企业潜力，分散风险，增强竞争能力。

（2）缩小产品组合策略。当市场繁荣时，较广较长的产品组合会给企业带来更多的盈利机会。但是当市场不景气时，缩短产品线反而能使成本降低，总利润上升。

（3）产品延伸策略。产品延伸策略是指全部或部分地改变企业原有产品的市场定位，包括向下延伸、向上延伸和双向延伸三种实现方式。所谓向下延伸，是指在高档产品线中增加低档产品项目。而在原有的产品线内增加高档产品项目，就是向上延伸。双向延伸就是定位于中档产品市场的企业在占据市场优势后，把产品线向上下两个方面延伸。

制定合理的产品营销策略，有助于企业增强竞争实力，进而提高企业的经济效益。当然，产品组合策略也不是一劳永逸的，应根据企业资源的占有情况、市场需求的变化情况和竞争的最新态势随时加以调整。

课堂测评

测评要素	表 现 要 求	已达要求	未达要求
知识掌握	能掌握产品的含义		
技能掌握	能初步认识产品策略的操作		
任务内容整体认识程度	能概述整体产品的意义		
与职业实践相联系程度	能描述日常生活中的产品策略的表现		
其他习得	能描述与其他课程、职业活动等的联系		

7.2　对新产品的认识

在全面理解产品的基础上,提出新产品开发的策略建议是一项事关企业前途的重要工作,继续占领并扩大市场,维护自身竞争地位的需要。那么,什么是新产品呢?

7.2.1　新产品认知

一般来讲,新产品分为全新型新产品、换代型新产品、改进型新产品、仿制型新产品四大类。进行新产品开发,首先应该定位新产品属于哪一类。

1. 全新型新产品

全新型新产品是指应用新原理、新技术、新结构、新材料研制成功的前所未有的新产品,即新发明、新创造的产品。

例 7-7　全新型新产品

历史上电灯、电话、汽车、飞机、电视机、计算机、抗生素、激光唱片、尼龙袜等的研制成功并投入使用在当时就属全新型新产品。这类新产品往往伴随着科学技术的重大突破而诞生。

2. 换代型新产品

换代型新产品是指在原有产品的基础上,部分采用新技术、新材料、新元件等,使结构性能有显著提高的产品。

例 7-8　换代型新产品

最原始的手机"大哥大"只有拨号功能,铃声也十分单调。随着时代的变迁,随之更新的蓝屏手机、彩屏手机、和弦铃声、智能手机至今,人们使用的手机无所不能,导航、上网、购物、订票、GPS 跟踪定位都是随着人们的需求更新的各种软件设施。

3. 改进型新产品

改进型新产品是指对老产品在质量、结构、功能、材料、花色品种等方面做出一定改进的产品。主要谋求性能更加良好,结构更加合理,精度更加提高,功能更加齐全,式样更加新颖,材料更加易于获得,成本有较大降低,耗费减少,节约能源等。改进型新产品可以是对原有产品进行适当的改进,也可以是原有产品派生出来的变型产品。

例 7-9　改进型新产品

与上一代 iPhone11 相比,新款 iPhone12 外形上没有太大变化,只是正面刘海变小了,听筒上移减少了占用的面积。同时再加上封装工艺的升级,iPhone13 的屏占比和显示效果将会有所提升。

4. 仿制型新产品

仿制型新产品是指市场上已经存在,而本国、本地区或本企业初次仿制并投入市场的产品。这种产品对较大范围的市场来说已不是新产品，但对企业来说，使用新工艺、新设备生产出来的与原有产品不同的产品，仍然可以作为企业的新产品。目前，我国企业中不少新产品都属于仿制型新产品之列。

 **例 7-10　仿制型新产品**

浙江吉利汽车有限公司曾经以仿制生产起家，如今产品已经发生了脱胎换骨的变化。曾经制造了"吉利豪情""吉利美日""优利欧"，吉利汽车在李书福这个被人们称为"造车狂人"的带领下，正向着日后享誉中国，名扬海外的目标一步步迈进。

7.2.2　新产品开发方式认知

企业开发新产品，选择合适的方式很重要。选择得当的符合企业实际的开发方式，就能少承担风险，更容易获得成功。新产品开发的方式一般有独创方式、引进方式、结合方式和改进方式四种。

重要名词 7-3

新产品开发

新产品开发是指从研究适应市场需要的产品开始到产品设计、工艺制造设计，直到投入正常生产的一系列决策过程。新产品开发既包括新产品的研制，也包括原有的老产品改进与换代，是企业研究与开发的重点内容，也是企业生存和发展的战略核心之一。

1. 独创方式

独创方式是指企业开发新产品最根本的途径是自行设计、自行研制。采用这种方式开发新产品，有利于产品更新换代及形成企业的技术优势，也有利于产品竞争。自行研制、开发产品需要企业建立一支实力雄厚的研发队伍、一个深厚的技术平台和一个科学、高效率的产品开发流程。

2. 引进方式

技术引进是开发新产品的一种常用方式。企业采用这种方式可以很快地掌握新产品制造技术，减少研制经费和投入的力量，从而赢得时间，缩短与其他企业的差距。但引进技术不利于形成企业的技术优势和企业产品的更新换代。

3. 改进方式

改进方式是以企业的现有产品为基础，根据用户的需要，采取改变性能、变换形式或扩大用途等措施来开发新产品。采用这种方式可以依靠企业现有设备和技术力量，开发费用低，成功把握大。但是，长期采用改进方式开发新产品，会影响企业的发展速度。

4. 结合方式

结合方式是指运用独创与引进相结合的方式，进行新产品开发。

7.2.3　新产品开发程序认知

新产品开发一般包括调查研究、构思创意、设计生产、上市销售等步骤。

1. 调查研究

开发新产品必须认真做好调查计划工作。这个阶段主要是提出新产品构思,以及新产品的原理、结构、功能、材料和工艺方面的开发设想和总体方案。

2. 构思创意

新产品开发是一种创新活动,产品创意是开发新产品的关键。新产品创意包括三个方面的内容:产品构思、构思筛选和产品概念的形成。

(1) 产品构思。产品构思是在市场调查和技术分析的基础上,提出新产品的构想或有关产品改良的建议。

(2) 构思筛选。并非所有的产品构思都能发展成为新产品。有的产品构思可能很好,但与企业的发展目标不符合,因此必须对产品构思进行筛选。

(3) 产品概念形成。经过筛选后的构思仅仅是设计人员或管理者头脑中的概念,离产品还有相当的距离。产品概念的形成过程实际上就是构思创意与消费者需求相结合的过程。

3. 设计生产

这一阶段主要工作包括:产品设计、试制和技术准备。产品设计是指从确定产品设计任务书起到确定产品结构为止的一系列技术工作的准备和管理,是产品开发的重要环节,是产品生产过程的开始。产品设计完成后,要进行试制,并做相应的技术准备。

4. 上市销售

在这个阶段,不仅需要做好生产计划、劳动组织、物资供应、设备管理等一系列工作,还要考虑如何把新产品引入市场,如研究产品的促销宣传方式、价格策略、销售渠道和提供服务等方面的问题。新产品的市场开发既是新产品开发过程的终点,又是下一代新产品再开发的起点。

重要信息 7-3	新产品开发应有的特征

成功开发的新产品应具有以下特征。

(1) 微型化、轻便化。在保障质量的前提下使产品的体积变小、重量变轻,以便移动。

(2) 多功能化。使新产品具有多种用途,既方便购买者的使用,又能提高购买者的购买兴趣。

(3) 时代感强。新产品能体现时代精神,培植和引发新的需求,形成新的市场。

(4) 简易化。尽量在结构和使用方法上使使用者方便和容易维修。

(5) 利于保护环境,新产品属节能型,或对原材料的消耗很低,或者有利于保护环境,对"三废""三害"的消除有效。

(6) 适应性强。新产品必须适应人们的消费习惯和人们对产品的观念。

（7）相对优点突出。新产品相对于市场原有的产品来说具有独特的长处，如性能好、质量高、使用方便、携带容易或价格低廉等。

课堂测评

测评要素	表 现 要 求	已达要求	未达要求
知识掌握	能掌握新产品的含义		
技能掌握	能初步认识新产品开发的操作		
任务内容整体认识程度	能概述新产品开发的意义		
与职业实践相联系程度	能描述日常生活中的新产品的市场表现		
其他习得	能描述与其他课程、职业活动等的联系		

7.3 产品形象的策划

产品形象是以产品设计为核心而展开的系统形象设计，是企业总体形象的具体化。产品形象由产品的视觉形象、产品的品质形象和产品的社会形象三方面构成。产品形象能够起到提升、塑造和传播企业形象的作用。

下面，我们分别从品牌策划与包装策略两个方面说明产品形象设计的实践意义。

7.3.1 品牌策划

品牌是企业整体产品的重要组成部分。品牌不仅有利于销售，而且可以增加产品的价值。现实消费活动中，"指牌购买"已经成为重要的购买方式，品牌已成为市场经营者不可或缺的重要工具。

据国家知识产权局 2022 年 7 月 12 日在国新办举行的新闻发布会消息，截至 2022 年 6 月底，我国有效注册商标已超 4 000 万件，同比增长 20.9％，商标工作有效维护了公平竞争的市场秩序，为经济社会全面协调可持续发展发挥了积极作用。7 月 26 日，世界品牌实验室发布的 2022 年《中国 500 最具价值品牌》中，已有 62 个中国品牌入选。

 重要名词 7-4

品牌策划

品牌策划是指借助一定科学方法和艺术的设计，使企业品牌或产品品牌在消费者脑海中形成一种个性化的区隔，并使消费者与企业品牌或产品品牌之间形成统一的价值观，从而建立起自己的品牌声浪。

1. 品牌的含义

品牌是指用来识别某个企业的产品或服务的名称、术语、标记、符号、图案或其组合。实际上表现为消费者对其产品及产品系列的认知程度。品牌是一个集合概念，由品牌名称、品牌标志和商标等因素组成。

（1）品牌名称。品牌名称是指品牌中可以用语言称呼的部分。例如，华为、格力、海尔、联想、农夫山泉、吉利、伊利、纳爱斯等，都是我国著名的品牌名称。

（2）品牌标志。品牌标志是指品牌中可以被认出、易于记忆但不能用语言称呼的部分。主要包括符号、图案或明显的色彩或字体，又称品标。

（3）商标。商标是一种法律用语，是指经过注册登记已获得专用权并受法律保护的一个品牌或品牌的一部分。

商标是品牌的一个组成部分，它只是品牌的标志和名称，便于消费者记忆识别。品牌有着更丰厚的内涵，品牌不仅仅是一个标志和名称，更蕴含着生动的精神文化层面的内容，品牌体现着人的价值观，象征着人的身份，抒发着人的情怀。

2. 品牌的内容

对企业来讲，品牌是一切无形资产总和的浓缩，蕴含着丰富的市场信息。一个品牌至少能够表达出以下六种信息。

（1）属性。品牌代表着特定商品的属性，这是品牌最基本的含义。例如，我国红旗轿车前车标是一面红旗，使消费者联想到我国民族工业求真务实、自主发展、勇立潮头、不断崛起的开拓精神。

（2）利益。品牌不仅代表着一系列属性，而且还体现着某种特定的利益。例如，作为家电品牌人们提到"海尔"，就会联想到海尔家电的高质量、海尔优质的售后服务，以及海尔人为消费者用户着想的动人画面。

（3）价值。品牌体现了生产者的某些价值感。例如，小米手机的价值主张就是：低价优品、让每个人都能享受科技的乐趣。简单讲，就是做撼动人心、价格厚道的好产品。

（4）文化。品牌还附着特定的文化。比如麦当劳，人们对于这个品牌会感到一种美国文化、快餐文化，会联想到一种质量、标准和卫生，也能由麦当劳品牌激起儿童在麦当劳餐厅里尽情欢乐的回忆。

（5）个性。品牌也反映一定的个性。例如，提到金利来，人们会意识到这是成功男人的象征，就容易被成功或渴望成功的人所认同。

（6）用户。品牌暗示了购买或使用产品的消费者类型。奔驰牌汽车则象征着拥有者的成功和地位。

3. 品牌策划的原则

一般来讲，产品品牌策划应遵循以下原则。

（1）品牌形象设计美观大方、构思新颖。造型美观、别具匠心、寓意深刻的品牌形象（包括商标），给人印象深刻，能引起顾客的兴趣，从而激发购买欲望。

（2）凸显企业和产品特色。品牌不仅要有艺术性，而且应是企业形象的典型概括。能反映企业和产品的特色，使消费者通过品牌认识企业的风格，了解产品的性能和特点。同时，品牌还应符合消费者的心理，能增强商品的吸引力。

（3）直观外形，简练醒目。品牌的文字应当简练概括，便于消费者认知、传播、产生联想。品牌的直观外形应该非常吸引眼球，让消费者过目难忘。

（4）符合法律的规定。品牌形象不能使用与某个国家的国旗、国徽、军旗及红十字会等名称相同或相近的标志；不能使用政治上有不良影响或民族风俗习惯的标志；不能使用低俗的标志；不能使用与他人相同或近似的标志。

　　苹果(Apple)电脑是全球五十大驰名商标之一,其"被咬了一口的苹果"标志非常简单,却让人过目不忘。创业者当时以苹果为标志,是为纪念自己在大学读书时,一边研究电脑技术,一边在苹果园打工的生活,但这个无意中偶然得来的标志恰恰非常有趣,让人一见钟情。苹果电脑作为最早进入个人电脑市场的品牌之一,一经面市便大获成功,这与其简洁明了、过目不忘的标志设计密不可分。

　　耐克品牌的红色一勾,可以说是最简单的标志了,但它无处不在,给人以丰富的联想。小时候,我们做完作业,等待的就是老师那红色的一勾,它代表着正确、表扬和父母的笑脸;长大了,这一勾仍然如影相随,开会签到、中奖了领奖,甚至在我们小小的记事本上,都要在已经来过的人或已经完成的事的前面打上一个勾,它代表着顺利、圆满。当年设计出这个标志的一名大学生只得到了 35 美元的报酬,但今天,这一勾已经价值上百亿美元。

　　评析:这两个品牌都是形象直观、吸引眼球、过目难忘的典型。另外,在造型、迎合消费者心理方面也做到了极致。

4. 品牌设计的策略

　　一般来讲,企业可以采取的品牌策略包括下列几种。

　　(1) 统一品牌策略。即企业生产经营的所有产品均使用一个品牌进入市场,如日本的松下、索尼,我国的海尔、海信等公司生产的各类家用电器,均使用一个牌子。其优点是可节省大量的广告宣传费用,便于利用已出名的商标推出新产品,也有利于扩大品牌的影响,强化企业形象和产品形象。缺点是其中任何一种产品的质量发生问题,都会使整个企业的信誉受到影响。

　　(2) 个别品牌策略。即企业对各种不同类型、不同质量的产品,分别设计不同的品牌。采用这种策略的优点是个别产品的失败不会对其他产品产生影响;可以通过不同的品牌,分清各种产品在质量、价格、用途、特色上的差异,避免产品之间相互干扰;企业能够为每一种产品制定最合适的品牌名称,采取最合适的营销策略。

　　(3) 扩展品牌策略。即企业利用其成功品牌名称的声誉来推出改良产品或新产品,包括推出新的包装规格、香味和式样等,以凭借现有名牌产品形成系列名牌产品的一种名牌创立策略。采用这种策略可节省用于促销新品牌所需要的大量费用,并且使消费者迅速了解新产品。

　　(4) 品牌重新定位策略。即企业全部或部分改变原有品牌定位的做法。尽管品牌目前的表现极佳,但当面临新的竞争者或顾客偏好的改变时,企业便需重新定位品牌,以因应不断变化的环境。无论品牌在市场中定位多好,企业在发展过程中都可能会采取重新定位决策,尤其是当竞争者继该企业品牌之后推出,争夺市场;或消费者偏好改变,使得该品牌需求减少时。

重要信息 7-4　　　　　　　　　品牌的作用

　　(1) 有利于企业推销商品。品牌可以表明商品的出处,形成商品的差别。利用品牌销售有差异性的产品,可以使卖家获得某种程度的垄断,从而有效地控制需求。①品牌有助于产品的广告宣传。生产经营者为自己的产品设计一个好的品牌并极力宣传,目的是使其树立起良好的市场形象,取得消费者的信任,从而有力地扩大销售。卖家还可以借原有成功品牌的信誉,推出其他类似产品。②品牌有利于市场细分和产品定位。企业可以为不同的细分市场设计不同的品牌,以吸引不同的消费群,并使他们保持相对稳定,成为各种品牌的忠实购买者。

(2) 有利于经销商销售商品。品牌可帮助经销商识别商品,为经销商辨别商品品质、销售商品提供方便。经销商还可以利用顾客对名牌商品的偏好,建立自己的信誉,以名牌商品带动其他商品的销售。尤其是拥有自有品牌的经销商,其品牌好坏与自身利益休戚相关。

(3) 有利于消费者选购商品。消费者可以根据品牌,很容易地选出自己所需要的商品。品牌代表商品的质量、特色,消费者凭着他们对商标的认识,选择其信得过的产品。

(4) 有利于对产品质量的监督管理。注册商标要报送质量标准,凡不按注册商标管理质量标准生产产品、粗制滥造者,商标管理部门有权力撤销商标或处以罚款。对商标的管理,可以起到保证产品质量的作用。由于消费者指牌购买,促使生产者注重商标信誉,质量,从而使全社会的产品质量普遍提高。而且,各种商标之间的竞争促使生产者不断创新。

7.3.2　包装策略

我们都知道"买珠还椟"的成语故事,说的就是包装。人们一走进商场,首先映入眼帘的是琳琅满目的商品,便会产生一种莫名的兴奋。这就是商品包装的魅力。包装已成为强有力的营销手段,设计良好的包装能为消费者创造方便价值,为生产者创造促销价值。

1. 包装的含义

包装是指设计并制作产品的容器和外部包扎、装盛、打包的一系列活动。一般有两重含义:一是盛装商品的容器、材料及辅助物品,即包装物;二是实施盛装和封缄、包扎等操作的技术活动。

包装是商品生产过程在流通过程中的继续,是商品进入流通、消费领域不可缺少的条件。

2. 包装的作用

包装作为商品的重要组成部分,在市场营销活动中发挥着重要作用。

(1) 保护商品,便于储运。产品包装最基本的功能便是保护商品,便于储运。有效的产品包装可以起到防潮、防热、防冷、防挥发、防污染、保鲜、防易碎、防变形等系列保护产品的作用。因此,在产品包装时,要注意对产品包装材料的选择及包装的技术控制。

(2) 便于储运。包装将商品按一定的数量、形状、规格、大小及不同的容器进行包装,这样既有利于商品的分配调拨、清点计数,也有利于合理运用各种运输工具和仓容,提高运输、装卸、堆码效率和储运效果。

(3) 便于使用。销售包装随商品的不同,形式各种各样,包装大小适宜,便于消费者携带、保存和使用。包装上的绘图、商标和文字说明等,既方便消费者辨认,又介绍了商品的成分、性质、用途、使用和保管方法,起着方便与指导消费的作用。

(4) 促进销售。精美的商品包装,可起到美化商品、宣传商品和促进销售的作用。包装既能提高商品的市场竞争力,又能以其新颖独特的艺术魅力吸引顾客、指导消费,成为促进消费者购买的主导因素,是商品的无声推销员。

(5) 包装还能提供创新的机会。产品包装的改进是产品创新的重要方面,包装的创新能够给消费者带来巨大的好处,也给生产者带来了利润。

3. 产品包装策略

市场营销活动中,通常有以下包装策略可供选择。

(1) 类似包装策略。企业生产的各种产品在包装外形上采用相同的图像、近似的颜色特征。采用这种包装策略,既可以增强企业在消费者中的印象,又可以节约设计成本,减少经费开支,还有利于新产品问世后迅速打开销路。但这种策略的成功是以企业对产品质量的严格要求为前提的。如果产品质量水平低,将会影响企业的形象与信誉。

(2) 等级包装策略。将包装按质量分为若干档次,并使不同的包装与其内在的产品适应。采用这种策略,能方便消费者购买和使用,也有利于推销产品。

(3) 组合包装策略。将多种有关联的产品进行配套组合,置于同一包装容器中。如家用工具箱、急救箱等,既可方便购买和使用,也可扩大销路。

(4) 复用包装策略。包装容器内原有的商品用完后,包装物还可以移作他用。采用这种策略,可以使消费者产生好感,引发重复购买的欲望。另外,这种包装设计往往有技巧上的独到之处,或有美观、雅致等欣赏价值,从而能发挥广告宣传的作用。

(5) 附赠品包装策略。在包装容器内附上小礼物,如在文具盒中放有年画、年历;在小食品袋里放有小玩具等。这种策略能使消费者感到有意外的收获,引起消费者的好奇心和购买兴趣。

营销实务 7-3　　　　　　　罗林洛克啤酒的包装策略

20世纪80年代,在激烈竞争的美国啤酒市场上,宾夕尼亚州西部小镇的罗林洛克啤酒更新包装策略,导致销量大幅提升。

营销专家为罗林洛克啤酒设计了一种绿色长颈瓶,并漆上显眼的艺术装饰,使包装在众多的啤酒中很引人注目。这种瓶子独特而有趣,许多消费者愿意把它摆在桌子上,甚至觉得装在这种瓶子里的啤酒更好喝。公司也重新设计了啤酒的包装箱,包装上印有放在山泉里的这些瓶子。照片的质量很高,色彩鲜艳、图像清晰。消费者很容易从30英尺外认出罗林洛克啤酒。这一做法突出了绿色长颈瓶与罗林洛克啤酒是用山区泉水酿制的这个事实。

评析:更新包装设计,瓶子和包装造就了讨人喜欢的感觉,使产品看上去不像大众化的产品,而具有一种高贵的品质感,从而导致销量大增。

(6) 更换包装策略。为了改正现有包装的缺点,或吸引新顾客,采用新式包装;或为适应市场竞争改变现有包装。实行更新包装策略,可以改变商品在消费者心目中的地位,扩大市场销售量。同时,也可以显示现有产品特点,体现消费新潮流,进而收到提高企业声誉的效果。

（7）绿色包装。绿色包装是指对生态环境和人体健康无害，能循环复用和再生利用，可促进国民经济持续发展的包装。绿色包装有利于保护自然环境，避免废弃物对环境造成损害。

重要信息 7-5	产品包装设计的原则

一般来说，包装设计必须符合以下原则。

（1）包装设计必须与商品价值结合。包装应按照商品高、中、低的不同档次。高档次的商品应设计精美的包装装潢，使包装与商品身价一致，给人以名贵感觉和深刻的印象。如果采用粗俗、简陋的包装，会降低商品的档次，影响消费者选购。

（2）包装设计必须体现商品的特色和风格。许多产品都是通过包装建立其外观形象的，企业可以利用包装设计，树立产品所需要的市场形象。有时相同的产品包装成不同的形式，可以体现不同的特色，服务于不同的消费者。

（3）包装设计必须适合消费者心理，包括符合消费者的使用习惯、消费心理。

（4）包装必须注重实用性。包装的形状、结构、大小应该方便运输、储存、销售和使用。运输时以大包装为主，销售时则以小包装为主；包装要便于携带、开启和保存，材质尽量环保。

（5）出口商品的包装设计必须符合出口地区的风俗习惯。

课堂测评

测评要素	表 现 要 求	已达要求	未达要求
知识掌握	能掌握产品形象策划的含义		
技能掌握	能初步认识产品形象策划的操作		
任务内容整体认识程度	能概述产品形象的意义		
与职业实践相联系程度	能描述日常生活中的产品形象的表现		
其他习得	能描述与其他课程、职业活动等的联系		

任务 7 小结

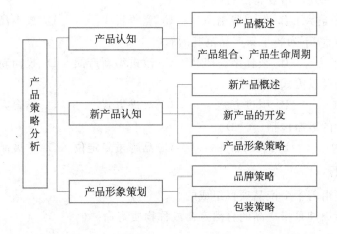

教学做一体化训练

一、重要名词

产品策略　　产品生命周期　　新产品　　品牌策略

二、课后自测

(一) 单项选择题

1. 下列属于产品整体概念中有形产品的有(　　　)。

A. 品质　　　　B. 免费送货　　　　C. 外观　　　　D. 提供信贷

E. 品牌

2. 产品组合表现在产品组合的宽度、长度及(　　　)三个方面。

A. 厚度　　　　B. 多维度　　　　C. 关联度　　　　D. 重叠度

E. 区别度

3. 投入期的市场营销策略,就价格因素考虑,可以是(　　　)。

A. 中等水平价格策略　　　　　　B. 密集性渗透策略

C. 选择性渗透策略　　　　　　　D. 高价格策略

4. 新产品创意包括三个方面的内容:产品构思、构思筛选和(　　　)的形成。

A. 产品外观　　　B. 产品包装　　　C. 产品名称　　　D. 产品概念

5. 品牌是指用来识别某个企业的产品或服务的(　　　)、术语、标记、符号、图案或其组合。

A. 名称　　　　B. 牌子　　　　C. 形象　　　　D. 记号

E. 名声

(二) 多项选择题

1. 整体产品概念包含的几个层次是(　　　)。

A. 核心产品　　　B. 有形产品　　　C. 附加产品　　　D. 无形产品

E. 实物产品

2. 产品在投入期的市场特点有(　　　)。

A. 产品销售量大　　B. 促销费用高　　C. 竞争者少　　D. 成本高

3. 对企业而言,下列属于新产品范畴的有(　　　)。

A. 全新型产品　　B. 换代型新产品　　C. 改进型新产品　　D. 投向新市场的产品

4. 新产品的开发方式主要有(　　　)。

A. 独创方式　　　B. 引进方式　　　C. 改进方式　　　D. 结合方式

5. 品牌设计的策略包括(　　　)。

A. 统一品牌　　　B. 个别品牌　　　C. 品牌重新定位　　　D. 扩展品牌

(三) 判断题

1. 产品线是由若干个产品项目组成的。(　　　)

2. 产品生命周期是指产品的自然寿命或称物质寿命。(　　　)

3. 在实践中,一些产品的生命周期,可能无限地延长下去。(　　　)

4. 新产品概念是指采用新技术、新材料、新工艺、运用新原理制造的以前未有的产品,是科学技术应用于生产而得的新成果。(　　　)

5. 品牌是一个结合体,包括品牌名称、品牌标志两部分。(　)

6. 个别品牌策略是指企业对不同的产品线采用不同的品牌。(　)

（四）简答题

1. 产品组合的含义?

2. 产品组合策略制定的意义?

3. 新产品应有哪些特征?

4. 品牌策划的原则有哪些?

5. 产品生命周期各阶段的营销策略是怎样的?

（五）案例分析

盘锦网友发帖,中国游客天价购买日本大米"一目惚",很像我们盘锦出口的"一目惚"大米又被买回来了。盘锦市农村经济委员会表示:确实以订单方式为日本种植一种名为"一目惚"的大米,记者调查发现"一目惚"这个品种的日本大米在盘锦的最低零售价为6元每斤。

1. 相同品种盘锦售价6元每斤

近几日,媒体相继报道,继抢购日本电饭锅和马桶后,中国旅客现又掀起抢购日本大米热潮,有中国旅客甚至不惜花近1 500元人民币来买5公斤的日本大米。有人甚至在淘宝网贩售日本米,称日本米不会用农药,也没有重金属污染。

今天,网友荡漾发微博,"回家看了一下大米的产地是福岛就笑了",网友人世间回复,十有八九买的是盘锦大米;网友琅琅回复,我家乡盘锦大米的一个重要销路就是出口日本,难道被买回来了。

记者通过私信联系上网友琅琅,他表示,他是盘锦人,家里就是种大米的农户,看了看新闻上的照片,大陆游客选购的大米学名叫"一目惚",是日本的一种大米品种,但是在盘锦也有种植,还出口日本。

记者在盘锦市的几个大的超市看到,这种名为"一目惚"的大米售价为每斤6元到15元左右,与游客购买的150元一斤的日本大米价格有巨大的差距。

2. 盘锦按照日本标准进行生产

被中国游客热捧的天价日本大米和在盘锦市场上销售的"一目惚"大米究竟有什么区别? 盘锦市农场经济委员会种植科的韩科长告诉记者,在盘锦地区确实有日本大米品种一目惚的种植,并以订单方式销往日本。

大洼县种植这个品种水稻的张海军介绍,该大米的种植按照日本水稻种植模式、管理技术和操作规程进行种植,使用农家肥、有机肥,按有机栽培方法,不喷洒那些对人体有害的化学农药,采用人工灭虫,因此产量较低。

种植科的韩科长说:"一般大米的亩产有1 200斤左右,这种一目惚大米的亩产只有700斤左右,引进时很多农户不愿意种植,后来,每斤补助0.3~0.5元,农户才种植。"

盘锦和日本的一目惚也有不同,日本的一目惚是脱壳后不加工直接运到上海,从上海运到日本后再进行加工和包装。盘锦的一目惚是在盘锦加工。

盘锦市农委的专家介绍,其实受到中国游客热捧的日本大米"一目惚"中文含义为"一见钟情"。该品系耐寒性极强、食味极好、穗发芽性难、优质、稳产,综合性状好,于 1991 年被命名为"一目惚"。日本的岩手、宫城、福岛三县率先种植,先后被 11 个县定为奖励品种而普及推广。

3. 盘锦农民:口感差距不大

"一目惚品种的大米,在日本就是普通的食品,中国游客不要把这个大米奢侈品化。"盘锦市农委的专家介绍:目前,日本东北地区是这个品种种植面积最大的。在日本它是市民餐桌上的普通米饭,不要神秘化这个大米品种。

大洼县种植这个品种水稻的张海军告诉记者:根据自己品尝的感受,日本产地的一目惚和自己种植的一目惚大米在口味上差别不大,中国游客花天价去日本购买大米,更多的是心理作用吧,价格上还差距近 20 倍,真的没有去日本购买的必要。

盘锦市农场经济委员会种植科的韩科长具有多年管理大米种植的经验,他告诉记者:150 元一斤的日本大米对中国人来讲价格还是高了,这里既有客观的差距,比如,土地沙化和化肥使用上的差距,更多的是购物者心理上的因素。

(资料来源:徐刚:《辽沈晚报》2015.3.1)

问题:

1. 为什么我国消费者愿意购买日本"一目惚"大米?

2. 请针对我国农产品品牌建设提出你的建议。

(六) 同步实训

□ **同步实训 7-1:产品讨论**

实训目的:认识整体意义上的产品,理解其实际意义。

实训安排:

1. 学生分组,选择某一产品,从消费者的角度分析并概括这一商品的整体意义(可以是熟悉的手机或其他电子产品)。

2. 讨论其整体意义要素,并从营销人员的角度提出进一步做好产品定位与设计的对策建议。

3. 选择部分学生制作 PPT 进行展示,并组织讨论与评析。

实训总结:学生小组交流不同分析结果,教师根据分析(文案)报告、PPT 演示、讨论分享中的表现分别给每组进行评价打分。

□ **同步实训 7-2:新产品讨论**

实训目的:认识新产品开发的程序,理解其实际意义。

实训安排:

1. 学生分组,选择某一新上市的日用品,从消费者的角度分析并概括这一商品的新旧程度(可以是熟悉的日化用品)。

2. 讨论其中的"新要素",并从营销人员的角度提出进一步做好产品更新的对策建议。

3. 选择部分学生制作 PPT 进行展示,并组织讨论与评析。

实训总结:学生小组交流不同分析结果,教师根据分析(文案)报告、PPT 演示、讨论分享中的表现分别给每组进行评价打分。

□ **同步实训 7-3：产品形象讨论**

实训目的：认识产品形象策略，理解其实际意义。

实训安排：

1. 学生分组，选择自己熟悉的某一新上市的日用品，从消费者的角度分析并概括这一商品的形象度（可以是日化用品）。

2. 讨论其品牌标识与包装的设计特点，并从营销人员的角度提出进一步提升产品形象的对策建议。

3. 选择部分学生做出 PPT 进行展示，并组织讨论与评析。

实训总结：学生小组交流不同分析结果，教师根据分析（文案）报告、PPT 演示、讨论分享中的表现分别给每组进行评价打分。

产品策略分析
课程思政

课程思政园地

2019 年 10 月 1 日的新中国成立 70 周年庆典系列活动，不仅是各族人民的大团结和中国力量的展示，也是中国各地特色的大汇聚。其中，自然少不了湖南元素，而其中最亮眼的，无疑是当晚由中国起重机升起的那面巨幅国旗。

10 月 1 日晚 8 时 8 分，天安门广场。一面 90 米宽，60 米长的巨幅国旗，迎风升起。这是一副巨型 LED 屏幕。这一时刻，点亮了每个中国人的目光和心中的自豪。稳稳举起这面巨幅国旗的，是 6 台中国起重机，由三一集团生产。10 年前的这天，天安门广场上，还是 6 台进口起重机负责大屏吊装。

10 年，中国装备进步巨大。20 年内，北京在国庆节期间曾出现过两次 8 级大风，且现场空间狭小，巨屏又必须在指定时间安装完成。经过最慎重的考虑，湖南三一集团承担了重任。

其中一位"升旗手"——山西巨灵鑫吊装操作手王海波，曾是一名军人。"我开了 21 年吊车，从部队开始就跟机械打交道，以前我们依赖的是进口车，但是我们现在自己也能生产出 600 吨、1 200 吨、1 600 吨的吊车。国家越来越强大！"

思考：为什么说这是"中国制造"最精彩的演出？

学生自我总结

通过完成任务 7 产品策略分析，我能够做如下总结：

一、主要知识

概括本任务的主要知识点：

1.

2.

二、主要技能

概括本任务的主要技能：

    1.

    2.

三、主要原理

你认为，认识产品策略的意义是：

    1.

    2.

四、相关知识与技能

你在完成本任务后掌握的相关知识与技能：

    1. 产品的完整意义是：

    2. 新产品开发的方向有：

    3. 产品形象的主要载体包括：

五、成果检验

你在完成本任务后取得的学习成果：

    1. 完成本任务的意义有：

    2. 学到的知识或技能有：

    3. 自悟的知识或技能有：

    4. 你对产品策略分析的看法是：

任务 8　价格策略分析

价格策略分析
课前阅读

学习目标

1. 知识目标

(1) 认识产品价格的含义。

(2) 认识产品定价的影响因素。

(3) 认识企业定价方法。

2. 能力要求

(1) 能理解企业定价程序。

(2) 能掌握定价技巧。

(3) 能够运用企业定价方法。

3. 思政目标

(1) 增强文化自信。

(2) 增强民族品牌自豪感。

(3) 激发爱国热情。

任务解析

根据市场营销职业工作过程活动顺序,这一学习任务可以分解为以下子任务。

8.1 产品价格的认识

8.2 产品价格的确定

8.3 产品定价策略认知

营销故事

犹太商人沙米尔,移民到澳大利亚经商。到了墨尔本,他就干起了他的老本行,开了一家食品店。而和他相对的,是一个叫安东尼的意大利人开的食品店。于是,两家食品店展开了激烈的竞争。

安东尼眼看新的竞争对手出现,感到很恐慌,他沉思了很久,只有用降价这一招了,便在自家门前立了一块木板,上面写道:"火腿,每磅只卖5毛钱。"

不想沙米尔也马上在店门前立起木板,上面写道:"每磅4毛钱。"

安东尼见沙米尔如此,一赌气,立即将价格改为:"火腿,每磅只卖3毛5分钱。"这样一来,价格已经降到了成本以下。

想不到,沙米尔更离谱,把价钱改写成:"每磅只卖3毛钱。"

几天下来,安东尼有点沉不住气了。他气冲冲地跑到沙米尔的店里,以经商老手的口气大吼道:"小子,有你这样卖火腿的吗?这样疯狂地降价,知道会引来什么后果吗?咱俩都得破产!"

沙米尔却笑了:"什么'咱俩'呀!我看只有你会破产。板子上写的3毛钱一磅,连我都不知道是指什么东西哩!我的食品店压根儿就没有什么火腿呀。"

安东尼这才发觉自己上了当,知道遇上了真正的竞争对手,他禁不住叫苦连天。

读后问题:

1. 本文大意是什么?
2. 降价就一定能够吸引消费者吗?
3. 日常生活中,哪些商品降价对你有吸引力?
4. 遇到降价的情形,你通常的反应是什么?

8.1　产品价格的认识

确定了生产什么产品,接下来就应该确定产品的价格。那么,产品的价格又是怎样确定的呢? 企业营销人员在产品定价过程中可以做什么?

8.1.1　产品价格解读

经济学中,价格是一项以货币为表现形式,为商品、服务及资产所订立的价值数字。现代社会生活的日常应用中,价格一般指在商品或服务交易时,买方所需付出的代价或款项。那么在市场营销活动中,该怎样理解价格呢?

1. 价格的概念

关于价格的概念阐述,从经济学与市场营销活动的角度看,其含义是不同的。

(1) 经济学中的价格。从经济学角度看,价格是商品同货币交换比例的指数,或者说,价格是价值的货币表现,价格是商品的交换价值在流通过程中所取得的转化形式。价格与利润的关系十分紧密,具有数据上的逻辑性。即价格=总成本+利润。

(2) 市场营销活动中的价格。从市场营销角度看,价格是非常活跃的因素,可以随时适应营销活动的需要而变动。在法律允许的范围内,营销人员可以根据市场需求的变化、产品所处的不同时期,消费者对价格的接受程度,以及企业定价目标来合理制定价格。即价格不仅仅是一个量化的数字,更是营销活动中的一种秘密武器。

本任务关注的是市场营销活动中的价格。

2. 价格的构成

市场营销活动中的价格主要构成要素有4个,即生产成本、流通费用、税金和利润。

（1）生产成本。生产成本是指生产一定数量产品所耗费的物质资料和劳动报酬的货币形态。它是商品价格的主要组成部分，也是制定商品价格的重要依据。构成商品价格的生产成本，不是个别企业的成本，而是行业（部门）的平均成本，即社会成本。

（2）流通费用。流通费用是指商品从生产领域经过流通领域进入消费领域所耗费的物化劳动和活动的货币表现。流通费用主要包括生产单位为推销商品支出的销售费用和商业部门为销售商品支出的商业费用。

（3）税金。税金是国家通过税法，按照一定标准，强制向商品的生产经营者征收的预算缴款。按照税金是否计入商品价格，可以分为价内税和价外税。

（4）利润。利润是商品价格减去生产成本、流通费用和税金后的余额。按照商品生产经营的流通环节，可以分为生产利润和商业利润。

在市场营销活动中，商品价格的形成关系如图 8-1 所示。

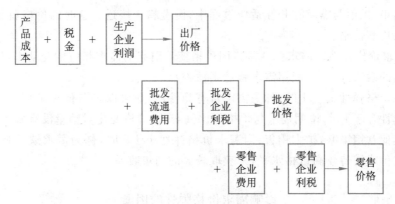

图 8-1　商品价格的形成关系

8.1.2　产品价格的影响因素

企业在进行新产品定价或老产品价格变动时，首先考虑的影响因素主要包括产品成本、供求状况和市场竞争情况等。这些因素构成产品的定价环境。

1. 产品成本

企业的任何定价行为都不能随心所欲，必须首先使大量的投入得到补偿。在制定产品价格时，必须将产品成本作为定价的最低经济界限。产品成本按其与产量的关系，可分为固定成本和变动成本两大类。

（1）固定成本。固定成本是指在一定时期和一定产量范围内，其总额不随产量或销售收入的变化而变化的那部分投入，包括厂房设备的折旧费、租金、利息、管理人员的工资等。虽然固定成本的总额不变，但是分摊到单位产品中的固定成本则是变动的。产量越大，每个产品分摊到的这部分固定成本就越小。

（2）变动成本。变动成本是指其总额随产量呈正比例状态变化的那些投入，如原材料费、包装费、生产工人工资、销售佣金及直接营销费用等。每个单位产品的变动成本一般都是不变的，它们之所以被称作变动成本，是因为其总量随产量的变化而变化。

在某个确定产量水平上，其固定成本和变动成本的和就是总成本。当产量为零时，总成本等于固定成本。总成本除以产量就是单位成本,也称为单位平均成本或平均成本。由于总成本包含了与产量有不同关系的固定成本和变动成本两部分,在不同生产水平下,单位成本就会出现明显的高低差别。

2. 供求关系

供求规律是市场经济的基本规律之一。如果说生产成本决定了价格的底线,那么,市场供求关系则决定了价格的上限。

(1) 价格与需求。价格与需求的关系一般表现为:当商品价格下降时,需求量增加;当商品价格提高时,需求量下降。

(2) 价格与供给。价格与供给的关系一般表现为:当产品价格上升时,生产者感觉有利可图,于是扩大生产,满足供应;反之,则减少产品的市场供应量。

(3) 供求状况与均衡价格。由于价格的变动,供给与需求总是呈反方向变动。由于市场竞争的结果,供给与需求在相互适应过程中,慢慢趋于接近。这时的价格就是供求双方都能接受的均衡价格。

(4) 需求价格弹性。需求弹性是指因价格变动引起的需求相应的变动率,反映了需求对价格变动的敏感程度,一般用需求弹性系数表示。

当需求价格弹性大于 1 时,称为需求富有弹性,企业可以采取低价策略,扩大销售;当需求价格弹性等于 1 时,说明需求与价格等比例变动,价格变化对销量没有太大影响,企业可以采用其他营销策略,扩大销售;当需求价格弹性小于 1 时,称为需求缺乏弹性,企业可以选择高定价或维持较高价格水平,来获取较大的销售收益。

重要信息 8-1　　　　　　　　　　**影响需求价格弹性的因素**

---

(1) 消费者对产品的需要程度。消费者对生活必需品的需求强度大且比较稳定,因而生活必需品的需求弹性小;消费者对高档消费品和奢侈品的需求强度小且不稳定,因而高档消费品、奢侈品的需求弹性大。

(2) 产品的重要性。某种产品支出在消费者的总支出中所占比例较小,那么该产品的价格变动对消费者的影响较小,因而其需求的价格弹性也较小;反之,需求的价格弹性较大。

(3) 产品替代品数目和可替代程度。一种产品的替代品越多,可替代的程度越高,其需求弹性就越大;反之,需求弹性就越小。

(4) 产品用途的广泛性。一般地说,产品的用途越多,其需求弹性就越大。

(5) 产品的耐用程度。一般情况下,耐用品的需求弹性大,非耐用品的需求弹性小。

(6) 消费者的收入水平。同一产品对不同收入水平的人来说,需求弹性是不同的。一种产品对于高收入水平的人来说可能是必需品,需求弹性小,但对于低收入水来说则可能是奢侈品,需求弹性大。

通常情况下,缺乏弹性的商品,企业适宜于稳定价格或适当提价;而富有弹性的产品,管理者可以考虑适当降价,以刺激需求,扩大销量。

3. 市场竞争情况

市场竞争情况也是影响企业定价不可忽视的因素,企业必须结合自己的竞争地位制定有利的定价策略，才能获胜。

(1) 完全竞争地位。如果只是完全竞争市场上众多企业中的一分子，那么根据自己的愿望和要求来提高价格几乎是企业不可完成的事情。在这种情况下，企业更多只能接受在市场竞争中现有的价格，买卖双方都只是"价格的接受者"，而不是"价格的决定者"，也就是我们常常听说的"随行就市"。

(2) 不完全竞争地位。在这种市场条件下，市场中的企业虽然很多，但彼此提供的产品或劳务是有差异的。这里存在着产品质量、销售渠道、促销活动的竞争。企业根据其"差异"的优势，可以部分地通过变动价格的方法来寻求比较市场利润，也就是我们常常听说的发挥自己的"比较优势"。

(3) 寡头竞争地位。在这种市场条件下，价格实际上由各个寡头企业控制。寡头企业之间相互依存、影响，任一寡头企业调整价格都会引起其他寡头企业的连锁反应。因此，即使作为寡头企业，也要密切注意对方战略的变化和价格的调整。

(4) 完全垄断地位。在这种市场条件下，企业在一个行业中的某种产品或劳务只是独家经营，没有竞争对手，能完全控制市场价格。当然，在现实中其价格也受消费者情绪及政府干预的影响。

重要信息 8-2　　　　　　　产品特性与价格

产品的自身属性、特征等因素也是企业制定价格时必须考虑的因素。

(1) 产品的种类。不同的产品类别对价格制定有着不同的要求。如果企业生产或经营的产品种类是日用必需品，价格必然要顾及大众消费的水平；如果是一些特殊品，则价格应侧重特殊消费者。

(2) 产品的易变质性和季节性。一般情况下，易变质产品价格变动的可能性比较高。全年生产季节性消费的产品与季节性生产全年消费的产品，在利用价格的作用促进持续平衡生产和提高效益方面有较大的主动性。

(3) 产品的新颖性和时尚性。新颖、时尚的产品价格变化较显著。一般在入市时，价格可定得高一些。其后，应及时采取适当的价格调整策略。

(4) 产品的生命周期。产品生命周期的不同阶段对价格策略也有一定的影响。生命周期短的产品，如时装等时尚产品，由于市场变化快，需求增长较快，消退也快，其需求量的高峰一般出现于生命周期的前期，所以企业应抓住时机，尽快收回成本和利润。

课堂测评

测评要素	表 现 要 求	已达要求	未达要求
知识掌握	能掌握产品价格的含义		
技能掌握	能初步认识产品价格的影响因素		
任务内容整体认识程度	能概述市场价格的意义		
与职业实践相联系程度	能描述日常生活中的市场价格的表现		
其他习得	能描述与其他课程、职业活动等的联系		

8.2　产品价格的确定

企业进行产品定价,一般应由财务人员、营销人员共同组成定价工作小组,根据企业的营销目标,确定适当的定价目标,综合考虑各种定价影响因素,遵循一定的工作程序进行。

8.2.1　明确定价目标

不同行业、不同类型、不同竞争地位的企业,各自的营销目标不同,相应地定价目标也就不同。不同的企业有不同的定价目标,同一企业在不同时期、不同条件下也有不同的定价目标。

1. 利润目标

利润是企业从事经营活动的主要目标,也是企业生存和发展的保证。在日常市场营销活动中,很多企业就直接以获取利润作为制定价格策略的目标。

(1)预期利润目标。预期利润定价目标,是指企业以获取预期的投资收益为定价基础,加上总成本和合理的利润作为产品销售价格的一种定价目标。

(2)最大利润目标。以最大利润为定价目标,是市场经济中企业从事经营活动的最高追求。但获取最大利润不一定就是给单位产品制定最高的价格,有时单位产品的低价,也可通过扩大市场占有率,使企业在一定时期内获得最大的利润。

(3)合理利润目标。有的企业在激烈的市场竞争压力下,为了保全自己,减少风险,或者由于自身力量不足,只能在补偿正常情况下的社会平均成本的基础上,加上适当利润作为商品价格,称为合理利润目标。

2. 市场目标

市场目标是指企业以巩固和提高市场占有率,维持或扩大市场销售量为制定商品价格的目标。在价格不变的前提下,提高市场占有率,维持一定的销售额,意味着企业利润的增加。即使在价格下降的情况下,市场占有率的扩大也可能使利润增加。

3. 竞争目标

对于具有较强实力,在该行业中居于价格领袖地位的企业,其定价目标主要是对付竞争者或阻止竞争对手,往往会首先变动价格;具有一定的竞争力量,居于市场竞争的挑战者位置的企业,其定价目标是攻击竞争对手,侵蚀竞争对手的市场占有率,价格定得相对低一些;而市场竞争力较弱的中小企业,在竞争中为了防止竞争对手的报复一般不首先变动价格,主要跟随市场领袖价格制定价格。

4. 稳定市场

有的企业满足于自身目前的市场份额和利润,采用稳定市场目标来指导定价。这一目标是通过本企业产品的定价来掌控整个市场价格,使之避免不必要的波动。按这一目标定价,可以使市场价格在一个较长的时期内相对稳定,减少经营风险及由于价格竞争导致的损失。

8.2.2　分析定价影响因素

1. 估算成本

企业生产经营商品的成本费用是制定商品价格的基础。商品价格高于成本,企业才能盈利,因此在定价之前,营销人员应该与企业财务人员合作,对产品成本做出估算。成本包括变动成本与固定成本。

2. 测试需求价格弹性

营销人员了解需求价格弹性,其目的是确定市场可以接受的价格的最高上限,以便合理地制定价格。营销人员应该通过消费者调查、市场观察、试销等手段,测试了解需求的价格弹性,认识市场需求对价格变动的反应趋向与反应程度,从而确定自己的产品价格水平与价格对策。

3. 分析竞争状况

营销人员在为产品定价时,必须了解竞争者所提供的产品质量和价格。在获取这方面信息后,就可以与竞争产品比质比价,更准确、更有针对性地制定本企业产品的价格。一般情况下,企业某种产品的最高价格取决于这种商品的市场需求量,最低价格取决于这种产品的单位成本,在这最高和最低价格范围内,企业能把这种商品的价格水平定得多高,又取决于竞争者的同种产品价格水平的高低。

8.2.3　选择定价方法

如前所述,产品价格的制定要建立在对价格目标、需求、成本、竞争分析的基础之上。但在实践中,企业在决定定价方法的时候,一般会根据不同的情况有所侧重。企业常用的定价方法有以下几种。

1. 成本导向定价法

成本导向定价法是以企业的生产成本作为定价基础的定价方法。其主要理论依据是,在定价时,首先要考虑收回企业在生产经营中投入的全部成本,其次再考虑获得一定利润。以成本为中心的定价方法主要有以下三种。

(1) 成本加成定价法。成本加成定价法是在单位产品成本的基础上,加上一定比例的预期利润作为产品售价的定价方法。由于利润的多少是按一定比例反映的,这种比例习惯上称为"加成",所以这种方法称为成本加成定价法。其计算公式为:

$$单位产品价格＝单位产品成本×(1＋加成率)$$

其中:加成率即为预期利润占产品成本的百分比。

例 8-1　某品牌千兆路由器的单位产品成本为 300 元,加成率为 20%,则:

$$单位产品价格＝300×(1＋20\%)＝360(元)$$

采用这种定价方法,核心问题是确定一个合理的加成率。不同的产品应根据其不同的特点、市场环境、行业情况等制定不同的加成率。一般来说,高档消费品和生产批量较小的产品,加成率应适当高一些,而生活必需品和生产批量较大的产品,加成率低一些。

　　这种方法的优点是简便易行。从企业角度看,计算成本要比确定需求更容易,更有把握,可以简化定价工作,也不必经常依据需求情况而做调整;采用这种方法还可以保证各行业取得的利润,从而可以保障生产经营的正常进行;如果同行都采取此种方法定价,价格竞争现象会大大减少。

　　这种方法的不足是没有考虑市场需求和竞争因素的影响,因而很难适应变化多端的现代市场。另外,加成率是一个估计数,缺乏科学性,由此计算出来的价格,很难说一定能为顾客所接受,更谈不上在市场上具有竞争能力。如果企业为多品种经营,成本分摊相对比较困难。

　　(2) 目标收益定价法。这种方法是在单位成本的基础上,按照目标收益率的高低计算价格的方法。其计算步骤如下。

　　① 确定目标收益率。目标收益率可以表现为投资利润率、成本利润率、销售利润率和资金利润率等几种形式。

$$目标收益率=(1/投资回收期)\times100\%$$

　　② 确定目标利润。根据目标收益率表现形式的不同,目标利润的计算也不同。一般的计算公式为:

$$单位产品目标利润=总投资额\times目标投资收益率/预期销售量$$

　　③ 计算单价。计算公式为:

$$单价=单位变动成本+单位产品目标利润$$

例 8-2　某网球拍厂总投资额为 80 万元,投资回收期为 5 年,固定成本为 40 万元,每个网球拍的变动成本为 80 元,当产品的销量为 2 万件时,问单价应为多少?

　　解:目标收益率$=(1/5)\times100\%=20\%$

　　单位产品目标利润$=80\times20\%/2=8(元)$

　　单价$=400\,000/20\,000+80+8=108(元)$

　　因此,该企业产品的定价应为 108 元。

　　目标收益定价法的优点是可以保证企业既定目标利润的实现;缺点是只从卖方的利益出发,没有考虑竞争因素和市场需求情况。这种方法是先确定销量,再确定和计算出产品的价格,这在理论上有些牵强。事实上,对于任何商品而言,一般是价格影响销售,而不是销售决定价格。因此,按此种方法计算出来的价格,不可能保证预计销售量的实现。尤其是那些价格弹性较大的商品,不同的价格,有不同的销售量,而不是先有销售量,然后再确定价格。

　　所以,目标收益定价法一般适应于需求的价格弹性较小,而且在市场中有一定影响力,市场占有率较高或具有垄断性质的企业,对于大型的公用事业单位更为适用。

　　(3) 收支平衡定价法。这种方法也称盈亏平衡定价法、保本定价法,是指在销量既定的条件下,企业产品的价格必须达到一定的水平才能做到盈亏平衡、收支相抵。既定的销量就称为盈亏平衡点、保本点。科学预测销量和已知固定成本、变动成本是盈亏平衡定价的前提。

　　这种定价方法的计算公式为:

$$收支平衡价格=应摊固定成本/总产量+单位变动成本$$

例 8-3　某公司一项产品年应摊固定成本为 200 000 元,每件产品的单位变动成本为 40 元,预计销量可望达到 5 000 件,其收支平衡价格应是多少元?

解:收支平衡价格＝200 000÷5 000＋40＝80(元)。

因此,要想收支平衡,该产品的价格至少应为 80 元。大于 80 元,则有盈余;低于 80 元,则会亏损。

采用收支平衡定价法的优点是:企业能够预测在一定条件下,定什么样的价格才能收回成本。缺点是:市场会受多种因素影响,导致产品的销量难以精准预测。

2. 需求导向定价法

需求导向定价方法是以需求为中心,以顾客对商品价值的理解和认识为依据来确定产品价格的方法。随着市场的变化,企业的定价方法也在发生变化。如果说成本导向定价法适用于卖方市场,那么需求导向定价法则适用于买方市场。需求导向定价法主要有两种形式。

(1) 理解(认知)价值定价法。一般来讲,每一种商品的性能、用途、质量、外观及其价格等在消费者心目中都有一定的认知和评价。当卖方的价格水平与消费者对商品价值的认知水平大体一致时,消费者就能接受这种价格。所以,理解价值定价法也称觉察价值定价法。

 重要名词 8-1

理解价值定价法

理解价值定价法是以顾客对商品价值的感受、理解、认知水平为定价依据而实施的定价方法。在定价时,先要估计和测量消费者对商品的认知价值,而后制定出商品的价格。

理解价值定价法的主要步骤如下。

① 确定顾客的理解价值。即确定顾客对企业产品的性能、用途、质量、外观及市场营销组合因素等在其心目中的认知价值。

② 根据确定的认知价值,决定商品的初始价格。

③ 预测商品的销售量。即在估计的初始价格的条件下,可能实现的销售量。

④ 预测目标成本。计算公式为:

$$目标成本总额＝销售收入总额－目标利润总额－税金总额$$
$$单位产品目标成本＝单位产品价格－单位产品目标利润－单位产品税金$$

⑤ 决策。即把预测的目标成本与实际成本进行对比,来确定价格。当实际成本不高于目标成本时,这说明在初始价格的条件下,目标利润可以保证,因而初始价格就可定为商品的实际价格。当实际成本高于目标成本时,这说明在初始价格的条件下,目标利润得不到保证,需要进一步作出选择,要么降低目标利润,要么设法进一步降低实际成本,使初始价格仍可付诸实施,否则只能放弃原有方案。

⑥ 判定顾客的理解度。理解价值定价法的关键是获得消费者对所提供商品价值理解的准确资料。企业如果过高估计顾客的理解价值,会令他们的产品定价过高,影响销量;反之,定的价格就可能低于他们能够达到的价值,使企业收入减少。

例 8-4 **理解价值定价法**

在一些大酒店,一罐可乐售价 10 多元,甚至 20 元,而在一些超市不过 3 元左右;一瓶年代较近的法国红酒售价 580 元,而在超级市场不过 160 元。为什么会有人消费这么贵的商品呢? 其实,消费者在这里消费的还有就餐环境、气氛、周到的服务等,正是这些因素提高了商品的附加价值,使消费者愿意支付那么高的价格。这就是理解价值定价。

(2) 需求差别定价法。需求差别定价法是指根据消费者对同种产品的不同需求强度、不同购买力、不同购买地点和不同购买时间等因素,制定不同的价格和收费的方法。

① 根据消费者差别定价。即对不同的消费者,可以采用不同的价格。营销实践中,许多企业对老客户和新客户采用不同价格。同一产品卖给批发商、零售商或消费者也会采用不同的价格;公园门票对学生、军人和残疾人优惠;民航的机票对本国籍乘客和外国籍乘客实行不同的价格,等等。

② 根据产品位置差别定价。即企业对于处在不同位置的产品或服务分别制定不同的价格。例如,对于不同地区的购买者采用不同的价格;同一地区或城市的影剧院、运动场、球场或游乐场等因地点或位置的不同,定价也不同。影剧院前排或正中间座位票价与后排或两翼的座位票价不同;火车卧铺上中下票价也不相同。

③ 根据产品形式差别定价。即企业对不同型号、外观、花色、规格的产品,根据顾客对于产品的喜好程度的不同,分别制定不同的价格。例如,同样的椅子,具有同样的使用功能,但可能因为样式的时尚与否而价格差别很大;外国香水成本很低,装在奇形怪状的瓶子里,价格立刻定得很高,消费者还趋之若鹜。

④ 以时间为基础的差别定价。即不同季节、不同日期,甚至在不同时刻的商品或劳务,如电话、电报等在不同时间(白天、夜晚、节假日、平日等)的收费标准不同;出租车在白天和夜晚的收费标准不同,等等。

采用差别定价法,必须具备一定的前提条件:市场是可以细分的,而且各个市场部分需求差异明显;细分后的市场之间无法相互流通,即以较低价格购买某种产品的顾客没有可能以较高价格把这种产品倒卖给别人;竞争者不可能在企业以较高价格销售产品的市场上以低价竞销;细分市场和控制市场的成本费用不得超过因实行价格歧视而得到的额外收入;价格歧视不会引起顾客反感;采取的价格歧视形式不能违法。

3. 竞争导向定价法

竞争导向定价法是指企业为了开拓、巩固和改善企业在市场上的地位,保持市场竞争的优势,通过研究竞争对手的生产条件、服务状况、价格水平等因素,根据自身的实际情况,来制定有利于竞争的产品价格的方法。这种方法制定的产品价格不与产品成本发生直接的关系。竞争导向的定价方法主要有如下几种。

(1) 随行就市定价法。企业依照市场上行业同类产品的平均现行价格水平来定价。这种方法是常用的定价方法之一,因为在现实中,一些企业产品估算成本不易,随行就市既能省事,又能保证收益。同时,也易于与存在竞争关系的同行和平共处,减少风险。

采用这种方法既可以追随市场领导者定价,也可以采用市场的一般价格水平定价。

这要根据企业产品的特征,及其产品的市场差异性而定。

(2) 密封投标定价法。这也是一种依据竞争情况来定价的方法,是招标人通过引导卖方竞争的方法来寻找最佳合作者的一种有效途径。买方在报刊上登广告或发出函件,说明欲采购的商品的品种、数量、规格等要求,邀请卖方在规定的期限内投标。买方在规定的时间开标,选择报价最低、最有利的卖方成交,签订采购合同。这种竞争性的定价方法叫做密封投标定价法。

这种方法主要适用于大宗产品、成套设备和建筑工程的定价。招标价格是企业能否中标的关键。但并非价格最低的企业都能中标,因为当价格低于边际成本时,企业将亏损,这对买卖双方都并非好事。

(3) 拍卖定价法。这是指卖方委托拍卖行,以公开叫卖的方式引导买方报价,利用买方竞争求购的心理,从中选择高价格成交的一种定价方法。这种方法历史悠久,常见于出售古董、珍品、高级艺术品或大宗商品的交易中。

营销实务 8-1　　　　　　　　小米手机的定价

2011 年 8 月 16 日,小米 1 的发布会上,雷军将小米的第一款手机定价为 1 999 元。此后,小米发布的每一款旗舰机型,如小米 2、小米 2S、小米 3、小米 4,其中的基本款的定价均为 1 999 元。

通过将价格定在 1 999 元,小米成功地建立了自己的第一个价格锚点,使得其他国产手机品牌对于 2 000 元附近望而却步。此后,小米先是通过推出定价为 1 499 元的小米青春版往下试探,然后又推出定价为 999 元的红米手机抢占千元机市场。

最后的结果是红米系列大卖,卖得比小米系列都要好得多! 于是小米又顺势推出大屏的红米 Note,成功地将 999 元变成了自己的第二个价格锚点。

2015 年 5 月 6 日,小米正式发布了小米 Note 顶配版,这款被雷军称为"安卓机皇"的手机价格定在了 2 999 元,而不是年初公布的 3 299 元。

如果小米能够成功地建立起第三个价格锚点,中国第一乃至全球前三的位置应该就能稳固了。当然,如果小米 Note 顶配版更多地只是防御性质,那就没必要这么大张旗鼓了。

评析:在竞争对手想方设法降低生产成本、开发高端产品,提升价格时,小米独辟蹊径,固守自己的价格策略,从而赢得了大批忠实的消费者。这是其成功的根本原因。

课堂测评

测评要素	表 现 要 求	已达要求	未达要求
知识掌握	能掌握产品价格定价程序		
技能掌握	能初步认识产品价格确定的具体方法		
任务内容整体认识程度	能概述产品价格确定的实践意义		
与职业实践相联系程度	能描述日常生活中的成功定价的例子		
其他习得	能描述与其他课程、职业活动等的联系		

8.3 产品定价策略

定价策略是企业为了实现预期的经营目标,根据企业的内部条件和外部环境,对某种商品或劳务,选择最优定价目标所采取的应变谋略和措施。

8.3.1 新产品定价策略

新产品定价是企业价格策略中一项十分重要的工作,不仅关系到新产品能否顺利进入市场,为以后占领市场打下基础,而且还影响到可能出现的竞争者数量。新产品成本高、顾客对它不了解,竞争对手也可能还没有出现,企业定价的自由度较高。企业通常会选择以下三种策略。

1. 撇脂定价策略

撇脂原意指如同加热牛奶后,提取牛奶表层奶油,含有捞取精华的意思。营销活动中,是指企业在新产品投放市场初期,把价格定得很高,以求在尽可能短的期限内获取高额利润。随着竞争者的加入,商品的进一步成长,再逐步降低价格。显然,撇脂定价是一种高定价策略。

 重要名词 8-2

撇脂定价

企业为产品制定较高的价格,以便能在产品生命初期,竞争者研制出相似产品之前,尽快收回投资,并且取得相当的利润。随着时间的推移,再逐步降低价格,使新产品进入弹性大市场。

采取撇脂定价策略必须具备以下市场条件:①新产品比市场上现有产品有显著的优点,质量、形象等易于打动消费者使其接受高价格;②在产品新上市阶段,商品的需求价格弹性较小或者早期购买者对价格反应不敏感;③短时期内由于仿制等方面的困难,类似仿制产品出现的可能性小,竞争者较少;④企业生产能力有限,难以应付市场需求,可以用高价格限制市场需求。

这种策略的优点是短期内就可以达到最大利润目标,尽快收回投资,有利于企业的竞争地位的确定。但缺点也明显,即由于定价过高,有时渠道成员不支持或得不到消费者认可;同时,高价厚利会吸引众多的生产者和经营者转向此产品的生产和经营,会出现大量的竞争者,导致市场竞争的白热化。

营销实务 8-2　　　　　　　　　　**iPod 新产品定价**

苹果 iPod 是近几年来非常成功的消费类数码产品之一。第一款 iPod 零售价高达 399 美元,即使对于美国人来说,也是属于高价位产品,但是有很多"苹果迷"既有钱又愿意花钱,所以纷纷购买;苹果认为还可以"撇到更多的脂",于是不到半年又推出了一款容量更大的 iPod,定价 499 美元,仍然销路很好。苹果的撇脂定价大获成功。

评析:苹果以"高端、时尚、独特、尊贵"的形象出现,市场定位就是一种高端消费品市场,因而每一款产品定价都相对较高。苹果之所以定价高,还有另一个原因——对消费者心理需求的考虑。其实在"苹果粉丝、苹果迷"这一群人中,都有一些共同的心理特征:好奇心理、追求时尚、寻求个性等。

2. 渗透定价策略

渗透定价策略是指企业在新产品投放市场的初期,将产品价格定得相对较低,以吸引大量购买者,获得较高的销售量和市场占有率。所以,这种策略也称为渐取定价策略。企业以较低的价格进入市场,易取得较大销量,具有鲜明的渗透性和排他性。

由于渗透定价策略正好与撇脂定价策略相反,因此也有人称它为低定价策略。它与撇脂定价策略一起都属于心理定价策略。

采用渗透定价策略必须具备的市场条件是:①商品的市场规模较大,存在着强大的竞争潜力;②商品无明显特色,需求价格弹性较大,只要稍微降低价格,需求量就会大大增加;③通过大批量生产能降低生产成本,使总利润增加。

这种策略的优点是可以占有比较大的市场份额,通过提高销售量来获得企业利润,也较容易得到销售渠道成员的支持。同时,低价低利对阻止竞争对手的进入有明显的作用。其缺点在于定价过低,一旦市场占有率扩展缓慢,收回成本速度也慢。有时低价还容易使消费者怀疑商品的质量,甚至影响品牌形象和企业声誉。

3. 满意定价策略

满意定价策略是一种介于撇脂定价策略和渗透定价策略之间的折中定价策略,其新产品的价格水平适中,同时兼顾生产企业、购买者和中间商的利益,能较容易地使各方接受。正是由于这种定价策略既能保证企业获得合理的利润,又能兼顾中间商的利益,还能为消费者所接受,所以被称为满意定价策略或中间定价策略。

这种策略的优点有:满意定价策略对企业和顾客都较为合理公平,由于价格比较稳定,在正常情况下盈利目标可按期实现。其缺点为:这是一种保守策略,可能失去了获得高利的机会,不适于竞争激烈或复杂多变的市场环境。这一策略适用于需求价格弹性较小的日用必需品和主要的生产资料。

重要信息 8-3　　　　　　　产品不同阶段定价策略

产品阶段定价策略指在"产品经济生命周期"分析的基础上,依据产品生命周期不同阶段的特点而制定和调整价格的策略。

(1)介绍期定价策略。一般可参考新产品的定价策略,对上市的新产品(或者是经过改造的老产品)采取较高或较低的定价。

(2)成长期定价策略。这一阶段,消费者接受了新产品进入市场时的产品价格,销售量增加,如果竞争者不多,企业就应该采取稳定价格策略,一般不贸然降价。但如果产品进入市场时价格较高,成批生产后成本下降较快,市场上又出现了强有力的竞争对手,企业为较快地提高市场占有率,也可以适当降价。

(3)成熟期定价策略。这一阶段,消费者人数、销售量都达到最高水平并开始出现回落趋势,市场竞争比较激烈,一般宜采取降价销售策略。但如果竞争者少也可维持原价。

(4) 衰退期定价策略。这一阶段,消费者兴趣转移,销售量剧烈下降,一般宜采取果断的降价销售策略,甚至销售价格可低于成本。但如果同行业的竞争者都已退出市场,或者经营的商品有保存价值,也可以维持原价,甚至提高价格。

8.3.2 心理定价策略

心理定价策略是指在进行价格决策时,以消费者心理状况为主要因素进行定价,一般在零售企业中对最终消费者应用得比较多。常用的有以下几种方法。

1. 尾数定价

尾数定价又称为"零数定价""非整数定价",是指企业利用顾客数字认知的某种心理,让价格带有零头结尾,而非整数的一种定价策略。这种方法常常以一些奇数或吉祥数字结尾,或者定价时保留小数点后的尾数,使消费者产生价格较低廉的感觉,还能使消费者留下定价时计算精确,没有乱要价的好印象,从而使消费者对企业定价产生信任感。如一支牙膏4.99元要比5元钱受消费者欢迎。

> **例 8-5** 某品牌的32英寸LED液晶电视标价为998元。消费者会认为很便宜,只要几百元就能买一台电视,其实它比1000元只少了2元。尾数定价策略还给人一种定价精确、值得信赖的感觉。

2. 整数定价

整数定价是指商品的价格以整数结尾的定价策略,常常以偶数,特别是以零为结尾。一些企业有意将产品价格定为整数,以显示产品隐含的质量水平。这种方法适合高档消费品、礼品、名牌产品,以及消费者不太了解的产品。一般来讲,对于价格昂贵的高档产品,消费者往往对质量较为重视,常常把价格高低当作衡量产品质量的标准之一,正所谓"一分价钱一分货"。对于商家来说,正好利于销售。

3. 声望定价

声望定价是指企业利用消费者仰慕有声望的商品或名店的心理来制定商品的价格,采用这种定价策略的商品价格往往会很高。许多高级名牌产品和稀缺产品,如豪华轿车、高档手表、名牌时装、名人字画、珠宝古董等,在消费者心目中享有极高的声望和地位,价格虽然很高,但消费者还乐于接受,因为它满足了购买者显示地位的需求,是个人价值的体现。

> **例 8-6** 20世纪80年代,美国柯达公司生产的彩色胶片垄断了国内彩色胶片市场的90%,柯达公司决心向海外市场进军。经调研,发现日本人对商品普遍重质而不重价,于是制定高价政策,保护名誉,专门以高出日本品牌"富士"1/2的价格推销柯达胶片。经过5年的努力,"柯达"作为高端产品终于被日本人接受,走进了日本市场。

4. 习惯性定价

某种商品由于同类产品多,在市场上形成了一种消费者共同认可的习惯价格,个别生产者难于改变。降价引起消费者对品质的怀疑,涨价则可能受到消费者的抵制。如果产品成本上涨了,可以采取一些灵活变通的办法。如可以用廉价原材料替代原来较贵的原材料;也可以减少用料,或在包装、品质上进行适当改动,使消费者慢慢习惯。

5. 招徕定价

招徕定价是指利用部分顾客的求廉心理,特意将某几种商品的价格定得较低以吸引顾客的定价策略。街头常见的"10元店""百元店"就属于此类。一些大型的商场或超级市场部分商品制定低价,是想吸引消费者选购其他商品。

8.3.3　折扣定价策略

折扣定价策略是一种中间价策略,是利用各种折扣和折让吸引经销商和消费者,促使他们积极推销或购买本企业产品,从而达到扩大销售、提高市场占有率的目的。常见的价格折扣主要有以下几种形式。

1. 数量折扣

数量折扣是指企业按顾客购买数量的多少给予其不同的价格折扣,顾客购买的数量越多,或数额越大,折扣率越高,以鼓励顾客大量购买或一次性购买多种商品,并吸引顾客长期购买本企业的商品。数量折扣分为累计数量折扣和非累计数量折扣。

（1）累积数量折扣是指在一定时期内累计购买超过规定数量或金额给予的价格折扣,其优点在于鼓励消费者成为企业的长期顾客。

（2）非累计数量折扣是指按照每次购买产品的数量或金额确定折扣率,其目的在于吸引买主大量购买,利于企业组织大批量销售,以节约流通费用。

2. 现金折扣

现金折扣又称付款折扣,是指为了鼓励购买者尽早付清货款,加速资金周转,对提前付款或在约定时间付款的买主给予的价格折扣。运用现金折扣策略,可以有效地促使顾客提前付款,从而有助于盘活资金,减少企业的利率和风险。折扣大小一般根据付款期间的利率和风险成本等因素确定。

3. 季节折扣

季节折扣是指生产经营的季节性产品的企业为鼓励买主提早采购,或在淡季采购而给予的一种价格优惠。在季节性商品销售淡季,资金占用时间长,这时如果能扩大产品销售量,便可加快资金周转,节约流通费用。卖方以价格折扣来鼓励买方在淡季购买商品,并向其转让一部分因节约流通费用带来的利润,这对买卖双方都具有积极意义。

4. 功能折扣

功能折扣是中间商为企业进行广告宣传、展销、橱窗布置等推广活动,企业在价格方面给予批发企业和零售企业的折扣。折扣的大小因商业企业在商品流通中的不同功用而不同。一般来说,批发商来厂进货给予的折扣要大些,零售商从厂方进货的折扣低于批发企业。

5. 以旧换新折扣

以旧换新折扣是指企业在销售耐用品时,消费者可以以旧换新,只要支付新商品价格与旧货折算价的差额即可。

8.3.4 地理定价策略

地理定价策略是指企业根据商品流通费用,如运输费、仓储费、保险费、装卸费及其他杂费的分担所制定的不同的价格策略。这一定价策略主要有以下几种形式。

1. 产地价格

产地价格是指卖方按照厂价交货或按产地某种运输工具交货的价格,由买方负担全部运输、保险等费用,商品所有权也从离开仓库时起转移到买方。

2. 统一交货价格

统一交货价格是指企业对于卖给不同地区的顾客的某种产品都按照相同厂价(产地价格)加相同的运费(按平均运费)定价。

3. 区域定价

区域定价是指把产品的销售市场分成几个价格区域,对于不同价格区域的顾客制定不同的价格,实行地区价格。一般较远的区域价格应该高一些。

4. 运费免收定价

运费免收定价是指企业替买主负责全部或部分运费,企业采用运费免收价,一般是为了与购买者加强联系或开拓市场,通过扩大销量来抵补运费开支。

8.3.5 价格调整策略

企业产品定价后,由于自身或竞争者的情况发生了变化,产品价格也需要经常调整。价格调整包括降低价格和提升价格两种情形。

1. 降价策略

降低价格是企业在经营过程中经常采用的营销手段。导致企业降价的原因有以下几个方面。①存货积压。②生产能力过剩,形成了供大于求的市场局面。③竞争压力。很多企业因为竞争对手率先降价而不得不跟进以保持现有的市场份额。④成本优势。企业在经营过程中掌握了成本优势,会主动降低价格。

常用的降价方式有以下几种。①实行价格折扣,如数量折扣、现金折扣、津贴等。②采用营业推广方式。此时产品的标价不变,只是在销售时赠送商品或购物券,或实行有奖销售,允许顾客分期付款或赊销等。③增加产品价值。在产品标价不变的情况下增加产品的附加价值,如提高产品质量,改进产品性能;提供免费送货及安装服务;延长产品的免费保修服务期;免费提供技术培训等。

重要信息 8-4	产品降价注意事项

降价一般会受到消费者的欢迎，但也可能会引起一些消费者的疑惑，他们可能会认为产品降价是因为质量、性能方面出了问题，所以企业在采取降价措施时，应当能提供一个令人信服的理由，尽量打消消费者的疑惑。另外，值得注意的是，降价策略只适用于需求价格弹性较大的产品．对需求价格弹性较小的产品降价并不能有效地提高产品的销量，反而会由于单位产品利润的下降使企业得不偿失。

2. 提价策略

企业提价的原因主要有以下几个方面。①成本上升。②产品供不应求。企业提价，不但能平衡供需，还能使企业获得高额利润。③竞争策略的需要。当市场上有一家厂家率先提价时，其他企业很可能会随后跟进。④改进产品。企业对产品作了较大改进，价格自然会提高。⑤通货膨胀。出现了通货膨胀的情形，产品价格也会提高。

企业提价方式有以下几种：①取消原有的价格折扣；②目录价格不变，但减少产品分量及附赠产品，或是降低产品质量、减少功能、简化包装等；③目录价格不变，但减少产品的附加服务或是对原来免费的服务收取服务费；④在通货膨胀情况下可以推迟报价，等到产品制成或交货时再给出最后价格；⑤在产品组合中取消低利润产品或增加高利润产品的比重。

课堂测评

测评要素	表现要求	已达要求	未达要求
知识掌握	能掌握产品定价策略的含义		
技能掌握	能初步认识产品定价策略的具体操作		
任务内容整体认识程度	能概述产品定价策略的意义		
与职业实践相联系程度	能描述日常生活中的定价策略的表现		
其他习得	能描述与其他课程、职业活动等的联系		

任务 8 小结

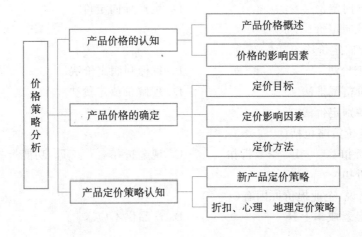

教学做一体化训练

一、重要名词

理解价值定价法　　撇脂定价策略

二、课后自测

（一）单项选择题

1.（　　）是产品价格构成的主要部分。

A. 生产成本　　　　B. 流通费用　　　　C. 税金　　　　　D. 利润

2. 成本加成定价法是在单位产品成本的基础上，加上一定比例的（　　）作为产品售价的定价方法。

A. 预期利润　　　　B. 税金　　　　　C. 费用　　　　　D. 变动成本

3. 目标收益定价法，一般适应于需求的价格弹性（　　）的产品。

A. 较小　　　　　B. 较大　　　　　C. 中等　　　　　D. 缺乏

4. 声望定价适用于（　　）。

A. 豪华轿车　　　　B. 工业用品　　　　C. 生活必需品　　D. 木制品

5. 招徕定价主要考虑了顾客的（　　）心理。

A. 求廉　　　　　B. 习惯购买　　　　C. 追求时尚　　　D. 精打细算

（二）多项选择题

1. 企业的定价目标一般有（　　）。

A. 获取利润　　　　B. 扩大销售　　　　C. 市场占有　　　D. 改善形象

E. 应对竞争

2. 影响产品定价的因素有（　　）。

A. 产品成本　　　　B. 市场供求　　　　C. 竞争状况　　　D. 营销策略

E. 消费者反对

3. 从价格制定的不同依据出发，我们可以把定价方法分为（　　）。

A. 成本导向定价　　　　　　　　B. 利润导向定价

C. 需求导向定价　　　　　　　　D. 生产导向定价

E. 竞争导向定价

4. 需求导向定价法包括（　　）。

A. 习惯定价法　　　　　　　　　B. 目标利润定价法

C. 可销价格倒推法　　　　　　　D. 理解价值定价法

E. 需求差别定价法

5. 折扣定价策略包括（　　）。

A. 地理折扣　　　　B. 季节折扣　　　　C. 现金折扣　　　D. 功能折扣

E. 数量折扣

6. 一般来说，企业提价原因有（　　）

A. 生产经营成本上升　　　　　　B. 产品供不应求

C. 竞争策略的需要　　　　　　　　D. 改进产品

E. 通货膨胀

（三）判断题

1. 实力较强的企业,要扩大市场占有率时,可采用高于竞争对手价格出售产品的方法。（　　）

2. 当需求价格弹性小时,应通过薄利多销来增加盈利。（　　）

3. 使用目标利润定价法的前提是产品的市场潜力很大,需求的价格弹性也很大。（　　）

4. 撇脂价格策略是一种低价格策略,也是一种长期的价格策略。（　　）

5. 尾数定价策略适用于各种商品。（　　）

（四）简答题

1. 企业定价目标主要有哪几种?

2. 简述撇脂定价策略的优缺点。

3. 成本导向定价法有哪几种? 各有什么利弊?

4. 理解价值定价法的含义是什么? 在什么条件下适用?

5. 简述渗透定价策略的主要优点是什么? 应用条件是什么?

（五）案例分析

高温来临,饮料市场开战。这个夏季,日渐成熟的水市场进入了划分势力范围的攻坚战;功能饮料异军突起,中原逐鹿,格局未定;果汁市场多了可口可乐的加盟,战火升级;百事可乐开建新厂,觊觎可口可乐"老大"地位。建新厂,投新品,创概念,拼广告,各企业绞尽脑汁,各显神通。然而夏季终究会过去。长久来看,饮料之战,还是一场比拼内力的持久战。如果你喜欢周星驰的无厘头,再加上被电影《天下无贼》感动过一回,那么你就是"农夫汽茶"广告的目标。在这个广告里,三个年轻小伙模仿范伟结巴地说:"打,打,打劫了。"继而饮料摊主老婆婆用狮吼功大喊:"知道了!"引得无数观众捧腹大笑。

一、天然水的代价

2000 年农夫山泉发起"天然水和纯净水"的争论,农夫山泉名气扶摇直上。农夫山泉成了高品质和健康饮用水的代名词,也让其宿敌——娃哈哈讨不着半点便宜。

但是农夫山泉没有想到,这个"天然"也成了日后农夫山泉扩展全国市场的一个限制。因为天然,农夫山泉在选择水源和瓶装厂的时候限制很多:瓶装厂要接近水源,水源必须符合农夫的宣传口号"无污染、源自天然"。

时至今日,农夫山泉在全国也只有 4 个生产厂,"这 4 个生产厂靠近农夫山泉的 4 个水源地,吉林、河源、丹江口,还有千岛湖。"生产能力的局限不仅影响农夫系列饮料产品的产量,更导致农夫物流成本居高不下。由于只有 4 个生产厂,农夫大多数产品都是远距离运输。农夫所有生产厂都选择在有铁路终端的地区,然而铁路运输成本高,而且不能直达很多销售网点。农夫山泉前品牌经理胡滨曾说,这种物流方式增加了农夫经销商的运营成本,是娃哈哈汽车物流方式所需成本的三倍或三倍以上。各地的经销商还要承担一定运输费用。"现代化生产"的娃哈哈拥有覆盖全国的 15 个生产厂,它可以选择汽车运输的方式，直接将产品送到终端货架和二级批发商的仓库，效率提高，大大节约了经销商的资金。汽车运输的另一个好处就是能够更快地对市场做出反应，订单的处理时间和货款的确认时间短。这表现在客户销售终端就是"终端代理商和消费者都能够更便捷、快速地接触产品"。一位长期观察农夫山泉的资深人士说："因为在国内的大多数市场，消费者不会预先设定购买的产品，而是在可选择范围内选择产品。""这也是养生堂（农夫山泉有限公司为养生堂有限公司旗下子公司）为什么采用高价的产品策略的原因，一方面是走差异化路线的需要，另一方面也是用高价产品给自己和渠道客户弥补利润的不足，用产品策划优势来弥补渠道劣势。"胡滨曾这样说道。

二、高价策略不够坚挺

养生堂的每一款产品都以高品质为卖点，不管是更健康的天然水，还是引领市场的农夫果园，以及今年新推的汽茶。可是这种高价策略往往并不坚挺。

2003年，养生堂推出农夫果园，将零售价格制定在3.5～4元，为零售商留下了充裕的利润空间。但是就在2005年，农夫果园价格体系失去了对终端的指导意义。据公开资料显示，2005年3—6月份，农夫果园送抵终端价格一降再降，从最初的70元/箱降到了62元/箱，远远低于了指导价格65～66元/箱。这种情况导致了终端小店对农夫山泉的业务员失去信任，有的业务员甚至被当作骗子。而农夫山泉在超市的售价，也经历了每瓶1.5元，到1.2元，再到1元的滑坡。另外，养生堂的产品还存在渠道压货现象。正处于促销期的农夫果园没有明显的促销标志或者配合活动。而定位更高的农夫系列产品，其成本比竞争对手高。据农夫山泉采购部门的人员介绍，仅农夫山泉使用的宽口瓶瓶盖的成本就是娃哈哈的5倍。而农夫果园采用的原料不是大多数企业采用的甜味剂，而是成本更高的白砂糖。饮料业竞争激烈，农夫山泉产品的利润非常微薄，"我们都是靠跑量来维持。"农夫的内部员工这样对记者说。

（资料来源：周帆：《农夫为什么挺不住》，《第一财经日报》2005年7月14日）

问题：

1. 农夫山泉的产品定价策略有哪些？

2. 分析农夫山泉产品降价的原因并提出对策。

（六）同步实训

□ 同步实训8-1：产品价格影响因素讨论

实训目的：认识产品价格及其影响因素，理解其实际意义。

实训安排：

1. 学生分组，选择自己熟悉的某一新上市的日用品，从消费者角度分析并概括这一商品的定价影响因素（注意从性价比的角度进行分析）。

2. 讨论其定价的特点，并从营销人员的角度提出价格方面的对策建议。

3. 选择部分学生制作PPT进行展示，并组织讨论与评析。

实训总结：学生小组交流不同分析结果，教师根据分析（文案）报告、PPT演示、讨论分享中的表现分别给每组进行评价打分。

□ 同步实训8-2：产品定价程序讨论

实训目的：认识产品定价方法，理解其实际意义。

实训安排：

1. 学生分组，选择日常生活中一种自己认为是依据"顾客理解价值"定价的商品或服务。

2. 讨论其定价的特点，并从营销人员的角度提出定价方面的一些改进建议。

3. 选择部分学生制作 PPT 进行展示，并组织讨论与评析。

实训总结：学生小组交流不同分析结果，教师根据分析（文案）报告、PPT 演示、讨论分享中的表现分别给每组进行评价打分。

□ **同步实训 8-3：产品定价策略讨论**

实训目的：认识产品定价策略，理解其实际意义。

实训安排：

1. 学生分组，选择日常生活中某种商品的定价方式，如"百元裤业""一支牙膏 4.99 元"等情况，分析其定价策略的意义。

2. 讨论其定价的特点，并从营销人员的角度提出定价方面的一些改进建议。

3. 选择部分学生制作 PPT 进行展示，并组织讨论与评析。

实训总结：学生小组交流不同分析结果，教师根据分析（文案）报告、PPT 演示、讨论分享中的表现分别给每组进行评价打分。

价格策略
课程思政

课程思政园地

作为红旗旗下备受关注的一款车，红旗 H9 的话题度一直没有下降过，这款自带"民族属性"的豪车收获了很高的关注度，国内售价为 30.98 万～53.98 万元。据悉，红旗 H9 通过日本代理商正式进军日本市场，2021 年 3 月起交付日本客户。据了解，日本的代理商预定了 5 台红旗 H9 作为准入认证和样车展示，并且已经确定了该车在日本的定价——入门版 2.0T 车型为 669.95 万日元，折合人民币约 41.7 万元；搭载 3.0T 发动机的车型，起价为 986.7 万日元，折合人民币约 61.46 万元；顶配车型价格高达 1 096.5 万日元，折合人民币约 68.3 万元。

另外，还有两款车型没有公布售价，通过车辆型号判断，可能是搭载 2.5T 发动机和 3.0T 发动机的两款顶配车型，目前雷克萨斯 LS 在日本起售价为 1 073 万日元，折合人民币约 67 万元，可见红旗 H9 的定价与同级别豪华品牌产品并没有差太多。

思考：你怎样看待红旗 H9 在日本市场的定价？

学生自我总结

通过完成任务 8 价格策略分析，我能够做如下总结：

一、主要知识

概括本任务的主要知识点：

　　1.

　　2.

二、主要技能

概括本任务的主要技能：
    1.
    2.

三、主要原理

你认为，认识价格策略的意义是：
    1.
    2.

四、相关知识与技能

你在完成本任务后掌握的相关知识与技能：
    1. 价格的完整含义是：
    2. 新产品定价的方法有：
    3. 产品价格策略的主要类型包括：

五、成果检验

你在完成本任务后取得的学习成果：
    1. 完成本任务的意义有：
    2. 学到的知识或技能有：
    3. 自悟的知识或技能有：
    4. 你对价格策略分析的看法是：

任务9 分销渠道策略分析

学习目标

1. 知识目标
(1) 认识分销渠道的作用。
(2) 认识分销渠道选择的影响因素。
(3) 认识分销渠道模式。

2. 能力要求
(1) 能进行分销渠道分析。
(2) 能评价分销渠道策略。
(3) 能完整表述分销渠道策略的意义。

3. 思政目标
(1) 认识我国电商行业的先进性。
(2) 体会电商企业家创业精神。
(3) 增强民族自豪感。

任务解析

根据市场营销职业工作过程活动顺序,这一学习任务可以分解为以下子任务。

9.1 分销渠道的认识

9.2 分销渠道的设计

9.3 分销渠道的管理

渠道策略分析
课前阅读

营销故事

春秋时期,弃政从商的范蠡欲将一批好马运送到吴越一带,但是路途遥远,兵荒马乱,让他担心不已。一次偶然的机会,他听说有一个叫姜子盾的商人很有势力,运送货物去吴越而无人敢劫。于是他贴了一张榜文,大意是自己组建了新马队,现在进行试营业,可以免费帮人向吴越运送货物。不出所料,姜子盾很快找上门来,要求运送麻布,范蠡满口答应。马队启程,范蠡和姜子盾一路同行,安全到达目的地。马匹在吴越很快卖出,范蠡赚了一大笔钱。

范蠡贩马的成功令人深思。现实营销活动中,许多企业也会借助别人的手,将自己的产品送到消费者手中。在这一过程中,有许多的中间商为生产商和消费者搭建起一座桥梁,生产商供给的产品和消费者的需求产生了交汇。这一过程就是市场营销活动中的分销渠道。渠道中的中间商有各种各样的特征,营销人员应该在掌握其特征的基础上,设计并管理渠道,使其为实现营销目标服务。

读后问题:

1. 文章想表达哪些内容?

2. 马匹的主人为什么要帮人运送货物?

3. 生产厂家为什么要借助别人之手来销售货物?

4 生产厂家和中间商是一种什么样的关系?

9.1 分销渠道的认识

营销人员在确定了产品价格后,还需通过某种渠道,将产品推广到市场上去,进而销售给消费者。那么,什么是分销渠道? 营销活动中,渠道充当着什么样的作用?

认识分销渠道,首先要认识渠道的职能与特点,以及渠道中不同中间商的特征。在此基础上,根据企业的营销目标及产品特点,对中间商做出理性选择。

9.1.1 分销渠道认知

大学校园的早晨,匆匆赶往教室的同学总会在校园里的小超市"消费"一番:一个汉堡、一盒牛奶,加热! 习惯成自然。可能我们谁也没有想过,直接去牛奶厂买牛奶,去汉堡厂买汉堡,这样的例子有很多很多。

1. 分销渠道的概念

我们日常生活中消费的许多商品都是从各类零售商那里购买的,很少与生产厂家直接交易。对于生产厂家来讲,通过这些零售商,将各种产品送到消费者手上。这一过程中,发挥作用的就是分销渠道。

 重要名词 9-1

分销渠道

分销渠道是指某种产品或服务在从生产者向消费者转移过程中,取得这种产品或服务的所有权或帮助其所有权转移的所有企业和个人,包括中间商、生产者和最终消费者或用户。

2. 分销渠道的成员

从分销渠道的定义,我们可以看出,在某种产品或服务从生产者向消费者转移过程中,渠道成员主要包括商人中间商(他们取得所有权)、代理中间商(他们帮助转移所有权)、处于渠道起点和终点的生产者自身和最终消费者或用户,但是不包括供应商、辅助商。

（1）按照渠道的属性划分，可以分为实体渠道、电子商务渠道和移动电子商务渠道。

① 实体渠道包括：实体自营店、实体加盟店、电子货架、异业联盟等。

② 电子商务渠道包括：自建官方 B2C 商城、进驻电子商务平台，如淘宝店、天猫店、拍拍店、QQ 商城店、京东店、苏宁店、亚马逊店等。

③ 移动商务渠道包括：自建官方手机商城、自建 App 商城、微商城、进驻移动商务平台如微淘店等。

（2）按照是否有中间商介入划分，可以分为直接渠道与间接渠道。

① 直接渠道。直接渠道是指生产者不利用中间商将产品直接供应给消费者或用户。它的优点是利于产、需双方沟通信息、减少流通环节；缺点是分散生产管理精力，不利于集中力量抓好生产。

② 间接渠道。间接渠道是指生产者利用中间商将产品销售给消费者或用户。它的优点是节约了流通成本和时间，降低了产品价格；缺点是中间商的介入，使生产者与消费者之间的沟通不便。

重要信息 9-1　　　　　　　　　商人中间商与代理中间商

（1）商人中间商拥有所经营商品的所有权；代理中间商不拥有商品所有权。

（2）商人中间商为了取得经营商品所有权，在购进商品前必须要预付商品资金；而代理中间商则不需要垫付资金。

（3）商人中间商购进商品与销售商品之间存在着价格差，正是这种差价形成了企业利润；代理中间商的收入来自委托销售企业按规定支付的佣金。

3. 分销渠道的作用

分销渠道中，生产企业与中间商建立起长期的联系，中间商的行为将直接影响企业的整体营销策略，进而影响营销目标的实现。具体来说，分销渠道的主要作用有以下几点。

（1）产品销售。企业通过分销渠道实现产品销售，达到企业经营目标，赢取利润，这是分销渠道具有的最直接、最基本也是最有效的作用。

（2）信息收集。分销渠道成员通过市场调研收集和整理有关消费者、竞争者，以及市场营销环境中的其他影响者的信息，并通过各种途径将信息传递给渠道内的其他成员。

（3）沟通服务。销售活动中，生产者或经营者寻找潜在的购买者，并与之接触，实现良好的沟通。此外，分销渠道还发挥着商品的流通及为下游渠道成员提供服务的作用。

（4）风险分担。分担风险是指在商品流通的过程中，随着商品所有权的转移，市场风险在渠道成员之间进行转换和分担。

（5）资金融通。分销渠道也是一个融资的通道。无论是制造商品，还是销售商品，都需要投入资金，以完成商品所有权转移和实体流转的任务。

9.1.2　分销渠道结构认知

企业产品从生产厂家到达消费者手中，要经过多个销售渠道，根据不同的标准，分销渠道可以分为以下结构形式。

1. 分销渠道的长度结构

按照产品分销过程中经历流通环节的多少将分销渠道分为长渠道与短渠道。从这一角度认识渠道,可将这种结构称作渠道的长度结构,也称为层级结构,即指流通环节中渠道中间商的层级递进关系。

(1) 零层渠道又称为直接渠道,是指生产企业在产品分销过程中没有中间商参与,商品由生产者直接销售给最终消费者或用户的渠道形式。如图 9-1 所示。

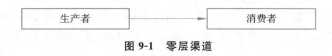

图 9-1 零层渠道

零层渠道的优点:有利于及时销售产品,加速了资金周转,减少了费用,提高了竞争力。同时便于生产企业了解市场,建立密切的产销关系并加强控制,避免了与其他渠道成员的矛盾冲突。

零层渠道的缺点:占用企业较多的资金和人力,限制了商品流通范围,不利于尽快扩大市场。一般说来,这种策略适合于产品数量不大、市场相对集中的企业。零层渠道也是工业品分销的主要渠道类型,一些大型的设备、专用工具、技术复杂的仪器仪表等需要提供专门服务的产品,都采用直接分销渠道。

(2) 一级渠道。一级渠道是指生产者把产品销售给零售商,再由零售商将产品销售给消费者的渠道形式。如图 9-2 所示。

图 9-2 一级渠道

一级渠道的优点:可以借助零售商的力量扩大市场。缺点表现为:较零层渠道而言,要向零售商让利。

(3) 二级渠道。二级渠道是指生产者将产品销售给批发商或代理商,再由他们将产品销售给零售商,通过零售商最后将产品销售给消费者的一种渠道形式。如图 9-3 所示。

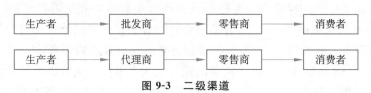

图 9-3 二级渠道

二级渠道的优点:由于渠道长、分布密,能有效覆盖市场,从而扩大商品销售范围和规模。缺点则主要表现为:销售环节多,流通费用会相应增加,使商品价格提高,价格策略选择余地变小;信息反馈慢,且失真率高,不利于企业正确决策;需要更好地协调渠道成员之间的关系。

(4) 三级渠道。三级渠道是指一个渠道系统中包含三层中间机构,如生产者通过代理商将产品卖给批发商、零售商,通过零售商再将产品销售给消费者。如图 9-4 所示。

图 9-4　三级渠道

三级渠道结构常见于消费品市场,在国际市场营销中应用较多。熟悉进口国营销环境的代理商可以顺利进入进口国的市场,抓住国际市场机遇。但是这种渠道结构也有缺点,如商品在流通领域流转时间较长,不利于及时投放市场。

可见,分销渠道长度结构有利有弊,企业在进行渠道选择与建设时必须对市场特点、企业实力、产品性质等作综合考虑,选择适当的策略。

2. 分销渠道的宽度结构

分销渠道的宽度结构是根据企业在分销过程中每一层级中间商数量的多少来定义的一种渠道结构形式。

(1)密集分销。密集分销也称为广泛性分销渠道或普遍性分销渠道,是指生产企业通过尽可能多的中间商来销售产品,把销售网点广泛地分布在市场的各个角落。一般消费品和工业品中标准化、通用化程度较高的机具常采用该分销渠道策略,因为这类产品市场需求面广,顾客对购买产品的便利性要求较高。采用这种策略,有利于加快市场渗透,扩大产品销售。但生产企业基本上无法控制这类渠道,与中间商的关系也较松散。生产企业须承担较高的促销费用,以设法鼓励和刺激中间商,使其积极销售本企业产品。如图 9-5 所示。

图 9-5　密集分销渠道

(2)选择分销。选择分销是指企业精心选择部分中间商销售自己的产品。该策略着眼于维护本企业产品的良好声誉,巩固企业的市场地位。这种策略适用于所有商品,但比较起来,对于工业品和消费品中的选购品、高档商品更为适宜。该策略既有利于中间商努力提高服务质量,也有利于生产商根据市场需要适度对分销渠道加以控制。如图 9-6 所示。

图 9-6　选择分销渠道

(3)独家分销。独家分销也称为专营性分销或专一性分销,是指生产企业在特定地区仅选择一家中间商销售其产品。这是最窄的分销渠道,一直以来,通常只对技术性较强的耐用品或名牌产品适用,如汽车、大型电子产品等。2017 年 7 月 1 日起,我国新的《汽车销售管理办法》正式实施,销售汽车不再必须汽车品牌商授权,汽车超市、汽车卖场、汽车电商等将会成为新的汽车销售形式。

该策略的优点是:产销双方能密切配合、协作;容易控制市场和价格,得到更多利润;便于降低流通费用,提高服务质量,从而提高企业声誉。其缺点是:覆盖面小,可能影响销售量;过分依赖单一中间商,加大了市场风险。如图 9-7 所示。

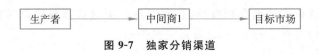

图 9-7　独家分销渠道

9.1.3　分销渠道中的中间商

渠道中的中间商是指在生产者与消费者之间,专门从事产品经营,促使买卖行为发生的组织和个人。中间商可以分为批发商、代理商和零售商。

1. 批发商

商人批发商是指大批量向制造商或经销单位采购商品,再将其转卖或者用于其他商业用途的组织或个人。按不同分类标准,批发商可分为以下类型。

(1) 按职能和提供的服务分类,批发商可分为完全服务批发商和有限服务批发商。

① 完全服务批发商。这类批发商执行批发商的全部职能,它们的主要职能为:保持存货,雇用固定的销售人员,提供信贷、送货和协助管理等。完全服务批发商又可具体分为批发商人和工业分销商两种。批发商人主要是向零售商销售产品,并提供广泛的服务;工业分销商则是向制造商而不是向零售商销售产品。

② 有限服务批发商。这类批发商为了减少成本费用,降低批发价格,往往只履行一部分职能。有限服务批发商的主要类型包括:现购自运批发商、承销批发商、卡车批发商、托售批发商、邮购批发商、农场主合作社。

(2) 按服务范围或经营的产品线分类,批发商分为综合批发商、专业批发商和专用品批发商三种。

① 综合批发商。综合批发商经营不同行业相关的产品,范围很广泛,并为零售商提供综合服务。

② 专业批发商。专业批发商经销的产品是行业专业化的,完全属于某一行业大类,诸如杂货批发商经营各类杂货,五金批发商则经营五金零售商所需要的所有产品。

③ 专用品批发商。专用品批发商则专门经营某条产品线的部分产品,如食品杂货行业中的冷冻食品批发商,服装行业中的布料批发商。

(3) 按顾客的性质分类,批发商可以分为批发中间商和工业分销商两种。

① 批发中间商。批发中间商主要是向零售商销售产品,并提供广泛的服务。

② 工业分销商。工业分销商则是向生产商而不是零售商提供如存货、信贷和其他可获得的服务。

2. 代理商

代理商是指接受生产者委托从事产品销售,但不取得产品所有权的企业或个人。按其和生产者业务联系的特点,又可以分为制造代理商、销售代理商、采购代理商和经纪商。

(1) 制造代理商。制造代理商是指分别和每个制造商签订有关定价政策、销售区域、订单处理程序、送货服务和各种保证,以及佣金比例等方面合同的代理商,利用其广泛关系来销售制造商的产品,常被应用在服饰、家具和电器产品等产品线上。

(2) 销售代理商。销售代理商是在签订合同的基础上,为委托人销售某些特定产品或全部产品的代理商。销售代理商对价格、条款及其他交易条件可全权处理。这种代理方式常见于纺织、木材、某些金属产品、某些食品、服装等行业。

(3) 采购代理商。采购代理商一般与顾客有长期的合作关系,代他们进行采购,往往负责为其收货、验货、储运,并将物品运交买主。如服饰市场的常驻采购员,他们为小城市的零售商采购适销的服饰产品。

(4) 经纪商。经纪商是指既不拥有产品所有权,又不控制产品实物价格及销售条件,只是为买卖双方牵线搭桥,协助它们进行谈判,买卖达成后向雇佣方收取费用的中间商。它们并不持有存货,也不参与融资或承担风险。

3. 零售商

零售商是指所有向最终消费者直接销售产品和服务,用于个人及非商业性用途的中间商。根据现实市场呈现的状态,可以将零售商分为商店零售商和无店铺零售商。

(1) 商店零售商。商店零售商形式多样,主要有以下类型。

百货商店。百货商店指经营包括服装、家电、日用品等众多种类商品的大型零售商店。它是在一个大建筑物内,根据不同商品部门设置销售区,采取柜台销售和开架面售方式,满足顾客对时尚和商品多样化选择需求的零售业态。

重要信息 9-2　　　　　　　我国零售业业态

我国零售业分为 18 种业态,总体上可以分为有店铺零售业态和无店铺零售业态两类。其中,有店铺零售业态包括:食杂店、便利店、折扣店、超市、大型超市、仓储会员店、百货店、专业店、专卖店、家居建材店、购物中心、厂家直销中心共 12 类。无店铺零售业态有:电视购物、邮购、网上商店、自动售货亭、电话购物和直销共 6 类。

超级市场。超级市场是实行自助服务和集中式一次性付款的销售方式,以销售包装食品、生鲜食品和日常生活用品为主,满足消费者日常必需品需求的零售业态。超级市场普遍实行连锁经营的经营方式。

专业商店。专业商店是指以经营某一大类商品为主,并且具备丰富专业知识的销售人员和提供适当售后服务,满足消费者对某大类商品的选择需求的零售业态。

专卖店。专卖店是指专门经营或授权经营某一主要品牌商品(制造商品牌和中间商品牌)为主,适应消费者对品牌选择需求的零售业态。只要消费者个性化、差别化需求存在,专业店和专卖店就能维持生存并不断发展深化。

便利店。便利店是一种以自选销售为主,销售小容量应急性的食品、日常生活用品和提供商品性服务,以满足顾客便利性需求为主要目的的零售业态。

仓储商店。仓储商店是一种仓库与商场合二为一,主要设在城乡接合部,装修简单,价格低廉，服务有限，并实行会员制的一种零售经营形式。

家居建材商店。家居建材商店是以专门销售建材、装饰、家居用品为主的零售业态。这种业态在我国得到了快速的发展。

厂家直销中心。厂家直销中心是由生产商直接设立或委托独立经营者设立，专门经营本企业品牌商品，并且多个企业品牌的营业场所集中在一个区域的销售业态。

重要信息 9-3　　　　　全渠道零售

2012 年开始，企业开始关注顾客体验，有形店铺地位弱化。国内知名的零售研究机构认为，我国进入了"鼠标＋水泥＋移动网络"的全渠道零售时代。

全渠道零售(Omni-Channel retailing)，就是指企业采取尽可能多的零售渠道类型进行组合和整合(跨渠道)销售的行为，以满足顾客购物、娱乐和社交的综合体验需求，这些渠道类型包括有形店铺和无形店铺，以及网络新媒体(网站、呼叫中心、社交媒体、Email、微博、微信)等。

(2) 无店铺零售商。无店铺零售商是指不设店铺、没有营业人员的零售业，如自动售货销售、邮购销售、网络商店等。无店铺零售主要有三种形式：直复营销、直接销售和自动售货。

直复营销。直复市场营销是使用一种或多种广告媒体传递商品信息，并使之互相作用，最终达成交易的销售系统。直复营销起源于邮购和目录营销。

直接销售。直接销售又称为上门推销，业内也称为"扫楼道"，主要有逐家逐户推销、逐个办公室推销和举办家庭销售会等形式。

自动售货。自动售货就是使用电脑技术，运用自动售货机进行商品销售。自动售货已经被应用在相当多的产品上，售货机被广泛地放置在工厂、办公室、大型零售商店、加油站、街道等地方。

营销实务 9-1　　　　　电商冲击传统零售业

2020 年 11 月 11 日零时至 11 月 12 日零时，"天猫双 11 购物狂欢节"正式落下帷幕，天猫宣布 24 小时总成交额为 4 982 亿！ 创下又一个新消费纪录。成交破亿的品牌达到474 个，其中 60% 的品牌增速超去年同期。

物流订单总量，定格在 23.21 亿单。"双 11"期间，消费者收货时间平均提前 2～3 天，数百万快递小哥更从容、更高效地完成配送。

电商的快速发展犹如大军兵临城下，传统零售面临怎样的冲击？ 图书行业是最先遭受电商冲击，也是损失最惨重的一个行业。当当网与卓越亚马逊(亚马逊中国)发起价格大战。之后，各地的书店，尤其是民营书店陷入"倒闭潮"。尽管电商和传统零售的矛盾不可调和，但并不代表两者之间不能融合，如苏宁易购的线上线下融合的趋势已经正在显现。

评析：随着互联网的普及，电子商务还将快速发展，在销售领域必然出现一些新的业态。众多企业需要在各自的领域找到合适的服务模式。

课堂测评

测评要素	表 现 要 求	已达要求	未达要求
知识掌握	能掌握分销渠道的含义		
技能掌握	能初步认识分销渠道的构成		
任务内容整体认识程度	能概述分销渠道的意义		
与职业实践相联系程度	能描述日常生活中的分销渠道形式表现		
其他习得	能描述与其他课程、职业活动等的联系		

9.2　分销渠道的设计

市场营销活动中,分销渠道作为一条主线,将企业的产品、品牌、服务、价格、促销,以及货物、资金、人力、信息、管理等营销要素有机串联起来,产生了协同效应,实现了营销的价值。打个比方,就好像一条"珍珠项链",如果各种营销要素是那一颗颗的"珍珠"的话,渠道就是串联一颗颗"珍珠"的那条"链子",它在营销组合中占有举足轻重的地位。

9.2.1　渠道选择影响因素认知

在现实营销活动中,影响分销渠道选择的因素主要有产品因素、市场因素、企业因素、法律因素等。

1. 产品因素

产品不同,适合采用的分销渠道也不同,这是企业选择分销渠道时必须首先考虑的。产品因素通常包括以下几个方面。

(1)产品价格。单位产品价格高的商品应采用短渠道,以便尽量减少流通环节,降低流通费用;而单位产品价格低的商品,则宜采用较长和较宽的分销渠道,以方便消费者购买。

(2)产品的重量和体积。重量和体积过大的商品,宜采用短渠道,以减少商品损失,节约储运费用;重量和体积较小的商品,可采用较长的分销渠道。

(3)产品的时尚性。时尚性强、款式花色变化快的商品,应选用短渠道,以免商品过时;而款式花色变化较小的商品,宜选用较长的分销渠道。

(4)产品本身的易毁性或易腐性。易腐、易损的商品,如鲜活商品、陶瓷制品、玻璃制品,以及有效期短的商品,如食品、药品等,应尽可能选择短而宽的分销渠道,以保持产品新鲜,减少腐坏损失。

(5)产品的技术性。技术复杂、售后服务要求较高的商品,宜采用短渠道,由企业自销或由专业代理商销售,以便提供周到的服务。相反,技术服务要求较低的商品,则选择长渠道。

(6)产品的通用性。通用产品由于产量大、使用范围广,分销渠道一般较长、较宽;定制产品由于具有特殊要求,最好由企业直接销售。

(7)产品所处的生命周期阶段。处于投入期的产品,宜采用短而窄的分销渠道,因为新产品初入市场,许多中间商往往不愿经销,生产企业不得不直接销售;处于成长期和成熟期的产品,消费需求迅速扩大,生产者要提高市场占有率,就要选长而宽的渠道,扩大产品覆盖面。

2. 市场因素

市场因素是影响分销渠道选择的又一重要因素。市场因素主要包括以下几个方面。

(1) 目标市场范围。目标市场范围较大的商品,消费者地区分布较广泛,宜采用长而宽的分销渠道;目标市场范围较小的商品,则可采用短渠道。

(2) 消费者的集中程度。市场消费者比较集中的产品,可采用短渠道;若消费者比较分散,则需要更多地发挥中间商的分销功能,宜采用长而宽的分销渠道。

(3) 购买批量大小。销售批量大的商品,可采用短渠道;批量小及零星购买的商品,由于交易次数频繁,则需要采用长而宽的渠道。

(4) 消费者购买习惯。购买便利品时,消费者要求随时随地都能买到,因此需要通过众多中间商销售产品,应选择长而宽的分销渠道;购买特殊品时,消费者通常愿意花较多时间和精力去挑选,生产者一般只通过少数几个精心选择的中间商销售其产品,因此分销渠道短而窄。

(5) 需求的季节性。季节性商品由于时间性强,要求供货快,销售也快。因此应充分利用中间商进行销售,宜选择长而宽的分销渠道。

(6) 市场竞争状况。消费者购买某些商品,往往要在不同品牌、不同价格的商品之间进行比较、挑选,这些商品的生产者就不得不采用竞争者所使用的分销渠道;有时则应避免"正面交锋",选择与竞争对手不同的分销渠道。

3. 企业因素

影响分销渠道选择的企业自身因素主要包括以下几个方面。

(1) 总体规模和声誉。企业规模大、声誉高、资金雄厚、销售力量强,具备管理销售业务的经验和能力,在渠道选择上主动权就大,甚至可以建立自己的销售机构,分销渠道就短一些;反之就要更多地依靠中间商进行销售。

(2) 营销经验及能力。一般而言,企业市场营销经验丰富,则可考虑直接分销渠道;反之,缺乏营销管理能力及经验的企业,就只有依靠中间商来销售。

(3) 服务能力水平。中间商通常会希望生产企业能尽多地提供广告、展览、修理、调试、培训等服务项目,为销售产品创造条件。若生产企业无力满足这方面的要求,就难以达成协议,迫使企业直营销售。反之,生产企业提供的服务水平高,中间商则乐于销售该产品,生产企业就可以选择间接分销渠道或长渠道。

4. 环境因素

分销渠道的设计与选择还受到环境因素的影响,如经济发展状况、社会文化变革、竞争结构及国家有关商品流通的政策法令。当经济停滞时,市场需求下降,生产者希望采用能使最后顾客以廉价购买的方式将其产品送到市场。国家关于流通政策的变化也会影响分销渠道的选择,如国家严格控制的产品、专卖性产品,其分销渠道的选择必然受到影响。

9.2.2　渠道设计原则认知

企业营销管理人员在进行渠道设计时,应遵循以下原则。

1. 高效率原则

设计分销渠道的首要原则是缩短商品流通时间,降低流通费用,将商品尽快地送达消费者或用户的手中。只有如此,企业才能有效降低成本,获得最大的经济效益。所以,高效率是设计渠道的首选原则。

2. 稳定性原则

企业分销渠道一经确定,便需要花费相当大的人力、物力、财力去维护和巩固,整个过程往往是比较复杂的。所以就要求不要轻易更换渠道成员,更不能随意转换渠道模式。

分销渠道在运营过程中,因为市场的变化经常出现一些不适应,那么企业就要对分销渠道进行适度的调整,以便适应市场的新情况、新变化,保持分销渠道的适应力和生命力。但在调整时应综合考虑各个因素,使渠道始终在可控制的范围内保持稳定的运营状态。

3. 协调平衡原则

企业在选择、管理分销渠道时,不能只单纯追求效益最大化而忽略其他渠道成员的局部利益,应合理分配各个渠道成员间的利益。只有渠道成员之间利益均等,才能风险共担,企业总体目标的实现才能得到保证。

4. 灵活性原则

企业在选择分销渠道时为了争取在竞争中处于优势地位,要注意发挥自己各个方面的核心竞争优势,将渠道设计与企业的整体营销策略相结合。同时,市场又是千变万化的,企业在强调渠道稳定性的同时,也要强调灵活性。只有这样,企业才能保持整体竞争优势。

9.2.3　渠道设计的操作

企业在设计选择分销渠道过程中,一般要经过分析消费者需要、确立渠道目标、假定可供选择的主要渠道方案及对其进行评估等几个阶段。

1. 分析消费者需要

企业既要了解在其选择的目标市场上,消费者购买什么商品、在什么地方购买、为何购买、何时购买和怎样购买等问题,也要分析消费者的这些购买特点对渠道成员提出的服务要求。这些要求通常表现在以下四个方面。

(1)每次购买批量大小。批量越小,分销渠道需要提供的服务水平越高。

(2)交货时间长短。消费者对交货时间要求越短,分销渠道需要提供的服务水平越高。

(3)购买地点方便与否。销售产品的零售商的数目及其分散程度决定了消费者购买的方便程度。消费者越是要求方便购买,渠道的分销面越是要宽。

(4)产品的花色品种。经由分销渠道提供给消费者的商品花色品种越是复杂,要求分销渠道提供的服务水平越高。

实际上,企业要有效地设计渠道,不仅要考虑消费者希望的服务内容与水平,而且还必须考虑渠道提供服务的能力与费用。因为提高服务水平意味着渠道费用的增长,消费者也要承受更高的价格。如果消费者宁愿接受较少的服务而得到实惠的价格,选择超级市场或折扣商店等销售渠道,往往更容易获得成功。

2. 确立渠道目标

渠道目标就是在企业营销目标的总体要求下,选择分销渠道应达成的服务产出目标。这种目标一般要求建立的分销渠道达到总体营销规定的服务产出水平,同时使全部渠道费用减少到最低程度。营销渠道目标是渠道设计的基础。

在设立渠道目标时应考虑下列几点:营销渠道绩效、营销渠道控制程度、财务开支等。营销渠道绩效包括销售量、市场占有率、目标利润率;财务开支则是依据厂商愿意支付多少财务资源来建立和控制渠道而定。

3. 制定可供选择的渠道方案

企业确立了目标市场和理想的市场定位,接下来要制定几个主要渠道的选择方案。渠道选择方案通常要考虑三种因素:中间商类型、中间商数目,以及每一渠道成员的条件和相互责任。

(1) 选择中间商类型。企业首先确定可以利用的中间商类型,根据目标市场及现有中间商情况,可以参考同类产品经营者的现有经验,设计自己的分销渠道方案。如果没有合适的中间商可以利用或企业直接销售能带来更大的经济效益,企业可以设计直接渠道。

重要信息 9-4　　　　　　　　　**渠道成员的选择**

选择渠道成员首先要确定其能力的标准。对于不同类型的中间商及它们与企业的关系,应确定不同的评价标准。一般来说,选择中间商的标准应包括以下几个方面。

(1) 渠道成员的市场经验。选择经商时间较长或对产品销售有专门经验的中间商作为渠道成员,有助于加快产品的推广速度。因此生产企业应根据产品的特征选择有经验的中间商,即所选择的中间商应当在经营方向和专业能力方面符合所建立的分销渠道功能要求。

(2) 渠道成员的经营范围。渠道成员的经营范围包括其经营的其他产品是否与本企业的产品相一致,即是否与本企业产品相关或相互补充,是否有利于产品销售。还包括其经营的地区市场与本企业产品的预计销售地区是否一致,是否有利于企业自己的产品打入选定的目标市场。

(3) 渠道成员的实力。渠道成员是否有良好的企业声誉、强劲的发展势头和高效的管理水平,不仅关系到产品的销售问题,而且对于本企业产品和企业形象的树立,以及能否实现长期合作都至关重要。

(4) 渠道成员的合作程度。分销渠道作为一个整体,每个成员的利益来自成员之间的彼此合作和共同的利益创造活动。因此,要注意分析有关渠道成员合作的意愿及其与其他渠道成员的合作关系,选择最佳的合作者。

（2）确定中间商数目。企业还必须决定在每层渠道上利用中间商的数目。一般有三种策略可供选择：密集型分销渠道、选择性分销渠道和独家分销渠道。

（3）规定渠道成员的条件和责任。生产企业必须对渠道成员规定条件和责任，以利于渠道功能的发挥。主要包括价格政策、销售条件、区域权利等。

4. 评估主要渠道方案

一般情况下，企业可能面临多种渠道方案的选择。在选定方案之前，要进行渠道方案评估。一般来说，评估渠道方案可以从经济性、可控性和灵活性三个方面进行。

（1）经济性。主要是比较每一种方案可能达到的销售额水平及其费用水平，可以采用财务评估法、交易成本评估法，也可以运用经验评估法进行评估。

（2）可控性。选择了众多中间商，在管理控制方面就会有一些难度。如代理商在追求最大经销利润的同时会忽略生产企业的利益。

（3）灵活性。一个渠道方案制定并实施较长时间，就会失去弹性，无法适应将来客观环境的变化。所以，渠道方案也应该具有灵活性。

营销实务 9-2　　　　　　　　　　**娃哈哈的渠道设计**

娃哈哈产品并没有很高的技术含量，其取得的市场业绩与它对渠道的有效管理密不可分。娃哈哈的经销商分布在全国 31 个省市，为了对其行为实行有效控制，娃哈哈采取了保证金的形式，要求经销商先交预付款，对于按时结清货款的经销商，娃哈哈偿还保证金并支付高于银行同期存款利率的利息。为了从价格体系上控制窜货，娃哈哈实行级差价格体系管理制度。根据区域的不同情况，制定总经销价、一批价、二批价、三批价和零售价，使每一层次、每一环节的渠道成员都取得相应的利润，保证了有序的利益分配。

同时，娃哈哈与经销商签订的合同中严格限定了销售区域，将经销商的销售活动限制在自己的市场区域范围之内。娃哈哈发往每个区域的产品都在包装上打上编号，编号和出厂日期印在一起，根本不能被撕掉或更改，借以准确监控产品去向。娃哈哈专门成立了一个反窜货机构，巡回全国严厉稽查，保护各地经销商的利益。

评析：娃哈哈全面激励和奖惩严明的渠道政策有效地约束了上千家经销商的销售行为，为庞大的渠道网络的正常运转提供了保证。凭借其"蛛网"般的渠道网络，娃哈哈的含乳饮料、瓶装水、茶饮料销售到了全国的各个角落。

课堂测评

测评要素	表现要求	已达要求	未达要求
知识掌握	能掌握渠道设计的含义		
技能掌握	能初步认识渠道设计具体工作内容与要领		
任务内容整体认识程度	能概述渠道设计整体工作		
与职业实践相联系程度	能描述日常生活中的优秀渠道设计表现		
其他习得	能描述与其他课程、职业活动等的联系		

9.3　分销渠道的管理

分销渠道是一系列独立的经济组织的结合体,是一个高度复杂的社会营销系统。在这个系统中,既有制造商,又有中间商,构成了一个复杂的行动体。它们的目标、任务往往存在矛盾。渠道成员对计划、任务、目标、交易条件等出现分歧时,必然出现冲突。因而,分销渠道的管理就成为生产企业的重要工作内容之一。

 重要名词 9-2

分销渠道管理

分销渠道管理是指制造商为实现企业分销的目标而对现有渠道进行管理,以确保渠道成员间、企业和渠道成员间相互协调和通力合作的一切活动,其意义在于共同谋求最大化的长远利益。

9.3.1　渠道管理认知

市场营销活动中,生产者进行分销渠道管理工作主要包括以下内容。

1. 货物供应管理

生产者应保证供货及时,在此基础上帮助经销商建立并理顺销售子网络,分散销售及库存压力,加快商品的流通速度。同时,加强对经销商的订货管理,减少因订货处理环节中出现失误而引起的发货不畅。

2. 营销服务管理

生产者应加强对经销商广告、促销的支持,减少商品流通阻力;提高商品的销售力,促进销售;提高资金利用率,使之成为经销商的重要利润源。在保证供应的基础上,对经销商提供产品服务支持,妥善处理销售过程中出现的产品损坏变质、顾客投诉、顾客退货等问题,切实保障经销商的利益不受无谓的损害。

3. 货款结算管理

生产者应加强对经销商订货的结算管理,规避结算风险,以保障企业的利益。同时避免经销商利用结算便利制造市场混乱。

4. 经销商培训管理

生产者应做好对经销商的培训,以便增强其对企业理念、价值观的认同及对产品知识的认识。生产者还要负责协调企业与经销商之间、经销商与经销商之间的关系,尤其对于一些突发事件,如价格涨落、产品竞争、产品滞销,以及周边市场冲击或低价倾销等扰乱市场的问题,要以协作、协商的方式为主,以理服人,及时帮助经销商消除顾虑,平衡心态,引导和支持经销商向有利于产品营销的方向转变。

9.3.2　渠道成员的激励

对渠道进行管理的首要措施是激励渠道成员,使之尽职尽责,这样可以减少或消除渠道冲突。适当的激励措施,可以使渠道成员的业务水平不断提高。常用的激励方法有以下几种。

1. 合作

生产企业可以采取较高的职能折扣、合作广告、展销、销售竞赛、交易中的特殊照顾、奖金、津贴等措施,来激励中间商更加积极努力地工作。有时候也可以采取一些消极的激励措施,如减少折扣、推迟交货,甚至中断关系等。

2. 合伙

生产企业可以与中间商建立稳定、长期的伙伴关系,在销售区域、产品供应、市场开发、财务、技术指导、销售服务和市场信息方面,共同制定政策并加以实施,然后根据中间商信守承诺的程度予以奖励。

3. 关系管理

生产企业的营销部门吸纳中间商代表,设立共同管理机构,随时了解中间商的需要,在此基础上制订市场营销计划,使每一个中间商都能以最佳方式经营。

9.3.3 渠道成员的评价

对渠道进行管理的第二大措施是对渠道成员绩效进行评价。在评价中,如果发现某一渠道成员的绩效低于既定标准,则须找出主要原因,同时还应考虑可能的补救方法。绩效太差的成员,还可考虑更换。

1. 评价标准

评价标准一般包括在评价方案中。对渠道成员评估的标准一般包括:销售定额的完成情况、平均存货水平、向顾客交货的时间、损坏和遗失货物的处理、对公司促销与培训计划的合作情况、货款返回的状况及中间商对顾客提供的服务等。

2. 实施评价

渠道评价工作中,生产企业可以将各中间商的销售业绩分期列表排名,既可以起到鞭策落后者的目的,还可以使排名领先者继续保持绩效。此外,由于中间商面临的环境有很大差异,各自规模、实力、商品经营结构和不同时期的战略重点不同。为了更加客观地进行评价,在考虑市场环境因素的前提下,可以将中间商的销售业绩与前期进行纵向比较。

营销实务 9-3　　　　　　　格力空调:走自己的路

多年以来,格力空调一直采取的是厂家—经销商/代理商—零售商的渠道策略,并在这种渠道策略下取得了较高的市场占有率。2004年2月,成都国美为启动淡季空调市场,在相关媒体上刊发广告,把格力两款畅销空调的价格大幅度下降,零售价原为1 680元的1P挂机被降为1 000元,零售价原为3 650元的2P柜机被降为2 650元。格力认为国美电器在未经自己同意的情况下擅自降低了格力空调的价格,破坏了格力空调在市场中长期稳定、统一的价格体系,导致其他众多经销商的强烈不满,并有损于其一线品牌的良好形象,因此要求国美立即终止低价销售行为。格力在交涉未果后,决定正式停止向国美供货,并要求国美电器对该事件负责。这就是"格力拒供国美"事件。

评析:在国美、苏宁等全国性专业连锁企业实力逐渐强盛的今天,格力电器依然坚持以依靠自身经销网点为主要销售渠道。而国美表示,格力的营销模式是通过中间商的代理,然后国美再从中间商那里购货。这种模式中间增加了一道代理商,必定增加销售成本,因为代理商也要有它的利润。

9.3.4 渠道的调整

为了适应市场环境的变化,往往还需对营销渠道进行调整和改进。渠道调整和改进的主要方式有以下几种。

1. 增减分销渠道的中间商

对产生渠道冲突的渠道成员进行考核,对不积极或不善经营管理,难以与之合作的中间商,或给企业造成困难的中间商,企业应适时与其中断合作关系。当企业为了开拓某一新市场,需要在该地区物色新的中间商,应经过调查和洽谈,可以考虑增加中间商。

2. 增减某一种分销渠道

当两个分销渠道冲突时,企业应当考虑将销售额不理想的分销渠道给予撤销,而增设另一种渠道类型。当企业为满足消费者的需求变化而开发新产品,若利用原来的分销渠道难以迅速打开市场和提高竞争力,则也可增加新的分销渠道,以实现企业的营销目标。

3. 调整整个分销渠道

有的时候由于市场变化莫测,即使企业对原有渠道进行部分调整也难以应对企业的新要求和市场的新变化,因此必须对企业的分销渠道进行全面的调整。

重要信息 9-5	渠道冲突的类型

1. 垂直冲突。垂直冲突是指同一营销渠道内处于不同渠道层次中的中介机构与中介机构、中介机构与制造商之间的冲突。例如,零售商抱怨制造商产品品质不良,或者批发商不遵守制造商制定的价格政策,不提供要求的顾客服务项目和服务质量差等现象。

2. 水平冲突。水平冲突是指同一渠道层次中各公司之间的冲突。例如,某家制造商的一些批发商可能抱怨同一地区的另一些批发商随意降低价格,减少或增加顾客服务项目,扰乱市场和渠道秩序。在发生水平渠道冲突时,应由渠道领导者担负起责任,制定明确可行的政策,促使层次渠道冲突的信息上流至管理阶层,并采取迅速果断的行动来减轻或控制这种冲突。

3. 多渠道冲突。多渠道冲突是指一个制造商建立了两条或两条以上的渠道,在向同一市场出售产品时引发的冲突。例如,电视机制造商决定通过大型综合商店出售其产品会招致独立的专业经销商的不满等。

课堂测评

测评要素	表现要求	已达要求	未达要求
知识掌握	能掌握分销渠道管理的含义		
技能掌握	能初步认识渠道管理工作内容		
任务内容整体认识程度	能概述渠道管理的意义		
与职业实践相联系程度	能描述日常生活中的渠道管理的表现		
其他习得	能描述与其他课程、职业活动等的联系		

任务 9 小结

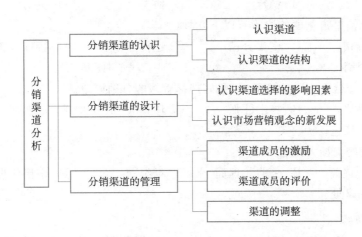

教学做一体化训练

一、重要名词

分销渠道　　渠道的长度结构　　渠道的宽度结构　　分销渠道管理

二、课后自测

（一）单项选择题

1. 一般情况下,顾客多而分散,每位顾客需求量小或购买频率高的产品,宜采用（　　）。

A. 间接渠道　　　　B. 直接渠道　　　　C. 长渠道　　　　D. 短渠道

E. 宽渠道

2. 零层渠道一般适合（　　）。

A. 工业品　　　　B. 农产品　　　　C. 鲜花制品　　　　D. 粮食

3. 直复营销使用一种或多种（　　）传递商品信息。

A. 广告媒体　　　　B. 销售人员　　　　C. 会议　　　　D. 分销渠道

4. 通用产品由于产量大、使用范围广,分销渠道一般（　　）。

A. 较长、较宽　　　　B. 较长　　　　C. 较宽　　　　D. 介于中间

5. 同一渠道层次中各公司之间的冲突称为（　　　）。

A. 垂直冲突　　　　B. 水平冲突　　　　C. 多渠道冲突　　　　D. 交叉冲突

（二）多项选择题

1. 直接分销渠道的优点有（　　　）。

A. 利于产、需双方沟通信息　　　　　　B. 减少流通环节

C. 集中生产管理精力　　　　　　　　　D. 利于集中力量抓好生产

2. 根据服务范围或经营的产品线，批发商分为（　　　）。

A. 综合批发商　　　B. 专业批发商　　　C. 专用品批发商　　　D. 零售批发商

3. 分销渠道设计的原则包括（　　　）。

A. 高效　　　　　　B. 稳定　　　　　　C. 协调　　　　　　D. 灵活

4. 选择分销渠道宽度的决策有以下几种（　　　）。

A. 独家分销　　　　B. 密集分销　　　　C. 选择分销　　　　D. 特殊分销

E. 联营分销

5. 企业在经营（　　　）的产品时，最好选择较短的分销渠道。

A. 鲜活易腐　　　　B. 技术性强　　　　C. 体积大、重量大　　D. 成熟期

E. 有传统特色

6. 代理商的类型大致有（　　　）。

A. 制造代理商　　　B. 采购代理商　　　C. 经纪商　　　　　D. 销售代理商

E. 采购办事处

（三）判断题

1. 与大众生活密切相关的产品，企业在选择销售渠道时，宜采用宽渠道。（　　　）

2. 企业的营销渠道越长越好。（　　　）

3. 经销商对所销售的商品拥有所有权。（　　　）

4. 豪华手表适宜采用独家分销形式。（　　　）

5. 产品是影响渠道结构的唯一因素。（　　　）

6. 选购品适宜广泛分销。（　　　）

7. 零售商与批发商的主要区别就是在于最终服务对象的不同。（　　　）

（四）简答题

1. 简述分销渠道的含义与作用。

2. 简述分销渠道的类型与特征。

3. 简述分销渠道设计的基本步骤。

4. 怎样对渠道成员进行有效管理？

（五）案例分析

国产手机这几年快速崛起的根本原因，其实是技术创新和过硬的产品品质，而不是渠道优势；线下渠道扩张过快，会大大加重厂商的负担；随着农村网络基础设施的普及，农村电商在未来几年会有很大的发展。我国智能手机市场已经步入了存量市场竞争的阶段，发展暂时迟缓是正常的，但突破这种瓶颈从而推动市场发展的途径，必然是技术的革新和升级，而不是渠道之争。

扩张线下渠道,成为国产手机厂商近来重点渠道策略。华为实施了"千县计划",目前已覆盖了大部分重要县市,累计数量超过 400 家。以线上渠道起家的小米,明确表示每个月将开 5 家到 10 家线下实体店,未来将拓展到全国 200 家到 300 家的规模。中兴、联想、魅族等,也纷纷加快了线下渠道的扩张步伐。

这一切,都源于 OPPO 和 vivo 在 2016 年的惊艳表现。通过毛细血管般深入各个中小城镇的线下门店,OPPO 和 vivo 在去年第三季度夺得国内智能手机市场的前两把交椅,且同比增长都超过了 100%。市场调研机构 GfK 的全国零售监测数据显示,自 2015 年下半年以来,手机线上渠道出现增长放缓的态势,月度同比增长率持续低于线下市场。线下渠道在手机品牌形象树立、购物售后体验及用户渗透等方面,具有不可替代的作用。

但线下渠道真的是国产手机崛起的制胜法宝吗?厂商们如此大规模地建立线下实体店,会不会背上沉重的包袱?

首先,国产手机这几年快速崛起的根本原因,是技术创新和过硬的产品品质,而不是渠道优势。领先的国产手机品牌,都形成了自身独特的标签,如华为的双摄拍照、OPPO 的快速充电和通话时长、vivo 的柔光自拍、金立的超长续航和隐私安全等。产品"标签化",是厂家对于细分市场和产品差异化的探索,同时也反映了消费者对于功能提升的需求,体现了技术驱动对于产品的重要性。

其次,线下渠道扩张过快,会大大加重厂商的负担。为了让代理商多卖自家产品,手机厂商需要高额返利给实体店,同时配以大面积的广告营销轰炸,这无疑使原本利润率就不高的国产手机厂商难以负担。其实早在 2005 年国产手机第一次崛起的时候,波导、夏新、TCL 等品牌选择的就是"广告轰炸+高额返利代理商"的策略,虽然短时间取得了较好的效果,但很快由于创新乏力而败下阵来。前车之鉴不可忘。

最后,随着农村网络基础设施的普及,农村电商在未来几年会有很大的发展。线上渠道凭借短平快的优势,有望在下一波乡镇用户换机潮中重获增长。与线下渠道相比,线上渠道节省了柜台租金和繁琐的代理程序,提升了手机厂商的利润空间,并且能够直接让利给消费者。随着大数据技术的发展和广泛应用,线上会越来越拥有优势,在产品周期管理、用户精准画像、粉丝维系等方面会发挥重要作用。GfK 的数据显示,2016 年我国智能手机线上销售在整体市场占比仅为 20% 左右,增长空间还很大。

必须清醒地看到,一些号称互联网思维的手机厂商在这一波的格局转换中被淘汰,并非线上渠道的衰落造成,而是自身不重视品牌建设、不重视科技研发、不重视用户维系的结果。我国智能手机市场已经步入了存量市场竞争的阶段,发展的暂时迟缓对于手机厂商而言是正常的,但突破这种瓶颈从而推动市场发展的途径,必然是技术的革新和升级,而不是渠道之争。

从 2016 年三星和苹果的产品创新可以看出,人工智能技术正在手机上逐步应用。未来手机将配置更多的生物特征辨识应用,以指纹辨识和人脸识别技术为基础,加强人机交互的简易化。在此过程中,智能手机将向智慧手机进发,有望成为个人的虚拟智能助理。无论是市场趋势还是消费者需求,都使得回归技术竞争成为手机厂商的必然选择。

（资料来源:秦海波:线下渠道是国产手机崛起的制胜法宝吗?》,《经济日报》,2017.1.11）

问题:

1. 小米手机刚上市时,为什么只在线上销售?

2. 国产手机厂家大量布设线下渠道有何利与弊？

3. 通过案例分析，你觉得未来手机销售渠道发展的方向是怎样的？

（六）同步实训

□ 同步实训9-1：分销渠道认知

实训目的：认识分销渠道的结构与作用，理解其实际意义。

实训安排：

1. 学生分组，选定一种日用品，分析其渠道特征（可以是日用品，或是电子产品等）。

2. 讨论其渠道结构，并说明原因。

3. 选择部分学生制作 PPT 进行展示，并组织讨论与评析。

实训总结：学生小组交流不同分析结果，教师根据分析（文案）报告、PPT 演示、讨论分享中的表现分别给每组进行评价打分。

□ 同步实训9-2：分销渠道选择认知

实训目的：认识分销渠道的选择要求，理解其实际意义。

实训安排：

1. 学生分组，分别选择农产品、日化用品、电子产品，分析其渠道应该如何选择。

2. 讨论其渠道结构，并说明原因。

3. 选择部分学生制作 PPT 进行展示，并组织讨论与评析。

实训总结：学生小组交流不同分析结果，教师根据分析（文案）报告、PPT 演示、讨论分享中的表现分别给每组进行评价打分。

□ 同步实训9-3：分销渠道管理认知

实训目的：认识分销渠道的管理工作，理解其实际意义。

实训安排：

1. 学生分组，收集多个不同的渠道冲突案例，分析其产生纠纷的原因（如汽车产品）。

2. 讨论其渠道结构，并从生产者角度提出解决办法。

3. 选择部分学生制作 PPT 进行展示，并组织讨论与评析。

实训总结：学生小组交流不同分析结果，教师根据分析（文案）报告、PPT 演示、讨论分享中的表现分别给每组进行评价打分。

渠道策略分析
课程思政

课程思政园地

以"科技让零售更高效"为主题的"CCFA 新消费论坛—2021 中国国际零售创新大会"于 5 月 23 日—25 日在上海国际会议中心举办。在 5 月 24 日的 2021 中国商业新格局主会场上，京东集团副总裁、京东零售集团大商超全渠道事业群总裁冯轶以"创新、开放、合作、共赢"为主题探讨"拥抱零售新格局 共建商业新生态"，并分享了京东在数字化零售发展新模式方向的积极探索。

当前，消费者的心智和购物习惯都在逐步发生变化，消费市场随着"Z 世代"消费者的崛起和购物渠道的多元化，也更加细分。在此背景下，全渠道零售是必然趋势。近年来，京东积极推进线上线下整合，助力品牌和全渠道合作伙伴实现数字化转型，实现全链路、全用户、全场景、全品类的数字化沉淀，走出一条全渠道深度融合的"数智化"发展之路。

思考：京东的全渠道融合主要有哪些背景？

学生自我总结

通过完成任务 9 分销渠道分析，我能够做如下总结：

一、主要知识

概括本任务的主要知识点：
    1.
    2.

二、主要技能

概括本任务的主要技能：
    1.
    2.

三、主要原理

你认为，认识分销渠道策略的意义是：
    1.
    2.

四、相关知识与技能

你在完成本任务后掌握的相关知识与技能：
    1. 渠道的完整含义是：
    2. 渠道选择的影响因素有：
    3. 渠道管理工作的主要内容包括：

五、成果检验

你在完成本任务后取得的学习成果：
    1. 完成本任务的意义有：
    2. 学到的知识或技能有：
    3. 自悟的知识或技能有：
    4. 你对渠道策略分析的看法是：

任务 10　促销策略分析

学习目标

1. 知识目标

(1) 认识促销的含义。

(2) 认识促销组合的含义。

(3) 理解促销活动的意义。

2. 能力要求

(1) 能列举促销组合的影响因素。

(2) 能够认识促销方法与技巧。

(3) 能举例评价促销策略的优与劣。

3. 思政目标

(1) 领会民族企业家精神。

(2) 理解实体经济的意义。

(3) 激发报国情怀。

任务解析

根据市场营销职业工作过程活动顺序，这一学习任务可以分解为以下子任务。

10.1 促销的认识

10.2 促销方式的运用

10.3 促销组合的认识

促销策略分析
课前阅读

营销故事

明清时代的泸州南城营沟头有着一条很深很长的巷子。巷子附近有八家手工作坊，据说泸州最好的酒就出自这八家。其中，巷子尽头的那家作坊因为其窖池建造得最早，在八家手工酿酒作坊中最为有名。人们为了喝上好酒，都要到巷子最里面那一家去买。

1873 年，中国洋务运动的代表张之洞出任四川学政，他沿途饮酒作诗来到了泸州，刚上船，就闻到一股扑鼻的酒香。他心旷神怡，就请随从给他打酒来。谁知随从一去就是一上午,时至中午,张之洞又饥又渴,才看见打酒的人慌慌张张提着一坛酒小跑而来。生气之间,打开酒坛,顿时酒香沁人心脾。张之洞连说好酒,于是猛饮一口,顿觉甘甜清爽,于是气也消了。问道:"你是从哪里打来的酒?"随从连忙回答:"我听说营沟头温永盛作坊里的酒最好,所以,穿过长长的巷子到了最后一家作坊里买酒。"张之洞点头称赞:"真是酒好不怕巷子深啊!"

"酒好不怕巷子深"早已成为民间的一句俗语,意即好产品不愁卖。不过在激烈的市场竞争中,"酒好不怕巷子深"恐怕已不合时宜,"酒好"还得"吆喝好",这样才能受人瞩目、广为流传。这里的"吆喝"就是营销人员向目标顾客传递商品信息。

读后问题:

1. 文章大意是什么?
2. 文中"酒好"就不需要传递酒的信息吗?
3. 在这个纷繁复杂的信息社会,只要有优秀的产品就可以高枕无忧了吗?
4. 这篇文章想说明什么道理?

10.1　促销的认识

对于营销人员来讲,组织促销活动,及时有效地向消费者传递产品信息,激发他们的购买欲望与兴趣,也是营销活动中非常重要的一部分。那么? 促销是什么? 这项工作究竟包括哪些内容呢?

10.1.1　促销认知

今天的市场竞争日趋激烈,市场营销活动中,不仅要求企业生产适销对路的产品,制定吸引人的价格,以适当的渠道满足目标顾客的需求,而且还要求企业必须采取适当的方式来促进产品的销售。促销已经成为市场营销组合中重要的一环。

1. 促销的含义

促销是指企业利用各种有效的方法和手段,使消费者了解和注意企业的产品、激发消费者的购买欲望,并促使其实现最终购买行为的活动。

 **重要名词 10-1**

促销

促销是指企业通过人员推销或非人员推销的方式,向目标顾客传递商品或劳务的存在及其性能、特征等信息,帮助消费者认识商品或劳务所带给购买者的利益,从而引起消费者的兴趣,激发消费者的购买欲望及购买行为的活动。

2. 促销的实质

4P理论中,产品是创造价值,价格是衡量价值,渠道是交换价值,促销是宣传价值。其实,促销的实质是信息沟通,即生产者以非降价的方式向消费者传递信息、激发其购买欲望、促成其购买行为。其核心主要是信息的传播与沟通,也就是说企业仅有优秀产品是远远不够的,还要及时与消费者进行信息沟通,让消费者了解其产品或品牌。

3. 促销的作用

促销的作用主要表现在以下几个方面。

(1) 传递产品信息。通过促销宣传,顾客能够了解企业生产经营什么产品,有哪些特点,到什么地方购买,购买的条件是什么等信息,从而引起他们的注意和好感,为企业产品销售的成功创造前提条件。

(2) 激发消费需求。营销人员针对消费者的心理动机,通过采取灵活有效的促销活动,诱导或激发消费者某一方面的需求,扩大产品的销售力。营销人员还可以通过企业的促销活动来创造需求,发现新的销售市场,使市场需求朝着有利于企业销售的方向发展。

(3) 凸显产品特色。以开展促销活动的方式,宣传本企业的产品较竞争对手产品的不同特点,以及给消费者带来的特殊利益,使消费者充分了解本企业产品的特色。尤其是对名、优、特产品的宣传,更能促使顾客对企业产品及企业本身产生好感,从而培养和提高品牌忠诚度,巩固和扩大市场占有率,提高企业的市场竞争能力。

(4) 收集市场信息。开展有效的促销活动,使更多的消费者或用户了解、熟悉和信任本企业的产品;分析消费者对促销活动的反馈,及时调整促销决策,使企业生产经营的产品适销对路,扩大企业的市场份额,巩固企业的市场地位,从而提高企业营销的经济效益。

10.1.2 促销方式认知

促进销售的方式主要有以下几种。

1. 广告

广告的最大优点是,能在同一时间内向广大目标顾客传递产品信息。因此,在促销组合中,广告的使用最为广泛。现代广告已经不再是一味地单向传播,还需要考虑顾客的诉求。

(1) 广告的含义。广告是企业按照一定的方式,支付一定数额的费用,通过不同的媒体(如广播、电视、报纸、期刊等)对产品进行广泛宣传的一种促销方式。

(2) 广告的特点。广告是利用各种传播媒体来传递商品和服务信息的,这就形成了广告宣传的一些固有的特征。如信息覆盖面广,能产生媒体效应,具有较强感染力,需精心策划等。

(3) 广告的诉求。广告诉求是商品广告宣传中所要强调的内容,俗称"卖点",它体现了整个广告的宣传策略,是广告效果好坏的关键。倘若广告诉求选定得当,会对消费者产生强烈的吸引力,激发其消费欲望,从而促使其实施购买商品的行为。广告诉求主要有三种方式:感性诉求、理性诉求和混合诉求。

重要信息 10-1　　　　　　　　**广告的形式**

1. 根据广告的内容和目的划分

(1) 商品广告。商品广告是针对商品销售开展的大众传播活动。按其目的不同,可分为三种类型。①开拓性广告。它是以激发顾客对产品的初始需求为目标,主要介绍刚刚进入投入期的产品的用途、性能、质量、价格等有关情况,以促使新产品进入目标市场。②劝告性广告,又称为竞争性广告。它是以激发顾客对产品产生兴趣,增进选择性需求为目标,对进入成长期和成熟前期的产品所做的各种传播活动。③提醒性广告,也称为备忘性广告或提示性广告。它是对已进入成熟后期或衰退期的产品所做的广告宣传,目的在于提醒顾客,使其产生惯性需求。

(2)企业广告。企业广告又称为商誉广告。这类广告着重宣传和介绍企业名称、企业精神、企业概况(包括企业历史、生产能力、服务项目等情况)等有关企业信息。

(3)公益广告。公益广告是用来宣传公益事业或公共道德的广告。

2. 根据广告传播的区域来划分

(1)全国性广告。全国性广告是指采用信息传播能覆盖全国的媒体所做的广告,以此激发全国消费者对广告产品的购买欲望。

(2)地区性广告。地区性广告是指采用信息传播只能覆盖一定区域的媒体所做的广告,借以刺激某些特定地区消费者对产品的需求。此类广告传播范围小,多适合于生产规模小、产品通用性差的企业和产品。

3. 根据传播媒介分类

(1)印刷类广告。它主要包括印刷品广告和印刷绘制广告。印刷品广告有报纸广告、杂志广告、图书广告、传单广告、产品目录等。印刷绘制广告有墙壁广告、路牌广告、包装广告等。

(2)电子类广告。它主要包括广播电视广告、网络媒体广告、电子屏广告、霓虹灯广告等。

(3)实体广告。它主要包括实物广告、橱窗广告、赠品广告等。

2. 人员推销

(1)人员推销的含义。人员推销是指企业运用推销人员直接向目标顾客进行有关产品的介绍、推广、宣传和销售。在人员推销活动中,推销人员、推销对象和推销品是三个基本要素。

(2)人员推销的形式。人员推销形式主要有三种。①上门推销。上门推销是指由推销人员携带产品样品、说明书和订单等走访顾客,推销产品。②柜台推销。柜台推销是指企业在适当地点设置固定门市,由营业员接待进入门市的顾客,推销产品。③会议推销。会议推销是指利用各种会议向与会人员宣传和介绍产品,进行推销活动。

(3)人员推销的特点。人员推销具有以下特点。①销售的针对性。由于双方直接接触,相互间在态度、气氛、情感等方面都能捕捉和把握,有利于销售人员有针对性地做好沟通工作,引导购买欲望。②销售的有效性。销售人员通过展示产品,解答顾客疑问,指导产品使用方法,目标顾客在当面接触产品后,易于引发消费者购买行为。③买卖双方关系的密切性。销售人员与顾客直接打交道,交往中会逐渐产生信任和理解,加深双方感情,建立起良好的关系,容易培育出忠诚顾客。④信息传递的双向性。在推销过程中,销售人员一方面把企业信息及时、准确地传递给目标顾客,另一方面把市场信息,顾客(客户)的要求、意见、建议反馈给企业,为企业调整营销政策提供依据。

3. 营业推广

（1）营业推广的含义。营业推广是企业为了达到营销目标，在一定时期内为迅速刺激需求、鼓励消费而进行的促销手段及方法，也称为销售促进。

（2）营业推广的方式。营业推广是极具短期诱导性的一种促销方式，一般有两大类。一是以消费者或用户为对象的推广方式，如展销会、有奖销售、免费样品、减价销售、优惠券、附送赠品、演示促销等，目的在于鼓励现有使用者大量、重复购买产品，争取潜在消费者，吸引竞争者的顾客等。二是以中间商为对象的推广方式，如在销售地点举办展览会、实行购买数量折扣、提供广告和陈列津贴以及合作广告等，目的是鼓励中间商大量销售、实现淡季销售目标等。

（3）营业推广的特点。营业推广具有时间短，刺激性强的特点，也是一种辅助性质的、非常规性的促销方式。当企业把新研制产品投入市场时，配合广告，运用营业推广手段可以迅速吸引消费者，很容易形成家喻户晓的效果；当产品进入成长期，应用营业推广手段，可以提高产品市场占有率；当产品进入成熟期，应用营业推广手段可以强烈吸引对价格敏感的消费者，同时也是创造品牌，与竞争者争夺市场的好方法。营业推广不能单独使用，需要与其他促销方式配合使用。

> 课堂感悟：一家企业的某商品从上市就宣称打折销售，你会觉得商品_____

营业推广也有其消极的一面。如形式较多，方法运用不当，求售过急，会贬低产品和与其相关的制造商、经销商的声望。有些推广方法，如打折、赠送等，不大适合追求高品质、高档次形象的企业。

4. 公共关系

（1）公共关系的含义。公共关系是指社会组织通过有效的管理和双向信息沟通，在公众面前树立良好的形象与信誉，以赢得组织内外相关公众的理解、信任、支持与合作，为自身发展创造最佳社会环境，实现组织既定目标的促销方式。

作为一种促销手段，公共关系不仅仅是企业市场营销的一部分，而且是企业为取得公众的了解、信任和支持树立企业形象而进行的一系列活动。其目的是提高企业在公众中的知名度和美誉度，提高信息传递的可信度，使信息接受者在不知不觉中建立起对企业和产品的信赖感。

（2）公共关系的方式。常见的公共关系专题活动有：庆典、展览会、新闻发布会、赞助、参观，等等。

（3）公共关系的特点。公共关系是一种隐性的促销方式，具有传递信息的全面性、对公众影响的多元性和效果的多面性等特点。

10.1.3 促销策略认知

促销策略是市场营销组合的基本策略之一。根据促销手段的出发点与作用的不同，可分为以下两种促销策略。

1. 推式策略

推式策略是指直接以人员推销手段，把产品推向销售渠道。其作用过程是：企业推销员把产品或劳务推荐给批发商,再由批发商推荐给零售商,最后由零售商推荐给最终消费者。该策略适用于以下几种情况:(1)企业经营规模小,或无足够资金支付高额广告费用;(2)市场较集中,分销渠道短,销售队伍大;(3)产品具有很高的单位价值,如特殊品、选购品等;(4)产品的使用、维修、保养方法需要进行示范。

这一策略需利用大量的推销人员推销产品,它适用于生产者和中间商对产品前景看法一致的产品。推式策略风险小,推销周期短,资金回收快,但其前提条件是需要生产企业和中间商有高度的共识和配合。

2. 拉式策略

拉式策略是指采用间接方式,即通过广告和公共关系宣传等措施吸引最终消费者,使消费者对企业的产品或劳务产生兴趣,从而引起需求,主动去购买商品的促销策略。其作用过程是:企业将消费者引向零售商,将零售商引向批发商,将批发商引向生产企业。

这种策略适用于:(1)市场广大,产品多属便利品;(2)商品信息必须以最快速度告知广大消费者;(3)对产品的初始需求已呈现出有利的趋势,市场需求日渐上升;(4)产品具有独特性能,与其他产品的区别显而易见;(5)能引起消费者某种特殊情感的产品;(6)有充分资金用于广告。

课堂测评

测评要素	表 现 要 求	已达要求	未达要求
知识掌握	能掌握促销的含义		
技能掌握	能初步认识促销活动的操作		
任务内容整体认识程度	能概述促销活动的意义		
与职业实践相联系程度	能描述日常生活中的促销活动表现		
其他习得	能描述与其他课程、职业活动等的联系		

10.2　促销方式的运用

作为营销人员,在策划促销活动时,基本的技能就是合理运用多种促销方式,进而获得较好的促销效果。那么,促销方式的具体运用有哪些要领? 如何才能做到效果最大化?

10.2.1　广告的运用

市场营销活动中,广告运用的目的就是既要告知消费者购买商品所能得到的好处,又要给予消费者更多的附加利益,以激发消费者对商品的兴趣,在短时间内收到速效性广告的效果,从而推动商品销售。

广告促销方式的运用通常包括确定广告目标、进行广告预算、选择广告媒体和评价广告效果等步骤。

1. 确定广告目标

从促销的角度看,广告目标可以分为告知、说服、提醒等目标。

(1)以告知为目标。这种广告的目的在于传达新产品的信息,介绍产品的用途、性能、包装、使用方法，减少消费者的顾虑，建立企业形象、产品信誉等，使市场产生对某类产品的需求。这种广告常用于产品生命周期的投入期。

（2）以说服为目标。即通过广告活动强调特定品牌的产品与竞争产品的差异，突出该产品的特点与优势，目的是改变顾客对本企业产品的态度，鼓励顾客放弃竞争者品牌转而购买本企业品牌。这种广告常用于产品生命周期的成长期，以不断争取新顾客，扩大企业的市场份额。

营销实务 10-1　　　　　　通讯领域的竞争广告

中国移动"关键时刻，信赖全球通"的广告引起了不少业内人士的注意，这则广告将中国移动的独特优势表现得淋漓尽致。中国移动越来越强烈地感受到来自竞争对手——联通的压力。中国移动一改以往的以静制动，开始主动出招，用比较广告的表现手法直攻对手的痛处。中国移动这则 60 秒的电视广告由三个情节组成：青年作曲家怕手机信号不好，影响与女友的沟通；房地产商表示如果一个电话打不通，可能就耽误了一个重要的生意机会；而北京的梁先生在不久前的一次海难中，凭借全球通手机的出色信号拯救了全船 128 名乘客的生命。在中国移动的这则广告中，突出了一个最明确的消费利益——手机信号的重要性。

评析：联通广告的主要诉求点是环保、健康，但是作为手机用户，这些诉求点对中高端用户来说不是最重要的需求，如果手机信号不好，环保又有什么用？通过对用户、竞争对手、自己（中国移动）进行一系列的分析后发现，网络的覆盖率和强劲的信号是中国移动的独特优势，并且对中高端用户来说非常重要，而最重要的一点是，这恰好不是竞争对手目前的比较优势。

（3）以提醒为目标。即企业通过广告活动提醒消费者在不远的将来（或近期内）需要某种产品（如秋季提醒人们不久将要穿御寒的衣服），并提醒他们到何处购买该产品。这种广告的目的在于使消费者在某种产品生命周期的成熟阶段仍能想起这种产品。例如，可口可乐公司在淡季耗费巨资做广告，其目的就是要提醒广大消费者，不要忘记可口可乐。

2. 进行广告预算

为了既经济，又能取得较大效果，营销人员应该在目标确定的基础上，对广告进行合理的预算。广告预算方法主要有以下几种。

（1）支付能力法。营销决策人员应根据企业的财务状况来决定广告的费用预算，财务状况良好，则在合理范围内增加广告投入；反之，则减少投入。

（2）销售比例法。根据企业销售额的百分比来安排广告费用。在产品定价时就考虑到广告费用的开支，这是一种常用的广告预算方法。

（3）竞争均势法。根据竞争对手的广告预算水平确定本企业的广告预算。这种方法能保持竞争对手之间的平衡，但广告预算的依据过分单一，容易导致企业之间的盲目攀比。

（4）目标任务法。根据广告所要达到的目标和任务来确定广告预算，估计达到目标要完成的任务和需要花费的成本，汇总各类支出，然后做出广告预算。这种方法目标明确，可避免盲目投资。

3. 选择广告媒体

在现代社会，广告媒体多种多样，营销人员在选择广告媒体时通常应考虑以下因素。

（1）目标市场特点。选择广告媒体首先要考虑目标市场顾客的需要和喜好，以及各层次顾客对媒体的接受程度，如文化相对落后地区，比较适合用广播、电视等直观性强的媒体；专业性较强的产品，比较适合选用专业杂志、报纸。

（2）产品的特点。选择广告媒体还要考虑产品的特点。如服装、食品、儿童用品等日用消费品，可选择用色彩鲜艳、形象逼真的彩印图片和电视广告，以及覆盖面广的大众传媒，易引起消费者的兴趣；新产品和高科技产品可选用附有详细说明的邮寄广告和宣传手册，有针对性地传递给目标顾客。

（3）信息的传播范围。广告媒体的信息传播范围应当与目标市场范围相一致。在选择时，应考虑广告媒体的特点，如传播范围、接触频率、作用强度，以及广告信息本身的要求，并对广告制作者提出具体要求。

（4）广告成本。企业应根据自己的经济实力进行广告预算，在分析广告媒体特点的基础上选择单独使用或综合使用，使之发挥最大的效力。

营销实务 10-2　　　　　　　　**谷爱凌引发品牌借势营销**

2022 年 2 月 8 日，谷爱凌夺得北京冬奥会自由式滑雪女子大跳台比赛冠军，为中国体育代表团再添一枚金牌。

在谷爱凌夺得金牌后，多个品牌迅速启动了热点营销，例如谷爱凌代言的某卫浴品牌挂出了"问鼎巅峰"的营销文案；谷爱凌代言的某咖啡品牌打出的广告词是"这一杯！庆祝谷爱凌夺金"。据不完全统计，谷爱凌目前已与大约 30 个品牌进行了合作，横跨运动、食品、汽车等多个品类，号称"品牌收割机"。其中，在本届冬奥会 11 家官方合作伙伴中，就有中国银行、安踏、中国人民保险等几家与谷爱凌有不同形式的商业合作。

评析：本届冬奥会是她作为运动员的商业价值得到迅速提升的重要契机，未来的商业价值开发依然取决于三方面因素，即运动成绩、运动项目的普及程度、运动员的个人形象。营销界有一个基本原则：第一时间打造一个故事。

4. 评价广告效果

广告在发布后，营销人员应对其效果进行测试和评价，对广告方案进行信息反馈和及时调整。通常可以从广告对顾客的影响程度和对销售额的影响程度两方面来评价广告的效果。

（1）从对顾客影响程度的角度进行评价。这种方法主要用来评价广告对顾客心理、行为方面的影响。具体方法有以下几种。①直接评分法。邀请顾客或广告专家观看各种广告并打分。②实验室法。研究人员运用各种仪器测定某一广告对人的心理、生理反应，来评价广告对人们的吸引力。③回忆测试法。请顾客观看一些广告，然后要求顾客回忆广告的内容。

(2) 从对销售额影响程度的角度进行评价。广告对销售额影响程度的评价方法有以下几种。①试验法。通过试验来测定不同地区广告费用的变化和销售额变化的关系。②销售效果测定法。以广告播出前后产品销售量的变化情况判断广告的效果。③相关分析法。用线性回归分析法分析广告费用和销售额是否存在相互关系,相互关系的紧密程度如何等,以此来评价广告的效果。

10.2.2 人员推销的运用

不同的推销方式可能会有不同的推销工作程序,通常情况下,人员推销包括以下几个相互关联又具有一定独立性的工作程序。

1. 寻找目标顾客

推销工作的第一步就是找出产品的潜在顾客,并对遴选出来的潜在顾客进行需求、购买条件、购买力和信用资格的考察,以提高今后推销工作的效率。寻找并识别目标顾客应当是推销人员的基本功。

推销人员在找到潜在顾客后,要进一步针对对方的具体情况搜集有关资料,包括需求状况、顾客的经济来源和经济实力、拥有购买决策权对象、购买方式,以便制定推销方案。

重要信息 10-2   推销人员的任务

(1) 沟通。与现实的和潜在的顾客保持联系,及时把企业的产品及其他相关信息介绍给顾客,同时了解他们的需求,沟通产销信息,成为企业与消费者联系的桥梁。

(2) 开拓。推销人员不仅要了解和熟悉现有顾客的需求动向,而且要尽力寻找新的目标市场,发现潜在顾客,从事市场开拓工作。

(3) 销售。推销人员通过与消费者的接触,运用推销艺术,解答顾客疑虑,达成交易。

(4) 服务。推销人员除了直接的销售服务外,尚需代表企业提供其他服务,如业务咨询、技术性协助和融资安排等。

(5) 调研。推销人员利用直接接触市场和消费者的便利,可进行市场调查和情报搜集工作,并且将访问情况编写成报告,为企业开拓市场和制定营销决策提供依据。

2. 试探性接触

推销人员与顾客约见,拜访顾客,进行初步接触;对企业、产品、交易条件、服务与保障等进行介绍和说明;主动进行一些产品的使用示范,唤起顾客的兴趣和需求。

3. 化解异议、达成交易

在推销活动中,顾客会站在自己的角度提出一些问题、要求,甚至相反的意见。推销人员应善于倾听顾客的反对意见,并采取各种方法和技巧化解顾客反对意见,排除成交的障碍。

推销人员随时观察顾客的反应,抓住有利时机,或提出选择性决策,或提出建设性决策,或进行适当让步,做好鼓动工作,以促使顾客做出购买决策,签约成交。

4. 持续提供服务

交易达成后,并不意味推销工作的结束,而应看作新的推销工作的开始。推销人员应认真执行订单中所保证的条件,做好用户回访和其他后续工作,听取用户的感受、要求并尽量予以满足,以促使顾客产生对企业有利的后续购买行为和吸引新的顾客。

重要信息 10-3	人员推销的管理

（1）推销人员的组成。企业确定人员挑选程序一般分为:填写申请表、测验、面试（谈）、学历与经历调查、过去在其他单位曾有的推销业绩、体格检查、决定录用、安排工作等程序。

（2）推销人员的激励和约束。激励包括物质激励,如资金、期股、实物;也包括精神激励,如表彰、晋升、授予某种荣誉称号等。约束是指按制度规定对完不成任务、违法违规者进行处分。

（3）推销人员的评估。企业对销售人员的定期评估一般有两种方式:一种是横向评估,即将各个推销人员的绩效进行比较和排列;另一种是纵向评估,即将推销人员目前的业绩同过去的业绩进行比较,指标同前所述。

10.2.3 营业推广的运用

营业推广也需事先确定目标,然后针对不同的对象来进行。操作步骤如下。

1. 确定营业推广目标

营业推广的目标可以是为新产品打入市场,吸引消费者;可以是与中间商建立良好协作关系、鼓励中间商大量购销;也可以是从竞争者那里争取消费者;还可以是以推销人员为目标的推广,鼓励推销人员推销企业产品等。营销人员应根据不同的目标制定不同的推广策略。如表 10-1 所示。

表 10-1 营业推广目标

一级目标	二级目标	解决问题	具体做法
向消费者推广	扩大新产品影响 争夺消费者 鼓励购买	扩大新产品的影响;与竞争者争夺消费者;吸引顾客大量购买	免费使用;提供样品;采取优惠价格;赠送奖券;发放纪念品
向中间商推广	促使中间商参与活动 鼓励购买 提高经营效率	建立产品形象;加快销售;进一步提升市场占有率	提供销售补贴;设立促销奖;提供人员培训
向推销人员推广	鼓励推销人员 开拓新市场 提高推销效果	提升推销人员的工作效率;开拓新市场,增加销售量	销售提成;销售竞赛;推销培训;赠送纪念品

2. 选择营业推广方式和工具

营销推广必须根据市场环境、竞争状况、产品性质和预算方案、不同方式的特点、消费者的接受习惯等,来选择营业推广的方式和工具。

3. 制定营业推广方案

进行营业推广还应制定切实可行的推广方案。主要包括营业推广的刺激程度、推广对象、传播媒介、推广时机、期限和预算分配等。

10.2.4 公共关系的运用

公共关系促销并不是推销某个具体的产品,而是利用公共关系活动,把企业的经营目标、经营理念、政策措施等传递给社会公众,使公众对企业有充分的了解;对内协调各部门的关系,对外维持企业与公众的密切关系,扩大企业的知名度、信誉度、美誉度,为企业营造一个和谐、亲善、友好的营销环境,从而间接地促进产品销售。

公共关系工作程序通常包括调查、策划、实施和评估四个步骤。

1. 公共关系调查

营销人员在进行公关活动之前,应首先进行公关的调查研究工作。通过调查,可以在采集各方面信息的基础上,了解社会公众对企业决策和行为的意见,据此确立公关目标。只有对有关情况了如指掌,才能确立适合工作目标,才能有的放矢地解决问题。

2. 公共关系策划

确定了公关目标之后,营销人员就应着手进行公关策划。公关策划是指对专项公关活动的谋划和设计。公关策划主要包括综合分析、制定计划、方案优化、书面报告与方案审定等步骤。

3. 公共关系实施

公共关系实施是指在公关策划被采纳以后,将策划方案所确定的内容变为公关实践的过程。这一阶段,主要是信息交流,营销人员必须学会运用大众传播媒介及其他信息交流的方式,从而达到良好的公关效果。

4. 公共关系评估

公共关系实施后,公关工作就会产生出一定的效果,这就需要对公关工作的效果进行评估和总结。具体评估操作为:以公关目标为标准,对方案落实效果进行调查、分析,然后对照、比较公关目标,分析工作中成功与失败之处及其产生的原因,作出具体的评价,并加以总结,写出总结报告,为以后的公关工作提供借鉴。

重要信息 10-4　　　　　　　**公关促销的方式**

---

(1)内部刊物。这是企业内部公关的主要内容。企业的各种信息载体,是管理者和员工的舆论阵地,是沟通信息、凝聚人心的重要工具,如海尔集团的新闻机构——《海尔人》就起到了这样的作用。

(2)发布新闻。由公关人员将企业的重大活动、重要政策及各种新奇、创新的思路编写成新闻稿,借助媒体或其他宣传手段传播出去,帮助企业树立形象。

(3)举办记者招待会。邀请新闻记者,发布企业信息。通过记者传播企业重要的政策和产品信息,若传播范围广,企业信誉好,便可引起公众的注意。

(4) 设计公众活动。通过各类捐助赞助活动,努力展示企业关爱社会的责任感,树立企业美好的形象。

(5) 企业庆典活动。营造热烈、祥和的气氛,展现企业蒸蒸日上的风貌,以树立公众对企业的信心和偏爱。

(6) 制造新闻事件。制造新闻事件能起到轰动的效应,常常引起社会公众的强烈反响,如海尔张瑞敏刚入主海尔时的"砸冰箱"事件,至今人们谈及,还记忆犹新。

(7) 散发宣传材料。公关部门要为企业设计精美的宣传册或画片、资料等,这些资料在适当的时机,向相关公众发放,可以增进公众对企业的认知和了解,从而扩大企业的影响。

课堂测评

测评要素	表 现 要 求	已达要求	未达要求
知识掌握	能掌握不同促销方式的含义		
技能掌握	能初步认识促销方式的操作		
任务内容整体认识程度	能概述不同促销方式的特点		
与职业实践相联系程度	能描述日常生活中的促销方式运用		
其他习得	能描述与其他课程、职业活动等的联系		

10.3　促销组合的认识

对于营销人员来讲,不仅要会单独运用各种促销方式,而且要能够根据产品特点,综合各种因素,对各种促销方式进行选择、搭配利用,形成促销组合,以取得最大的促销效果。那么什么是促销组合? 怎样才能合理组合呢?

10.3.1　促销组合认知

为了顺利实现营销目标,在促销活动中,企业营销人员会有计划地将四种促销方式结合在一起加以运用。

1. 促销组合的内涵

促销组合,是指企业运用广告、人员推销、公关宣传、营业推广四种基本促销方式组合成一个策略系统,使企业的全部促销活动互相配合、协调一致,最大限度地发挥整体作用,从而顺利实现企业促销目标。因此,促销组合也称促销组合策略。

2. 促销组合的实质

促销组合体现了现代市场营销理论的核心思想——整体营销。促销组合是一种系统化的整体策略,四种基本促销方式则构成了这一整体策略的四个子系统。每个子系统都包括了一些可变因素,即具体的促销手段或工具,某一因素的改变意味着组合关系的变化,也就意味着形成了一个新的促销策略。

10.3.2　促销组合的影响因素认知

市场营销活动中,影响促销组合决策的因素主要有以下内容。

1. 促销目标

企业在不同时期及不同的市场环境下所采取的促销活动有其特定的促销目标。由于促销目标不同,促销组合也就有差异。促销目标一般有以下几种。

(1)介绍产品。介绍产品是指通过报道、引导和展示来影响购买者,引起购买者对产品的初步需求。这种目标的促销组合应以广告为主,适当配合营业推广方式。

(2)提示产品。提示产品是指侧重使用宣传报道,说服消费者购买本企业产品。这种目标的促销组合以广告和人员推销为主。

(3)树立品牌和企业的形象。树立品牌和企业的形象是指大力宣传产品品牌和企业本身,努力树立品牌形象和企业信誉,以使企业扩大市场占有率。这种目标的促销组合应以公众关系和广告为主,并配合适当的人员推销。

在市场促销活动中,企业应当在营销总目标下制定出具体的促销目标,根据促销目标制定促销组合与促销策略。

2. 产品因素

(1)产品的性质。对于不同性质的产品,购买者和购买目的不同,因此必须采用不同的促销组合和促销策略。一般来说,在消费者市场,因市场范围广而更多地采用拉式策略,多以广告和营业推广形式促销商品;在生产者市场,因购买者购买批量较大,市场相对集中,则以人员推销为主要形式。

(2)产品的市场生命周期。对于处于产品生命周期不同阶段的产品,企业的促销目的不同,促销重点与促销方式也有所不同,因此要相应制定不同的促销组合。如表 10-2 所示。

表 10-2　产品生命周期不同阶段的促销组合

生命周期	促销目标重点	促销组合方式
介绍期	使消费者了解产品,中间商乐于经销产品,提升知名度	运用多种广告宣传,对中间商采用人员推销
成长期	激发消费者欲望与需要,增加其兴趣与偏爱,进一步扩大市场	扩大广告宣传,运用营业推广与人员推销
成熟期	促成信任购买,提升企业知名度和信誉感,巩固市场占有率	营业推广为主,广告语人员推销互相使用,灵活运用公共关系
衰退期	消除不满,留住老客户	适当营业推广,辅以广告、降价

3. 市场条件

目标市场的条件不同,促销组合和促销策略也应有所不同。

(1)从市场地理范围大小看,若促销对象是小规模的本地市场,应以人员推销为主;而对广泛的全国甚至世界市场进行促销,则多采用广告形式。

(2)从市场类型看,消费者市场因消费者多而分散,多数以广告等非人员推销形式;而对用户较少、批量购买、成交额较大的生产者市场,则主要采用人员推销形式。

此外,在有竞争者的市场条件下,还应考虑竞争者的促销形式和促销策略,要有针对性地不断变换自己的促销组合及促销策略。

4. 总体促销策略

企业促销活动的总策略有"推式"和"拉式"之分。"推式"策略就是以中间商为主要促销对象,把产品推进分销渠道,最终推上市场。"拉式"策略则是以最终消费者为主要促销对象,首先设法引起潜在购买者对产品的需求和兴趣,由消费者向中间商征询该产品,从而引起其向制造商进货。如果企业采取"推式"策略,则人员推销的作用较大;如果企业采取"拉式"策略,则广告的作用较大。

5. 促销预算

企业能用于促销的费用也是确定促销组合的重要依据。企业采用什么样的促销方式,往往受促销费用预算的制约。每一种促销方法所需费用是不相同的,企业应根据预算,结合其他因素,选择适宜的促销组合。

10.3.3　促销组合决策认知

企业营销人员综合各种影响因素,就能够进行促销组合决策。这项工作主要有以下内容。

1. 确认促销对象

通过企业目标市场调研,确定其产品的销售对象是现实购买者还是潜在购买者,是消费者个人、家庭还是社会团体。明确了产品的销售对象,也就确认了促销的目标对象。

2. 确定促销目标

不同时期和不同的市场环境下,企业开展的促销活动都有着特定的促销目标。短期促销目标,宜采用广告促销和营业推广相结合的方式。长期促销目标,公关促销则具有决定性意义,必须注意企业促销目标的选择,必须服从企业营销的总体目标。

3. 设计促销信息

促销工作主要是进行信息传递,因此必须重点研究信息内容的设计。即企业促销要对目标对象所要表达的诉求是什么,并以此刺激其反应。诉求一般分为理性诉求、感性诉求和道德诉求三种方式。

(1) 理性诉求。理性诉求通常指出产品与接受者个人利益相关的物质特点,如宣传产品物美价廉、性能可靠等。

(2) 情感诉求。情感诉求试图使受众产生正面或反面的感情,以激励购买行为。如购买一瓶农夫山泉捐一分钱给希望工程。

(3) 道德诉求。道德诉求是诉求于受众心目中的道德规范,促使人们分清是非,弃恶扬善。如保护生态环境。

4. 选择沟通渠道

传递促销信息的沟通渠道主要有人员沟通渠道与非人员沟通渠道。人员沟通渠道向目标购买者当面推荐,能得到反馈,可利用良好的"口碑"来扩大企业及产品的知名度与美誉度。非人员沟通渠道主要指大众媒体沟通。大众传播沟通与人员沟通的有机结合才能发挥更好的作用。

5. 确定促销的具体组合

根据不同的情况,将人员推销、广告、营业推广和公共关系四种促销方式进行适当搭配,使其发挥整体的促销作用。应考虑的因素有产品的属性、价格、寿命周期、目标市场特点、"推"或"拉"策略。

课堂测评

测评要素	表 现 要 求	已达要求	未达要求
知识掌握	能掌握促销组合的含义		
技能掌握	能初步认识促销组合的设计操作		
任务内容整体认识程度	能概述促销组合的实践意义		
与职业实践相联系程度	能描述日常生活中的促销组合表现		
其他习得	能描述与其他课程、职业活动等的联系		

任务 10 小结

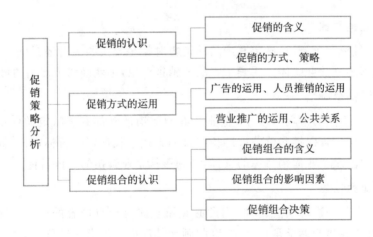

教学做一体化训练

一、重要名词

促销　　人员推销　　营业推广　　广告　　公共关系

二、课后自测

(一)单项选择题

1. 促销的实质是(　　)。

A. 广告　　　　B. 信息沟通　　　C. 销售促进　　　D. 宣传

E. 人员推销

2. 人员推销是指直接向(　　)进行产品介绍。

A. 目标顾客　　　　B. 销售市场　　　　C. 用户　　　　D. 商人

3. 说服性广告通常运用在产品生命周期的(　　)。

A. 介绍期　　　　B. 成长期　　　　C. 成熟期　　　　D. 衰退期

4. 公共关系并非针对具体的(　　),而是协调组织与社会公众的关系。

A. 产品　　　　B. 营销活动　　　　C. 促销活动　　　　D. 营业推广

5. 促销组合体现了(　　)思想。

A. 整体营销　　　　B. 社会营销　　　　C. 顾客让渡价值　　　D. 现代市场营销

（二）多项选择题

1. 促销的具体方式包括(　　)。

A. 市场细分　　　　B. 人员推销　　　　C. 广告　　　　D. 公共关系

E. 营业推广

2. 人员推销的消极面表现在(　　)。

A. 形式过多　　　　B. 方法运用不当　　　C. 求售过急　　　　D. 追求高档次

E. 促销预算过大

3. 在人员推销活动中的三个基本要素为(　　)。

A. 需求　　　　B. 购买力　　　　C. 推销人员　　　　D. 推销对象

E. 推销品

4. 广告的目标主要有(　　)。

A. 告知用途　　　　　　　　B. 介绍性能

C. 突出本产品优点　　　　　D. 鼓励购买

E. 提醒使用

5. 某企业的媒体计划人员在选择媒体种类时,应该考虑的因素有(　　)。

A. 目标市场特点　　B. 产品特性　　　　C. 信息传播范围　　D. 成本

E. 目标任务

（三）判断题

1. 促销组合是促销策略的前提,在促销组合的基础上,才能制定相应的促销策略。因此促销策略也称为促销组合策略。(　　)

2. 人员推销也称为直接促销,推销员可直接从顾客处得到信息反馈,诸如顾客对推销员的态度、对推销商品和企业的看法和要求等。(　　)

3. 营业推广也称为销售促进。(　　)

4. 公共关系是一种显性促销方式。(　　)

5. 对单位价值较高、流通环节短、市场需求较小的产品常采用拉式策略。(　　)

6. 因为促销是有自身统一规律性的,所以不同企业的促销组合和促销策略也应该是相同的。(　　)

7. 公益广告是用来宣传公益事业或公共道德的广告,所以它与企业的商业目标无关。(　　)

(四) 简答题

1. 影响促销组合的主要因素有哪些?
2. 确定广告预算的主要方法有哪些?
3. 企业的广告目标有哪些?
4. 促销的作用是什么?
5. 销售人员的工作任务有哪些?
6. 怎样对推销人员进行管理?

(五) 案例分析

随着现代都市生活节奏的加快,受工作压力、应酬、不规律进食、城市污染等各种因素的影响,许多人遭受便秘的困扰,由此产生了一个巨大的常润茶市场。为了瓜分润肠通便市场这块巨大的"蛋糕",各种润肠通便的产品如排毒养颜胶囊、肠清茶、常润茶、通补胶囊等商家各显神通,竞相在高空及终端大量投放广告,以不同的操作手法及概念在分割这块"蛋糕"。正是鉴于这个市场广阔的前景,在补血市场久负盛名的美媛春品牌也决定进入这一市场。然而,面对这一竞争激烈的市场,作为常润茶市场的新进品牌——美媛春,应该怎么样才能找到属于自己的一片绿洲呢?

从整个市场调查的结果来看,常润茶的市场空间在华南地区非常巨大,而且消费需求稳定,后来居上的碧生源常润茶依靠在华南市场的强势高空投放、终端精耕细作的营销策略,在润肠通便、排毒养颜市场独占鳌头,销售形势是"祖国山河一片红"!

调研数据显示,常润茶的目标群体非常明确,主要消费者是女性,其次是老年人群体。目前,常润茶市场的主力品牌——碧生源常润茶,它所采取的是一种大小通吃的全面进攻策略。然而,女性因自身生理原因,其便秘人群是男性的3倍以上,其中约有1/3女性因减肥或饮食不规律没有一天一便的习惯。女性市场最大,美媛春常润茶要切割的就是女性群体市场,而美媛春品牌在女性市场拥有着不错的口碑。这真是一次天衣无缝的契合啊!

无数次实验,终于在决明子、山药、茯苓、绿茶等常润茶成分组成的基础上,改进了原有的配方,加入鲜橙提取物,推出了中国常润茶市场第一个史无前例的水果味常润茶——美媛春果味常润茶。

美媛春果味常润茶品牌的项目小组在传播、推广策略上,采取了"高举高打"的强势整合传播策略。

第一,整个传播重心放在电视媒体,以影视广告和专题片为主。项目小组根据既定方案,拍摄了美媛春果味常润茶的电视广告。在拍摄电视广告时,项目小组从美媛春果味常润茶的口感"水果味,更好喝的常润茶"入手,在诉求上采取以情动人,体现美媛春18年来带给消费者的促销利益——买一送一,用"水果味,更好喝的常润茶"突出常润茶的味道独特,并圈定中、青年女性消费人群。

美媛春广告宣传的重点是强调"水果味,更好喝的常润茶",而不像其他保健品一样主打功效,美媛春以实际行动避免了保健品"夸大产品功效"的通病。

第二,整个传播的次重心放在报纸媒体,以硬文广告和软文广告为主。为了提升美媛春果味常润茶的品牌知名度,项目小组根据报纸广告的实际情况,在标题方面做到了有张力,从多方位、多角度和消费者打招呼。主要是向读者陈述美媛春果味常润茶的口味,把

"水果味，更好喝的常润茶"作为主要诉求点，并大打优惠牌，开展"美媛春真情18年"特别优惠活动，在带有女性风格、娓娓道来的诉求中向消费者传达了美媛春果味常润茶独特的口味和优惠促销信息。

在报纸媒体的选择上，选择的报纸媒体都是覆盖率比较广、有权威性的报纸，如《广州日报》《信息时报》等发行量比较大且权威的报纸。在进行全面投放时，项目小组又撰写了《时尚美女为何爱喝美媛春常润茶？》《喝美媛春果味常润茶，我的年龄是秘密》等系列短文。这些短文或以透视社会现象引出女性为了健康、美丽，喝了美媛春常果味润茶带来的幸福和自信。

第三，加强终端推广，踢好关键的临门一脚。终端是营销的"临门一脚"，为了踢好关键的这一脚，设计了符合女性审美特征的时尚包装，利用原有美媛春花瓣的形式，使包装富有张力；同时，运用"1＋1＞2"的原则，采用"买一送一"的捆绑包装模式，这样一来在体积上明显大于竞争品牌常润茶的包装。在摆放陈列效果上，美媛春果味常润茶在不增加费用的情况下使陈列最大化。一上市就进行"1＋1"优惠促销，不但给经销商等渠道极大的信心和优惠，而且也极大地满足了女性消费者精挑细选、讲究实惠的消费心理，更加拉动女性消费者对美媛春果味常润茶的尝试和消费。在渠道选择上，其方针是"抓住中心点，重点包围"，利用现有一切优势，重点先对 A、B 类药店及连锁药店快速进行铺货，单一散店先期不纳入销售代表的铺货任务范围。这一方式强调在最大化、最快速铺货的前提下，先满足城市中心消费人群的需求，而不是盲目地追求大而全的铺货率，真正贯彻二八定律的精髓思想。

第四，举行美媛春"'水果美人'PK 大赛"跟进活动。为了与空中媒体的宣传相呼应，项目小组精心策划和设计了美媛春"'水果美人'PK 大赛"跟进活动。活动是围绕美媛春果味常润茶的差异点"水果味"来展开的。目标群体针对女性，只要您拥有自信和活力，崇尚健康与美丽，您就可免费报名参加美媛春"'水果美人'PK 大赛"，尽情展现自我，实现梦想！活动准备了丰厚的奖品来吸引更多的女性群体参与，"获奖者将得价值 3 000 元的美媛春系列产品，还有机会成为美媛春果味常润茶平面模特和代言人！"通过活动既提高了美媛春品牌在消费者中的美誉度，使更多的女性消费者通过这次活动之后便深刻地记住了美媛春果味常润茶，让更多的顾客在尝试了美媛春果味常润茶之后便喜欢上了这种果味的口感，成为忠实的顾客。

在有独特创意的策划指导下和强势媒体传播的组合效应下，消费者对美媛春果味常润茶的认知度大大提升，使越来越多的女性消费者加入了购买行列。

（资料来源：朱华：《市场营销案例精选精析》，中国社会科学出版社，2009）

问题：

1. 讨论分析其促销策略？

2. 提出促销策略改进的建议。

（六）同步实训

□ 同步实训 10-1：促销认知

实训目的：认识促销方式，理解其实际意义。

实训安排：

1. 学生分组，收集商场多个促销商品并记录其促销方式，分析其促销原因。（可以是

日用品）

2. 讨论其促销方式，分析自己是否受到促销影响，总结原因。

3. 选择部分学生制作 PPT 进行展示，并组织讨论与评析。

实训总结：学生小组交流不同分析结果，教师根据分析（文案）报告、PPT 演示、讨论分享中的表现分别给每组进行评价打分。

□ **同步实训 10-2：促销方式认知**

实训目的：认识促销方式，理解其实际意义。

实训安排：

1. 学生分组，收集几则发布在不同媒体上的促销广告，分析其目标与方式。（可以是立体影像、文字、图片）

2. 讨论其广告目标，分析自己是否受到广告投放的影响，总结原因。

3. 选择部分学生制作 PPT 进行展示，并组织讨论与评析。

实训总结：学生小组交流不同分析结果，教师根据分析（文案）报告、PPT 演示、讨论分享中的表现分别给每组进行评价打分。

□ **同步实训 10-3：促销组合认知**

实训目的：认识促销组合，理解其实际意义。

实训安排：

1. 学生分组，收集几则促销商品，分析其促销方式。（辨识是单独方式，还是组合方式）

2. 选择组合促销商品，讨论其促销目标，分析自己是否受到促销的影响，总结原因。

3. 选择部分学生制作 PPT 进行展示，并组织讨论与评析。

实训总结：学生小组交流不同分析结果，教师根据分析（文案）报告、PPT 演示、讨论分享中的表现分别给每组进行评价打分。

课程思政园地

促销策略分析
课堂思政

以"科技让零售更高效"为主题的"CCFA 新消费论坛—2021 中国国际零售创新大会"于 5 月 23 日—25 日在上海国际会议中心举办。在 5 月 24 日的 2021 中国商业新格局主会场上，京东集团副总裁、京东零售集团大商超全渠道事业群总裁冯轶以"创新、开放、合作、共赢"为主题探讨"拥抱零售新格局 共建商业新生态"，并分享了京东在数字化零售发展新模式方向的积极探索。

当前，消费者的心智和购物习惯都在逐步发生变化，消费市场随着"Z 世代"消费者的崛起和购物渠道的多元化，也更加细分。在此背景下，全渠道零售是必然趋势。近年来，京东积极推进线上线下整合，助力品牌和全渠道合作伙伴实现数字化转型，实现全链路、全用户、全场景、全品类的数字化沉淀，走出一条全渠道深度融合的"数智化"发展之路。

思考：京东的全渠道融合主要有哪些背景？

学生自我总结

通过完成任务 10 促销策略分析,我能够做如下总结:

一、主要知识

概括本任务的主要知识点:
　　1.
　　2.

二、主要技能

概括本任务的主要技能:
　　1.
　　2.

三、主要原理

你认为,认识促销渠道策略的意义是:
　　1.
　　2.

四、相关知识与技能

你在完成本任务后掌握的相关知识与技能:
　　1. 促销的完整含义是:
　　2. 促销组合选择的影响因素有:
　　3. 促销的主要方式包括:

五、成果检验

你在完成本任务后取得的学习成果:
　　1. 完成本任务的意义有:
　　2. 学到的知识或技能有:
　　3. 自悟的知识或技能有:
　　4. 你对促销策略分析的看法是:

项目五
营销活动管理

　　我国北宋时期，有一位著名的画家叫文与可，他是当时画竹子的高手。文与可为了画好竹子，无论是春夏秋冬，还是刮风下雨，又或是天晴天阴，都常年不断地在竹林里头钻来钻去。

　　由于文与可长年累月地对竹子作了细微的观察和研究，竹子在春夏秋冬四季的形状有什么变化；在阴晴雨雪天，竹子的颜色、姿势又有什么两样；在强烈的阳光照耀下和在明净的月光映照下，竹子又有什么不同；不同的竹子，又有哪些不同的样子，他都摸得一清二楚，所以画起竹子来，根本不用画草图。

　　有个名叫晁补之的人，称赞文与可说：文与可画竹，早已胸有成竹了。

　　所有的营销者不应忘记，市场风云变幻，营销人员应该事先制定周密的行动计划，做到胸有成竹，才能收到事半功倍的效果。

　　本项目主要内容：任务 11　营销活动管理
　　　　　　　　　　任务 12　营销活动拓展

任务 11 营销活动管理

学习目标

1. 知识目标
(1) 认识市场营销活动的含义。
(2) 认识市场营销计划的含义。
(3) 认识市场营销计划的作用。
2. 能力要求
(1) 能编写市场营销计划。
(2) 能认识市场营销组织形式。
(3) 能理解市场营销管理方法。
3. 思政目标
(1) 理解制造强国战略的意义
(2) 树立工匠精神
(3) 激发创新意识

任务解析

根据市场营销职业工作过程活动顺序,这一学习任务可以分解为以下子任务。

11.1 营销活动的策划

11.2 营销活动的组织

11.3 营销活动的控制

营销活动管理
课前阅读

营销故事

在西方古老的传说中,珍珠就是大海的泪珠,祖先们认为当一滴泪珠落进海里,正好被一只巨大的贝壳接住,就会生成一粒珍珠。古代希伯来人认为,珍珠是上帝用来点缀伊甸园的。印度人想象中的珍珠是晨露,是神灵将晨露点化山来用以迷惑世人的。在罗马,珍珠与美神维纳斯息息相关。

公元 640 年,藏族祖先吐蕃人的杰出首领松赞干布,令大相禄东赞带着五千黄金,数百珍宝前往长安求婚。唐太宗答应将皇室女儿文成公主许配给松赞干布。不过,传说李世民许嫁之前曾五难婚使,其中一难便是要禄东赞将丝线穿过九曲珍珠。结果,这一难也未难倒聪明的禄东赞,他把蜂蜜涂在引线上,用蚂蚁牵引丝线穿过珍珠,便顺利过了这一关。

如果你圆满完成了任务1到任务10,祝贺你！你已经完成了市场营销职业单项工作的准备。在职业活动中,需要根据一定的营销目标,将各单项工作统领起来,使市场营销活动成为一个完整的系统。这就是市场营销活动的组织与管理。从大的方面讲,应该包括市场营销活动的策划、市场营销活动的实施和市场营销活动的管理。

读后问题:

1. 这段话的中心思想是什么？
2. 前10个任务串联起来,就完成了市场营销的哪些工作？
3. 你如何认识市场营销职业工作过程？

11.1　营销活动的策划

市场营销活动必须建立在较完整的活动方案基础之上,借助一定的组织和人员来实施。那么,营销活动方案是什么？这一方案如何策划？方案对于营销活动的影响怎样？

在市场营销活动,企业必须根据长远发展战略的需要,制定合理的市场营销战略规划。市场营销战略是指企业根据外部当前与未来的市场机会和限制条件,充分利用企业内部现有的及潜在的优势,满足目标市场需求,实现既定目标而做出的总体、长远的指导性行动方案。

战略是大方向,战术是实际操作,即市场营销计划。这是我们高职学生应该关注的重点。

11.1.1　营销活动的设计

总体而言,市场营销活动过程就是企业识别、分析、选择和发掘市场营销机会,以实现企业的战略任务和目标的管理过程。它包括发现营销机会、选择目标市场、制定市场营销组合与管理市场营销活动四个步骤。

1. 发现营销机会

发现和评价市场营销机会是企业市场营销人员的主要任务,也是企业市场营销管理过程的首要步骤。

企业可以运用询问调查法、德尔菲法、课题招标法、头脑风暴法,以及通过阅读报刊、参加展销会、召开座谈会、研究竞争者的产品、运用产品/市场发展分析矩阵、市场细分法等方法来寻找与识别市场营销机会。在此基础上,企业根据自己的资源、经济实力和能力情况,选定与自身任务、目标一致的环境机会,通过分析评估,从中选出对本企业最适合的营销机会。

营销实务 11-1　　　　　　　返乡青年成带货主力军

返乡创业青年成为农村电商主力军。拼多多数据显示,截至 2021 年 10 月,在拼多多平台上,1995 年之后出生的"新新农人"数量已超过 12.6 万人。抖音数据显示,2020 年 6 月至 2021 年 6 月,"三农"视频创作者中,返乡创业青年占比达 54%,以返乡农民工、大学生、退役军人等人群为主。快手 2021 年 7 月数据显示,农村电商商家中 18 至 35 岁的青年商家占比达 47.1%,其中不少是返乡创业青年。相比上一代农民,这一代新农人熟练使用智能手机和互联网,且拥有一定的电商运营经验,成为农村电商主力军。

评析:随着农村互联网的快速发展,网购成为重要的消费方式,我国电商必将迎来又一个巨大的市场机会。

2. 选择目标市场

企业在寻找、识别和选择了恰当的市场机会之后,还要进一步选择目标市场,这是企业市场营销活动管理过程的第二个主要步骤。包括市场细分、确定目标市场和市场定位三项内容。

(1)市场细分。营销人员可根据地理、人口、心理和行为因素把购买者分成若干部分,即把市场分成若干部分。市场的每一个细分部分也称为子市场,都是由那些对一定的营销刺激具有相似反应的购买者群构成的。

(2)确定目标市场。企业在市场细分的基础上,选择一个或多个子市场作为自己的服务对象。企业选择的目标市场应是企业能在其中创造最大顾客价值,并能保持一段时间的细分市场。

(3)市场定位。市场定位是相对于竞争产品而言,企业为使自己的产品在目标消费者心目中占据清晰、特别和理想的位置而进行的安排。因此,营销人员设计的位置必须使他们的产品有别于竞争品牌,并取得在目标市场中的最大战略优势。一旦企业选定理想的位置,就必须采取强有力的措施,把该定位交付和传递给目标消费者。企业的整个营销方案应支持选中的市场定位战略。

3. 制定市场营销组合

在选择了目标市场和确立市场定位以后,企业就该制定综合营销方案——市场营销组合,这是企业市场营销管理过程的第三个主要步骤。

市场营销组合就是企业对自己可控制的各种市场手段,进行优化组合和综合运用,以便更好地实现营销目标。一个企业运用系统方法进行营销管理,管理人员应当针对不同的内外环境,把各种市场手段进行最佳的组合,使它们互相配合起来,综合地发挥作用。企业经营的成败,在很大程度上取决于市场营销组合的选择和运用。市场营销组合体现现代市场营销观念指导下的整体营销思想。

市场手段多种多样,主要包括产品(Product)、分销地点(Place)、促进销售(Promotion)和价格(Price)四大类,简称为"4Ps组合。

4. 管理市场营销活动

市场营销管理过程的最后步骤是对营销活动的具体管理,它包括市场营销计划的制定、实施和控制。

（1）市场营销计划的制定。市场营销计划是企业整体战略规划在营销领域的具体化，是企业的一种职能计划。切实可行的市场营销计划应在企业的营销部门深入调研的基础上，根据企业的营销目标和营销战略的要求，结合企业本身的有关情况，运用适当的方法而制定。市场营销计划的制定只是营销工作的开始，更重要的在于市场营销计划的实施与控制。

（2）市场营销计划的实施。通过实施市场营销计划，企业将战略及营销计划转变为能够实现企业战略目标的行动。要切实地实施企业的市场营销计

> 课堂感悟：市场营销绝不只是销售部门的工作，必须通过_____

划，应注意以下几个方面：一是要建立合理的营销组织，使营销组织系统中的各个子系统协调运转；二是企业营销部门要与其他部门密切配合，协调一致；三是企业营销部门应该制订更为详细的行动方案，明确应完成的任务，以及由谁来完成及何时完成；四是要合理地调配人才资源，提高营销工作效率；五是要建立行之有效的管理制度及科学的管理程序，充分调动营销人员的积极性，以便于圆满地完成企业的市场营销计划。

（3）市场营销计划的控制。由于企业内外因素变化的影响，在企业市场营销计划实施过程中，可能会出现许多预料不到的情况。因此，企业需要运用营销控制系统来保证市场营销目标的实现。营销控制主要包括年度计划控制、盈利率控制和战略控制三种，通过这些控制系统可及时发现计划实施中存在的问题或计划本身的问题，诊断产生问题的原因并及时反馈给有关的决策者和管理者，以便采取适当的纠正措施。

11.1.2 营销计划的制定

市场营销计划是企业的战术计划，市场营销战略对企业而言是"做正确的事"，而市场营销计划则是"正确地做事"。

1. 市场营销计划的概念

经营管理活动必须有周密的计划做指导，市场营销活动也不例外。那么，什么是市场营销计划呢？

 重要名词 11-1

市场营销计划

市场营销计划是指在对企业市场营销环境进行调研分析的基础上，制定企业及各业务单位的对营销目标，以及实现这一目标所应采取的策略、措施和步骤的明确规定和详细说明。

按照计划涉及的范围，市场营销计划可以分为总体计划和专项计划。

（1）总体营销计划。总体营销计划是企业营销活动的全面、综合性计划，它反映企业的总体营销目标，以及实现总体目标所必须采取的策略和主要的行动方案，是判定各种专项营销计划的依据。

（2）专项营销计划。专项营销计划是为解决某一特殊问题或销售某一产品而制定的

计划,如产品计划、品牌计划、市场计划、渠道计划、定价计划、人员推销计划、营业推广计划、公关计划、广告计划等。

专项计划通常比较单一,涉及的面较窄,较容易判定,但在制定这些计划时,要特别注意与总体营销计划相衔接,否则就会出现在各单项计划彼此之间发生冲撞并与总体计划相抵触的现象。

2. 市场营销计划的制定

市场营销计划主要包括以下内容。

(1)概要。概要部分是对主要营销目标和措施的简短摘要,目的是使高层主管迅速了解该方案的主要内容。

(2)当前营销状况分析。这部分主要提供与市场、产品、竞争、分销及宏观环境因素有关的背景资料。

① 市场状况。即目标市场的规模及其成长性的有关数据、顾客的需求状况等。

② 产品状况。即企业产品组合中每一个品种的近年来的销售价格、市场占有率、成本、费用、利润率等方面的数据。

③ 竞争状况。即识别出企业的主要竞争者,并列举竞争者的规模、目标、市场份额、产品质量、价格、营销战略及其他的有关特征,以了解竞争者的意图、行为。

④ 分销状况。即描述公司产品所选择的分销渠道的类型及其在各种分销渠道上的销售数量。

⑤ 宏观环境状况。即对宏观环境的状况及其主要发展趋势做出简要的介绍,包括人口环境、经济环境、技术环境、政治法律环境、社会文化环境,从中判断某种产品的命运。

(3)机会与风险分析。即对营销方案期内企业营销所面临的主要机会和风险进行分析,在分析基础上,确定在该方案中所必须注意的主要问题。

(4)拟定营销目标。拟定营销目标是企业营销计划的核心内容,在市场分析基础上对营销目标做出决策。计划应建立财务目标和营销目标。

① 财务目标即确定每一个战略业务单位的财务报酬目标,包括投资报酬率、利润率、利润额等指标。

② 营销目标。财务目标必须转化为营销目标。营销目标可以由以下指标构成,如销售收入、销售增长率、销售量、市场份额、品牌知名度、分销范围等。

(5)营销策略。营销策略包括目标市场选择和市场定位、营销组合策略等。具体是指明确企业营销的目标市场是什么市场;如何进行市场定位,确定何种市场形象;企业拟采用什么样的产品、渠道、定价和促销策略。

(6)行动方案。行动方案是指对各种营销策略的实施制定详细的实施方案,主要包括目的、时间安排、执行人、成本费用等。

(7)营销预算。即进行收益与支出的预算。在收益的一方要说明预计的销售量及平均实现价格,预计出销售收入总额;在支出的一方说明生产成本、实体分销成本和营销费用,以及再细分的明细支出,预计出支出总额;最后得出预计利润,即收入和支出的差额。

(8)营销过程管理。即对营销方案实施进行检查和控制,用以监督计划的进程。主要包括按月或季的监督检查,以保证预期的营销目标的实现。未完成计划的部门,应分析问题原因,并提出改进措施。

新产品上市策划方案主要内容包括以下内容。

(1) 前言。简要说明新产品上市的目的。

(2) 市场背景分析。这部分内容要进行品类市场的总体趋势分析、消费者分析、竞争及该品类市场的区隔市场占比分析,在此基础上,得出新品定位的市场整体趋势和产品选项对应的某些市场机会。

(3) 企业现有产品的 SWOT 分析。

(4) 新品描述及核心利益分析。包括包装、规格、箱容、价格、目标消费群等要素详细描述,以及各要素相对于竞品的优势。

(5) 新品上市进度规划。说明新产品上市的进度。

(6) 铺货进度计划。说明新产品的铺货进度。

(7) 渠道和促销。说明如何促销,以及具体的时间、地点、方式等细节的落实。

(8) 宣传。说明企业投入的广告具体播放时间、频率、各种广宣品、助陈物的样品和投放区域、方式及投放数字。

(9) 其他。进行新品销量预估、营销费用预算、产品损益评估等。

课堂测评

测评要素	表 现 要 求	已达要求	未达要求
知识点	能掌握市场营销计划的含义		
技能点	能初步认识市场营销计划的内容框架		
任务内容整体认识程度	能概述市场营销计划与活动的关系		
与职业实践相联系程度	能描述市场营销计划的实践意义		
其他	能描述与其他课程、职业活动等的联系		

11.2 营销活动的组织

市场营销活动计划需要借助一定的组织和人员来实施。什么是营销活动组织? 这一组织在营销活动中发挥哪些作用呢?

11.2.1 营销组织概述

企业的市场营销部门是执行市场营销计划,服务市场购买者的职能部门。这些部门的设置、结构形式、权限等,都关系到市场营销活动能否有效开展。

1. 市场营销组织的含义

市场营销组织是指企业内部涉及市场营销活动的各个职位及其结构。它是以市场营销观念为理念建立的组织,以消费者的需求为中心,把消费者需求置于整个市场运行过程的起点,并将满足消费者的需求作为其归宿点。

2. 市场营销组织的影响因素

（1）企业规模。一般情况下，企业规模越大，市场营销组织越复杂；企业规模越小，市场营销组织则相对简单。

（2）市场状况。一般情况下，决定市场营销人员分工和负责区域的依据是市场的地理位置。

（3）产品特点。包括企业的产品种类、产品特色、产品项目的关联性及产品的技术服务方面的要求等。

营销实务 11-2　　　　　　　　富士康的内部组织

集研发、生产、销售于一身的富士康，有几十万人的生产基地。每个公司内部连普工都有 5、6 个层级，到了管理层，竟然有 14 个层级。包括线长、组长、课长、专理、副理、经理、协理、副总经理、总经理等。这只是一种简单的划分，事实上，上述职位的每个阶层都可以进行再一步的细分，如经理会再细分为经理、资深经理；协理可以细分为协理、资深协理等。这么庞大的管理队伍和环节，为的是保证代工的订单不能出丁点差错，为的是富士康的品牌形象和信誉，否则，一切为营销所做的努力都将付诸东流。

再看富士康的营销管理，从产品的应用研究、市场调查、产品苛刻地测试，到用户试用、市场试销，再到最后的质量评估反馈，环环相扣，严谨苛刻至极限，所有的工作已经量化到"秒"，就像郭台铭所说的那样：提升教导力，树立毫无瑕疵的国际形象，创造永续价值！

评析：作为庞大的跨国公司，根据产品线设计人力资源配置，是保证其作为代工企业，按时保质保量交货的前提。当然，这么复杂的组织结构形式与其生产规模、产品特点是有着直接的关系。

11.2.2　营销组织的类型

为了实现企业目标，市场营销经理必须选择合适的市场营销组织。大体上，市场营销组织的类型以下五种类型。

1. 职能型组织

如图 11-1 所示，这是最古老也最常见的市场营销组织形式，非常强调市场营销各种职能如销售、广告和研究等的重要性。当企业只有一种或很少几种产品，或者企业产品的市场营销方式大体相同时，按照市场营销职能设置组织结构比较有效。但是，随着产品品种的增多和市场的扩大，这种组织形式就暴露出发展不平衡和难以协调的问题。因为没有一个部门能对某产品的整个市场营销活动负全部责任。

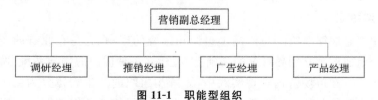

图 11-1　职能型组织

2. 产品型组织

产品型组织是指在企业内部建立产品经理组织制度,以协调职能型组织中的部门冲突。由一名产品市场营销经理负责,下设几个产品线经理,产品线经理之下再设几个具体产品经理去负责各具体产品,如图 11-2 所示。

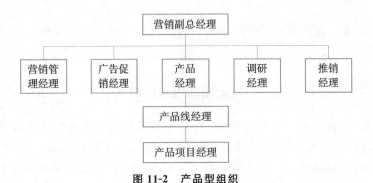

图 11-2　产品型组织

3. 市场型组织

当企业拥有单一的产品线,面对各种各样(不同偏好和消费群体)的细分市场和不同的分销渠道时,可按照市场系统安排其市场营销机构,使市场成为企业各部门为之服务的中心。市场型组织的基本形态如图 11-3 所示。一名市场主管经理管理几名市场经理(市场经理又称为市场开发经理、市场专家和行业专家)。

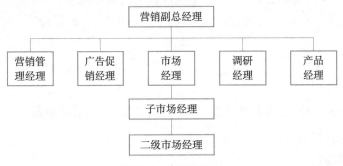

图 11-3　市场型组织

4. 地理型组织

如果一个企业的市场营销活动面向全国,那么它会按照地理区域设置其市场营销机构,如图 11-4 所示。该机构设置包括 1 名负责全国销售业务的销售经理,若干名区域销售经理、地区销售经理和地方销售经理。

5. 矩阵型组织

矩阵型组织是职能型组织与产品型组织相结合的产物,它是在原有的按直线指挥系统为职能部门组成的垂直领导系统的基础上,又建立一种横向的领导系统,两者结合起来就组成一个矩阵。在市场营销管理实践中,矩阵型组织的产生大体分为两种情形:其一,企业为完成某个跨部门的一次性任务(如产品开发),就从各部门抽调人员组成由经理领

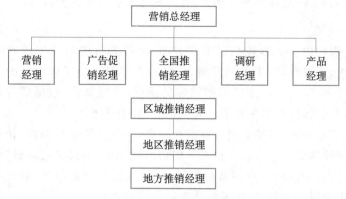

图 11-4 地理型组织

导的工作组来执行该项任务,参加小组的有关人员一般受本部门和小组负责人的共同领导。任务完成后,小组撤销,其成员回到各自的岗位。这种临时性的矩阵型组织又叫小组制。其二,企业要求个人对于维持某个产品或商标的利润负责,把产品经理的位置从职能部门中分离出来并固定化,同时由于经济和技术因素的影响,产品经理还要借助于各职能部门执行管理,这就构成了矩阵。

重要信息 11-2	营销部门和其他部门的沟通

为确保企业整体目标的实现,企业内部各职能部门应密切配合。

(1)研究开发部。营销部门与研发部门联合主办研讨会,以便加强交流,研究开发部与市场营销部应共同确定市场营销方案与目标。

(2)工程部门。工程部门负责设计新产品和新的生产程序,市场营销人员希望产品多样化。市场营销人员应该具有工程基础知识并能有效与工程师沟通。

(3)采购部门。营销部门与采购部门需要在成本、买进质量和数量方面进行及时沟通。

(4)制造部门。营销部门需要与生产部门就消费者意见、质量控制、生产时间等进行及时沟通。双方应积极召开联合研讨会,以确定最有利的行动方案等。

(5)财会部门。财务部门与营销部门就宣传、促销活动和推销人员的预算,进行随时的沟通。会计部门与营销部门就销售报表的编制、固定成本、间接成本的分摊进行沟通。

(6)信用部门。营销部门与信用部门应该在顾客信用评级方面进行沟通。

11.2.3 市场营销人员

对市场营销人员的组织和管理,是企业管理工作的重要组成部分,主要包括对市场营销人员的选拔、培训、使用、管理和考核工作。

1. 营销人员的选拔

营销人员必须具备的素质主要有:坚韧不拔的创业精神和良好的道德品质,热爱本职工作,上进心强;身体健康、仪表端庄、举止大方,较强的语言表达能力;相应的、产品知识、技术知识及公关知识等;较强的沟通能力,并要熟练掌握各种推销技巧。

2. 营销人员的培训

营销人员培训的内容通常包括以下几方面:营销人员的职责与任务;企业的有关情况,包括企业历史、发展现状、未来的发展方向等,尤其要十分了解企业的营销状况;产品知识,营销人员必须熟悉产品,才能得到顾客的信任;市场知识,包括消费者的地区分布、经济状况、购买习惯等,以及竞争对手的有关情况;营销业务知识。

以上培训的核心内容,包括如何寻找潜在顾客,如何安排访问路线、访问时间,怎样合理使用费用,如何使用语言艺术。营销人员的培训过程中,要经常对其进行业务上的帮助和指导、生活上的关心与照顾,并经常组织经验交流,以便相互促进,取长补短,提高其工作效率。另外,应及时给予鼓励,包括物质激励和精神激励。

3. 营销人员的考评

对营销人员的考核包括三个方面:一是横向评估,即在营销人员之间进行比较;二是纵向评估,即对推销人员现在的绩效与过去的绩效进行对比;三是综合考评,包括推销人员对企业、产品、顾客、竞争者及本身职责等方面的了解程度、认识水平,也包括其言谈举止、修养等个性特征。

课堂测评

测评要素	表 现 要 求	已达要求	未达要求
知识点	能掌握市场营销组织的含义		
技能点	能初步认识市场营销组织活动		
任务内容整体认识程度	能概述市场营销组织与其他组织的关系		
与职业实践相联系程度	能描述市场营销组织的实践意义		
其他	能描述与其他课程、职业活动等的联系		

11.3 营销活动的控制

市场营销活动中,经常会出现一些意外情况,如实际做法偏离了原定计划,效果没有预计得好。为此,营销管理人员必须做好过程控制。

在市场营销活动中,面对复杂而多变的市场环境,每个企业都面临着严峻的挑战,各种变化都可能会影响到企业已定的目标,甚至有可能需要重新修改或变动以符合新情况。

11.3.1 市场营销控制解读

在市场营销计划执行过程中,难免会出现一些小偏差,而且随着时间的推移,小错误如果没有得到及时地纠正,就可能逐渐积累成严重的问题,必须及时加以控制,使营销活动回到预设的轨道上来。

1. 市场营销控制的含义

营销控制是指企业为了实现自身目标,建立和维护与目标顾客互利的交换关系,而进行的各种分析、企划、执行和控制活动。即市场营销管理者经常检查市场营销计划的执行情况,查看计划与实际是否一致,如果不一致或没有完成计划,就要找出原因所在,并采取适当措施和正确行动,以保证市场营销计划的完成。

2. 市场营销控制的实质

企业在开展市场营销活动过程中,一定要设立一个在目标市场上可能实现的预期交易水平,然而实际需求水平是在不断变动的,可能会等于、低于或高于企业预测的需求。企业必须通过营销控制调整市场的需求水平、需求时间和需求性质,以有效实现企业与目标顾客之间的供求关系的相互协调,从而实现互利的交换,最终达成企业目标。因此,营销控制实质上是需求管理。

企业市场营销控制的内容主要有:年度计划控制、盈利能力控制、效率控制和战略控制。如表 11-1 所示。

表 11-1　市场营销管理控制内容

控制类型	负责人	目的	方法
年度计划控制	高层、中层管理人员	检查计划目标是否实现	销售分析、市场份额费用与销售分析、财务分析、顾客态度追踪等
盈利能力控制	营销主管	检查企业盈亏情况	产品、地区、顾客群、细分市场、销售渠道、订单大小等
效率控制	营销主管	评价经费开支效率及营销开支效果	销售队伍、广告、促销、分销等
战略控制	高层管理人员营销审计人员	检查企业是否正在市场、产品和渠道等方面寻找最佳机会	营销效率等级评价、营销审计、企业道德社会责任评价

11.3.2　年度计划控制

年度计划控制的目的是保证企业能完成年度营销方案所规定的销售、利润和其他指标。具体方法包括销售分析、市场占有率分析、市场营销费用对销售额比率分析、财务分析和顾客态度追踪。

1. 销售分析

销售分析主要用于衡量和评估计划销售目标与实际销售之间的差异情况。

例 11-1　某公司在上海、北京、广州三个地区的计划销售量分别是 2 000 件、1 500 件、1 000 件,总计 4 500 件,而实际总销量是 3 800 件,三个地区分别是 1 200 件、1 400 件、1 200 件,与计划的差距分别为 −40.00%,−6.70%,20.00%。通过分析可知,上海地区销售是造成困境的主要原因,应进一步查明上海地区销量减少的原因。造成这个地区不良绩效的原因有如下可能:一是该地区的销售代表工作不努力;二是有主要竞争者进入该地区;三是该地区居民收入下降。

2. 市场占有率分析

市场占有率说明企业的竞争地位。市场占有率分析的具体方法有以下四种。

(1) 全部市场占有率。全部市场占有率可以用企业的销售额占全行业销售额的百分比来表示。使用这种测量方法必须做两项决策:一是要以单位销售量或销售额来表示市场占有率;二是正确认定行业范围,即明确本行业所应包括的产品、市场等。

(2) 可达市场占有率。可达市场占有率可以用其销售额占企业所服务市场的总销售额的百分比来表示。可达市场包括两层含义:一是企业产品最适合的市场;二是企业市场营销努力所及的市场。企业可能有近100%的可达市场占有率,却只有相对较小百分比的全部市场占有率。

(3) 相对三个最大竞争者的市场占有率。相对三个最大竞争者的市场占有率可以企业销售额对最大三个竞争者的销售额总和的百分比表示。

例 11-2 某企业有30%的市场占有率,其最大的三个竞争者的市场占有率分别为20%、10%、10%,则该企业的相对市场占有率是 30/40×100%=75%。一般情况下,相对市场占有率高于33%即被认为是强势的。

(4) 相对于市场领导竞争者的市场占有率。相对于市场领导竞争者的市场占有率可以企业销售额对市场领导竞争者的销售额的百分比来表示。相对市场占有率超过100%,表明该企业是市场领先者;相对市场占有率等于100%,表明企业与市场领先竞争者同为市场领导者;相对市场占有率的增加表明企业正接近市场领先竞争者。

3. 营销费用对销售额比率分析

市场营销费用对销售额比率是一种主要的检查方法,说明企业为实现营销目标是否支出过多费用,是否出现过量波动,原因是什么,可进一步细分为人力推销费用率、广告费用率、销售促进费用率、市场营销调研费用率、销售管理费用率等。

4. 财务分析

财务分析主要是通过一年来的销售利润率、资产收益率、资本报酬率及资金周转率等指标来说明企业财务状况,以找到提高利润的途径。

5. 顾客态度追踪

顾客态度追踪是指通过建立顾客投诉系统,以及顾客样本等方式,以了解顾客对企业形象及产品与服务的态度,看其是否有变化,以及有哪些变化。企业一般主要利用以下系统来追踪顾客的态度:抱怨和建议系统、固定顾客样本和顾客调查。

11.3.3 盈利能力控制

企业要定期分析各类产品、不同消费群、不同订货规模,以及各个地区、各个不同分销渠道对企业所创总利润的影响,并分析其费用、成本开支分摊情况是否合理,减少不合理费用开支,以最大限度地提高企业的获利能力。通过分析,找出营销效益低下的原因,设法改进,降低成本,提高利润。

1. 盈利能力控制部门

盈利能力控制一般由财务部门负责,旨在测定企业不同产品、不同销售地区、不同顾客群、不同销售渠道及不同规模订单的盈利情况的控制活动。

2. 盈利能力控制指标

盈利能力指标包括资产收益率、销售利润率和资产周转率、现金周转率、存货周转率和应收账款周转率、净资产报酬率等。如表 11-2 所示。

表 11-2　盈利能力控制指标说明

指标	计算公式
销售利润率	销售利润率＝(本期利润÷销售额)×100%
资产收益率	资产收益率＝(本期利润÷资产平均总额)×100%
净资产收益率	净资产收益率＝(税后利润÷净资产平均余额)×100%
资产周转率	资产周转率＝(产品销售收入净额÷资产平均占用额)×100%

11.3.4　效率控制

效率控制是指企业用一系列指标对主要的营销活动效率进行检查、分析和评价,从中发现存在的问题,进行及时地纠正,以促进营销效率的提高。效率控制主要包括对销售人员的工作效率、广告效率、促销效率及分销效率等进行控制。

1. 销售人员效率

企业各地区的销售经理要记录本地区内销售人员效率的几项主要指标,这些指标包括:(1)每个销售人员每天平均的销售访问次数;(2)每次会晤的平均访问时间;(3)每次销售访问的平均收益;(4)每次销售访问的平均成本;(5)每次访问的招待成本;(6)每百次销售访问而订购的百分比;(7)每期间的新顾客数;(8)每期间丧失的顾客数;(9)销售成本对总销售额的百分比。

企业可以通过对以上所记录指标的分析,发现推销人员推销效率低下的原因,可针对这些问题,及时采取相应的措施,以提高销售人员的效率。

2. 广告效率

广告效率控制主要内容包括:(1)每一媒体类型、每一媒体工具接触每千名购买者所花费的广告成本;(2)顾客对每一媒体工具注意、联想和阅读的百分比;(3)顾客对广告内容和效果的意见;(4)广告前后对产品态度的衡量;(5)受广告刺激而引起的询问次数。

通过分析,企业高层管理者可以采取若干步骤来提高广告效率,包括进行更加有效的产品定位;确定广告目标;利用电脑来指导广告媒体的选择;寻找较佳的媒体;进行广告后效果的测定等。

3. 促销效率

销售效率控制主要是对每一项促销活动的成本和效益进行分析,以找出效率低下的原因,支持促销组合的改进。为了改善销售促进的效率,企业管理阶层应该对每一销售促进的成本和对销售影响做记录,注意做好如下统计:(1)由于优惠而销售的百分比;(2)每一销售额的陈列成本;(3)赠券收回的百分比;(4)因示范而引起询问的次数。企业还应观察不同销售促进手段的效果,并使用最有效果的促销手段。

4. 分销效率控制

分销效率控制主要是对企业的存货状态、仓储、运输费用、管理费用、物流速度及运输方式等指标进行分析评价,以寻求更为快捷的运输方式和低廉的运输费用。

11.3.5 战略控制

战略控制是指企业对总体营销效果进行全面的分析与评价,使实际市场营销工作与原计划尽可能一致,在控制中通过不断评审和信息反馈,对战略不断进行修正。主要方法有营销效益评级和营销审计。

1. 营销效益评级

营销效益评级是指企业通过收集有关资料,对营销活动的效果进行等级评定。营销效益评级的基本任务之一,就是通过对各种评价指标的研究来定量确定市场营销效益的综合效果,评价指标的选取在很大程度上决定着综合评价的效果。因而建立一套科学、统一的综合评价指标体系,是开展市场营销效益综合评价的重要前提。

2. 市场营销审计

市场营销审计是对一个企业市场营销环境、目标、策略、组织、方法、程序和业务等进行综合的、系统的、独立的和定期性的核查,以便确定困难所在和各项机会,并提出行动计划的建议,改进市场营销管理效果。

重要信息 11-3   **市场营销审计**

市场营销审计是指对企业的营销环境、目标、战略及一系列的经营活动进行全面、系统、独立和定期的审查,其目的在于确定企业的市场营销范围,捕捉市场机会,改进营销工作出现的问题,并提出正确的营销计划,提高企业的市场营销绩效。市场营销审计的实施程序包括三个步骤。

(1) 审计准备。企业中形成一种开放的心态,避免封闭式的管理模式,出现夜郎自大的现象,要做到这一点主要是通过与外部的交流来实现,以便对本企业在营销领域的现状,在本行业中(或跨行业)属于什么样的层次有一个客观的认识。

(2) 审计实施。借鉴财务审计的思路和方法,通过营销审计这种手段发现企业在营销管理领域的薄弱环节,及时发现现有的问题和潜在的问题,特别是营销管理的流程问题和监控问题。

(3) 独立审计。聘用独立的第三方机构进行营销审计工作,以便做出公正客观的审计报告,并提出改进意见和建议。通常,审计结果可以分成重大问题、比较严重问题、轻微问题三类,按照轻重缓急可以分成非常紧急、比较紧急、一般情况三级;最后,根据问题的严重性和紧迫性的组合来制定下一步的实施计划。

课堂测评

测评要素	表 现 要 求	已达要求	未达要求
知识点	能掌握市场营销控制的含义		
技能点	能初步认识市场营销控制活动方式		
任务内容整体认识程度	能概述市场营销控制与活动的关系		
与职业实践相联系程度	能描述市场营销控制的实践意义		
其他	能描述与其他课程、职业活动等的联系		

任务 11 小结

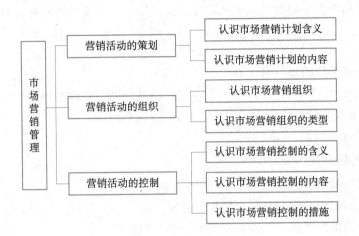

教学做一体化训练

一、重要名词

市场营销活动　　市场营销计划　　市场营销组织　　市场营销控制

二、课后自测

（一）单项选择题

1. 一般情况下,决定市场营销人员分工和负责区域的依据是市场的( )。

A. 地理位置　　　B. 规模大小　　　C. 细分标准　　　D. 可持续性

2. 最古老也最常见的市场营销组织形式是( )。

A. 职能型组织　　B. 产品型组织　　C. 地区式组织　　D. 市场式组织

3. 营销控制实质上是( )。

A. 需求管理　　　B. 活动管理　　　C. 消费管理　　　D. 职能管理

4. 可达市场占有率可以用其( )占企业所服务市场的总销售额的百分比来表示。

A. 销售额　　　　B. 销售量　　　　C. 营销额　　　　D. 消费量

5. 每期间的新顾客数属于( )控制指标

A. 营销效率　　　B. 营销效益　　　C. 营销收益　　　D. 营销利益

（三）多项选择题

1. 属于市场营销专项计划的有( )。

A. 产品计划　　　B. 品牌计划　　　C. 市场计划　　　D. 渠道计划

E. 定价计划

2. 营销计划中的营销目标可以设定为( )。

A. 销售收入　　　B. 销售增长率　　C. 销售量　　　　D. 市场份额

E. 品牌知名度

3. 市场营销控制包括( )。

A. 年度计划控制　　B. 赢利控制　　　　C. 质量控制　　　　D. 效率控制

E. 战略控制

4. 市场营销方案中的背景或现状部分应提供( )及现实环境有关的背景资料。

A. 市场　　　　　　B. 产品　　　　　　C. 竞争　　　　　　D. 分销

E. 价格

5. 市场营销部门的组织形式有( )。

A. 职能型组织　　　　　　　　　　B. 产品(品牌)管理型组织

C. 产品/市场管理型组织　　　　　　D. 地区型组织

E. 市场管理型组织

(三) 判断题

1. 市场营销战略对企业而言是"正确地做事"。( )

2. 市场营销组织常常只是一个机构或科室。( )

3. 市场营销组织将满足消费者的需求作为其归宿点。( )

4. 在正常情况下,市场占有率上升表示市场营销绩效提高,在市场竞争中处于优势。( )

5. 市场营销审计是进行市场营销控制的有效工具,其任务是对企业或经营单位的财务状况进行审查。( )

(四) 简答题

1. 职能型组织的主要特点是什么?

2. 市场营销方案通常包含哪些内容?

3. 营销组织形式主要有哪几种基本类型? 各自的优点有哪些?

(五) 案例分析

随着人们生活水平的不断提高,以及快节奏的生活方式,使消费者以"绿色、健康、简便"为购买纸类用品的标准。而×××这一纸类用品满足了广大消费者的需求,它不仅手感细腻,而且携带方便,深受广大消费者的青睐,特别是女性消费者的喜爱。

(一) 策划目的

通过对产品的市场调查分析,以提高×××纸类用品在长三角的市场占有率为主要目的做下列营销策划。

(二) 市场分析

1. 产品分析

浙江森林纸业有限公司拥有大批执着的富有创意的人才和营销队伍,通过缜密的市场调查和产品定位,历来的新产品都能满足广大消费者的需求,×××以采用100%进口原生木浆为原材料,经过450℃的高温瞬间消毒杀菌,纸质产品手感柔软、细腻、洁白、不掉纸屑,不含荧光剂,不含化学有害物质树立了质量的信誉。

(1) 质量:以"绿色、健康、简便"为宗旨,"×××"系列产品荣获国家质量技术检验检疫总局"国家免检产品"称号,用实际行动提高了产品的质量。

(2) 包装：在包装上，它采用了多样式的图案，如漫画、卡通、几米系列、唐诗系列、国画系列等，在视觉上给人一种享受，很有吸引力。

(3) 香味：在香味上，可以根据个人的喜好选择适合自己香味的纸巾，如绿茶香、玉兰香、薰衣草味等。

(4) 价格：在价格上，"×××"还是处于中档，相对于市场上那些杂牌产品可能高些，但相对而言还是不错的。

2. 销售环境分析

现在的纸类用品多种多样，比如对学校的学生来讲，增大了在校学生的选择。在校生是纸巾的重要消费群体，就我们学校而言，大多数人的大部分时间都是在上课、运动、逛街。尤其是夏天，学生们对纸巾的需求量大大提升。

3. 消费者分析

21世纪的人都比较前卫，他们根据自己的喜好选择纸巾，但同时也在追求"绿色、健康、简便"的纸类用品，以下是通过对学生每个月消费纸巾的调查分析，得到下列数据。可以看出，购买15包以上女性占的比率较高，在10包以下男性占的比率较高。因此，我们可以根据每个人的需要生产出更具独特性的"×××"纸巾。

（三）市场机会与问题分析

1. 产品目前存在的问题

(1) 产品的香味过重；(2) 价格定位；(3) 款式不新颖；(4) 存在"冒牌货"。

2. 市场概率

(1) 售后服务。

(2) 注重顾客的反馈。

3. 产品优劣势分析

优势分析：(1) 纯木浆生产的产品一般白度好，皱皮细腻，摸起来手感好，不掉毛，温强度也好；(2) 不含荧光剂，坚持高科技高质量的策略，做到安全；(3) 包装上采用多样式图案，给人带来了视觉上的冲击力、吸引力；(4) "××"用绿色环保的概念进行品牌化推广，做到"实时想环保，实时做环保"；(5) 品种多，如大盘纸、擦手纸、卷纸、面巾纸、手帕纸等。

劣势分析：(1) 人们不能全面理解它；(2) 有些纸巾的香味太重，有少部分的人可能会过敏。

（四）根据上述产品存在的问题，提出了解决的策略

1. 价格、香味

(1) 价格：校外统一价格，而在我们学校相对降低一些。(1) 香味：既然有人不喜欢浓的香味，就根据他们的需要制造一些清淡香味的纸巾。

2. 产品定位

(1) 运动后学生；(2) 聚餐的学生；(3) 逛街的学生。

（五）行动方案

1. 销售活动时间安排：每周六、日。

2. 促销方式：(1) 人员促销；(2) 抽奖促销；(3) 产品宣传晚会，如有奖问答。

（六）广告策划

1. 广告方式

（1）广告贴放：在学校的小卖部门口贴上"cc"纸巾的海报或放一个广告牌。

（2）网页广告：联合学校的学网、校网等网站进行的网上宣传。

（3）媒体广播：校园广播。

（4）促销地点：操场、礼堂、篮球场。

2. 售后服务：设立一个售后服务台，做到"假一赔十"。

3. 广告目标："×××"纸巾在我校销售量大大增加

4. 费用预算

（1）海报费 100 元；（3）网页费 100 元；（4）促销费 300 元；（5）每月聘用学生费 1500 元；广播费用 500 元。

问题：

1. 上述营销策划方案整体框架存在哪些问题？

2. 应该怎样构思、改正上述方案？

（六）同步实训

□ **同步实训 11-1：市场营销策划认知**

实训目的：认识市场营销策划工作，理解其实际意义。

实训安排：

1. 学生分组，模拟编写新产品在所在城市的上市营销计划。（可以是自己能够把握、市场资料充分的日用品）

2. 讨论完成的市场营销计划框架，分析计划内容的可操作性，总结得失。

3. 选择部分学生制作 PPT 进行展示，并组织讨论与评析。

实训总结：学生小组交流不同作业结果，教师根据报告、PPT 演示、讨论分享中的表现分别给每组进行评价打分。

□ **同步实训 11-2：市场营销组织**

实训目的：认识市场营销组织框架，理解其实际意义。

实训安排：

1. 学生分组，与合作企业市场营销人员座谈，了解企业市场营销组织架构。（也可以网络查找一些营销组织机构）

2. 讨论这些市场营销组织框架的特点，分析营销架构和产品及市场的关系。

3. 选择部分学生制作 PPT 进行展示，并组织讨论与评析。

实训总结：学生小组交流不同作业结果，教师根据报告、PPT 演示、讨论分享中的表现分别给每组进行评价打分。

□ **同步实训 11-3：市场营销管理**

实训目的：认识市场营销控制的内容，理解其实际意义。

实训安排：

1. 学生分组，与合作企业市场营销人员座谈，了解企业市场营销控制内容。（也可以网络查找一些营销控制案例）

2. 讨论这些市场营销控制的特点,分析营销管理控制和产品及市场的关系。

3. 选择部分学生制作 PPT 进行展示,并组织讨论与评析。

实训总结:学生小组交流不同作业结果,教师根据报告、PPT 演示、讨论分享中的表现分别给每组进行评价打分。

课程思政园地

营销活动管理
课堂思政

《中国制造 2025》,是中国实施制造强国战略的第一个十年行动纲领。

《中国制造 2025》提出,坚持"创新驱动、质量为先、绿色发展、结构优化、人才为本"的基本方针,坚持"市场主导、政府引导,立足当前、着眼长远,整体推进、重点突破,自主发展、开放合作"的基本原则,通过"三步走"实现制造强国的战略目标:第一步,到 2025 年迈入制造强国行列;第二步,到 2035 年中国制造业整体达到世界制造强国阵营中等水平;第三步,到新中国成立一百年时,综合实力进入世界制造强国前列。

围绕实现制造强国的战略目标,《中国制造 2025》明确了 9 项战略任务和重点,提出了 8 个方面的战略支撑和保障。

思考:这样一个规划,对于中国制造业来讲意味着什么?

学生自我总结

通过完成任务 11 营销活动控制,我能够做如下总结:

一、主要知识

概括本任务的主要知识点:

　　1.

　　2.

二、主要技能

概括本任务的主要技能:

　　1.

　　2.

三、主要原理

你认为,认识市场营销管理的意义是:

　　1.

　　2.

四、相关知识与技能

你在完成本任务后掌握的相关知识与技能：

    1. 营销计划的含义是：

    2. 营销计划的内容主要有：

    3. 营销管理的主要方式包括：

五、成果检验

你在完成本任务后取得的学习成果：

    1. 完成本任务的意义有：

    2. 学到的知识或技能有：

    3. 自悟的知识或技能有：

    4. 你对市场营销管理的看法是：

任务 12 营销活动拓展

学习目标

1. 知识目标
(1) 认识网络营销的含义。
(2) 认识社交媒体营销的含义。
(3) 认识移动营销的含义。
2. 能力要求
(1) 能熟知网络营销策划流程。
(2) 能认识社交媒体营销形式。
(3) 能理解移动营销主要模式。
3. 思政目标
(1) 培养网络营销伦理。
(2) 培养网络诚信意识。
(3) 树立正确的义利观。

任务解析

根据市场营销职业工作过程活动顺序,这一学习任务可以分解为以下子任务。

12.1 网络营销

12.2 社交媒体营销

12.3 移动营销

网络营销与运营课前阅读

营销故事

灯火辉煌的洪崖洞,作为独特的城市风景频频登上头条,成了各大媒体、网友们重点关注的对象。同样是旅游营销,为什么只有重庆的洪崖洞成功了呢?难道其他城市就不能有第二个洪崖洞了么?今天我们来谈谈洪崖洞背后究竟藏着怎样的旅游营销秘密。

洪崖洞是经过现代人二次造景的景区:拥有着别具一格的"立体式空中步行街",是最具层次与质感的城市景区商业中心。

为了打造出这座具有巴渝建筑特色的吊脚楼，设计师对改造方案进行了近万次修改，最终成功打造出一个《千与千寻》般的梦幻世界，作为线下的引流端口。

洪崖洞自身的景点特色也在于此——美轮美奂的电影化夜景。

由于其场景具有趣味性、共鸣性和可传播性等特点，在受众中引发了广泛的共鸣，从而调动了受众在一定范围内，自发主动地对景区进行宣传与推广。

它的走红也和移动互联网的技术与流量息息相关。短视频平台的兴起，为它的传播提供了平台与技术上的支撑。再加上自身内容的趣味性和可传播性，使它可以吸引到线上流量，并在受众中大范围的传播，最终形成线上导流端口。

线下景区导流，线上短视频平台助推，二者共同作用，形成良性闭环，使洪崖洞得以走红全国。

读后问题：

1. 洪崖洞景区是怎样的？
2. 你所知道的旅游景点是怎样营销的？
3. 互联网在洪崖洞走红中起了哪些作用？
4. 你对全国旅游景点营销有哪些建议？

12.1　网络营销

20 世纪 90 年代初，因特网的飞速发展在全球范围内掀起了互联网应用热，世界各大企业纷纷利用因特网提供信息服务、拓展其业务范围，并且按照因特网的特点积极改组企业内部结构和探索新的管理营销方法，网络营销应运而生。

进入 21 世纪，科技、经济和社会的发展使信息社会的内涵有了进一步发展。网络技术的发展和应用彻底改变了信息的分配和接收方式，也改变了人们工作、生活、学习和社交的环境；同时，也促使企业积极利用新的技术和手段来改变企业的经营理念、经营组织、经营方式和经营方法。网络营销也成为 21 世纪极具代表性的一种低成本、高效率的全新商业形式。

12.1.1　网络营销认知

网络营销的产生有其在特定条件下的技术基础、观念基础和现实基础，是多种因素综合作用的结果。信息社会的网络市场上蕴藏着无限的商机，网络营销将帮助企业发掘出隐藏在网络中的无限商机。

1. 网络营销的含义

从市场营销的角度看，网络营销是以现代营销理论为基础，借助网络、通信和数字媒体技术实现营销目标的商务活动，是科技进步、顾客价值变革、市场竞争等综合因素促成的结果，也是信息化社会的必然产物。

 重要名词 12-1

网络营销

网络营销是以互联网为核心平台，以网络用户为中心，以市场需求和认知为导向，利用各种网络应用手段去实现企业营销目的一系列经营活动或行为。

广义讲,企业利用一切网络(包括社会网络、计算机网络;企业内部网、行业系统专线网及互联网;有线网络、无线网络;有线通信网络与移动通信网络等)进行的营销活动都可以被称为网络营销,也称互联网营销。

狭义讲,网络营销就是指组织或个人基于开发便捷的互联网,对产品、服务所做的一系列经营活动,从而达到满足组织或个人需求的全过程。

2022年2月25日,中国互联网络信息中心(CNNIC)在京发布第50次《中国互联网络发展状况统计报告》。数据显示,截至2022年6月,我国网民规模为10.51亿,互联网普及率达74.4%。短视频的用户规模增长最为明显,达9.62亿,较2021年12月增长2805万,占网民整体的91.5%。随着互联网影响的进一步扩大,人们对网络营销理解的进一步加深,已经意识到网络营销的诸多优点并越来越多地通过网络进行营销推广。网络营销已经不单单是一种营销手段,更是一种信息化社会的新文化。在其影响下,媒体也进入一种全新的模式。

2. 网络营销的特点

网络营销的特点有两个方面:一方面是基于互联网,以互联网为营销手段;另一方面它属于营销范围,是营销的一种表现形式。企业网络营销包含企业网络推广和电子商务两大要素,网络推广就是利用互联网进行宣传推广活动,电子商务指的是利用简单、快捷,低成本的电子通讯方式,买卖双方无需谋面就能进行各种商贸活动。网络营销与传统营销一样都是为了实现企业的营销目的,但在实际操作和实施过程还是有比较大的区别。

12.1.2 网络营销策划

网络营销策划是对网络营销活动所做的一个较为全面而有序地安排,目的是明确网络营销活动的目标和任务,保证网络营销活动有条不紊地展开。网络营销策划工作主要包括以下几个步骤。

1. 分析营销环境

营销环境由多方面的因素组成。随着社会的发展,特别是网络技术在营销中的运用,使得营销环境更加变化多端,甚至形成了网络营销的独特环境。企业的营销观念、消费者的需求和购买行为,都是在一定的经济社会环境中形成并发生变化的。随着网络营销进入到生态思维阶段,网络营销环境多元化、复杂化已经成为常态。因此,对网络营销环境进行分析是十分必要的。

2. 制定战略规划

制定营销战略规划应该考虑企业的目标、技术水平和资源,与不断变化的市场机遇相适应。营销人员所进行的营销机遇分析包括对市场细分和目标市场定位两个方面的供求分析。需求分析部分中的细分市场要对潜在的获利能力、可持续性、可行性,以及潜在的细分市场规模进行描述和评估。

企业制定战略规划,出发点应该是可评估、可衡量和可操作的,如市场份额要达到多少,销售额要达到多少,利润又要达到多少,要完成这些目标的时间是怎么安排的,何时实现这些目标等。

3. 确定营销目标

一般情况下,一个网络营销策划的目标至少包括以下三个方面:任务(需要完成什么)、可量化的工作量(工作量是多少)、时间范围(什么时候完成)。

4. 制定营销策略

企业为了实现计划目标,选择营销组合、关系管理及其他策略,制定出详细的实施计划。此外,他们还要判断是否有一支合适的营销队伍去执行计划。只要战术组合得当,企业就有可能有效地完成目标。

5. 编写预算

任何一个网络营销策划都要涉及投资与回报。企业营销人员可以将收益与成本进行比较,计算投资回报率或内部收益率。管理者利用这些数据来判断他们所做的投入是否值得。

(1)收入预测。在预算中,企业运用固定的销售预测方法来评估网站在短期、中期和长期获取的收入。网络经营的收入渠道主要包括网站的直接销售、广告销售、订阅费、会员介绍费、在伙伴站点实现的销售、佣金收入及其他收入。企业通常以电子表格的形式对这些进行汇总,电子表格能显示一段时间内的期望收入和这些收入的来源。

(2)无形收益。与实体企业的经营情况相似,网络营销战略中的无形收益也很难确定。

(3)成本预算。以下列出的是网站开发可能发生的一些费用。技术费用(软件、硬件购置费、联网费用,服务器购置费用,教育方面的资料及培训费用,以及站点的运营及维护费用)、站点设计(网站需要平面设计师来创建具有吸引力的页面,包括图片和照片)、人员工资(所有参与网站开发与维护的工作人员的工资)、营销费用(凡是与增加网站访问量、吸引回头客消费直接相关的费用都列入营销沟通费用,其他费用包括搜索引擎注册、在线咨询费用、邮件列表租金和竞赛奖励等)、开发费用(域名注册、雇佣专家编写内容或进行其他开发和设计活动所需费用)、杂项费用(差旅费,电话费,网站建设初期发生的文具用品费用等)。

6. 综合评估

网络营销策划一旦开始实施,企业营销人员就应该经常地对其进行评估,以保证计划的成功实施。一般来说,很多企业管理者都习惯关注投资回报率。因此,营销人员必须向其解释一些无形的目标,这些目标将如何使企业获取更多的收益。同时,也必须采取准确、适时的度量手段来保证网络营销策划启动和实施各阶段费用支出的合理性。

12.1.3 网络营销模式选择

网络营销模式是指企业借助于互联网进行各项营销活动从而实现企业营销目标的营销模式。互联网发展的不同阶段,网络营销的手段、方法和工具也有所不同,网络营销模式也从单纯的网站建设模式向多元化模式转变。

1. 网站营销

网站营销是指以网站为平台进行的营销活动。这种方式可以说是网络营销这一非传统营销方式中最传统的一种营销战略战术,几乎是伴随着1989年万维网(World Wide

Web,WWW)的诞生而出现的。按照在整个营销战略战术中扮演的角色不同,网站可以划分为企业信息网站(企业发布产品、服务、支持、介绍等信息,更新较慢)、营销活动网站(针对具体营销活动制作的专题网站,生命周期较短)和营销型网站(具备营销推广功能的电子商务网站)。

营销实务 12-1　　　　　　　"海底捞"善用口碑营销

"海底捞"公司非常善于利用口碑营销,其基本线路是:某天我在某海底捞吃火锅,席间我无意间说了一句……(包括但不限于愿望,情绪,抱怨,看法),在我结账时……(愿望成真,安抚情绪,例如送亲制玉米饼,送贺卡文字祝福,送礼物,免单等)有趣而幽默的段子引来了网友的热情参与,网友们纷纷制造了段子,一定程度上又在帮海底捞宣传起了品牌与口碑,从而带来了极大的品牌传播效应。

评析:海底捞利用微博,SNS等新媒体制造了"海底捞体",并广泛传播,拉近商家和用户的距离。利用网络的积极影响制造段子,宣传口碑,从这点上来讲,其口碑营销是成功的。

2. 电子邮件营销

电子邮件营销是指在用户事先允许的前提下,通过电子邮件的方式向目标用户传递价值信息的一种网络营销手段。它是利用电子邮件与受众客户进行商业交流的一种直销形式,同时也广泛运用于网络营销领域。20世纪90年代中期,网络浏览器诞生,全球网民人数激增,电子邮件被广泛使用。

3. 搜索引擎营销

搜索引擎营销是目前比较主流的一种营销手段,因其大多数是自然排名,不需要太多花费,因此受到中小企业的重视。搜索引擎营销主要方法包括:搜索引擎优化(SEO)、竞价排名、分类目录、网盟广告、图片营销、网站链接策略、第三方平台推广营销等。个人可以把搜索引擎与自己所建立的网络门户,如博客、微博等相互关联,以增加访问量、知名度和关注度。

4. 联署计划营销

联署计划营销,也称为联署营销。简单来讲,就是一种按效果付费的网站推广方式。网站站长注册参加广告商的联署计划,获得一个特定的只属于这个站长的联署计划链接。站长把这个链接放在自己的网站上,或者通过其他方式推广这个链接。当有用户通过这个联署链接点击来到广告商的网站后,联署计划程序会对用户的点击、浏览、销售进行跟踪。如果用户在广告商的网站上完成了指定的行动,广告商将按预先规定好的佣金支付给站长。

课堂测评

测评要素	表 现 要 求	已达要求	未达要求
知识点	能掌握网络营销的含义		
技能点	能初步认识网络营销策划的流程		
任务内容整体认识程度	能概述网络营销策划与活动的关系		
与职业实践相联系程度	能描述网络营销策划的实践意义		
其他	能描述与其他课程、职业活动等的联系		

12.2　社交媒体营销

社交媒体的崛起是近年来互联网的一个发展趋势。不管是国外的 Facebook 和 Twitter,还是国内的人人网或微博,都极大地改变了人们的生活,将我们带入了一个社交网络的时代。社交网络属于网络媒体的一种,而营销人员在社交网络时代迅速来临之际,也不可避免地要面对社交化媒体给营销带来的深刻变革。

 **重要名词 12-2**

社交媒体营销

社交媒体营销是指利用社交媒体互联网上那些消费者发表的产品评论、博客、论坛、社交网络里的个人档案,以及用户创作的视频文件等做营销推广的营销方式。

一般社交媒体营销工具包括论坛、微博、微信、博客、SNS 社区,以及通过自媒体平台或者组织媒体平台进行发布和传播的图片和视频。社交媒体营销又称为社会化媒体营销、社交媒体整合营销、大众弱关系营销。

与搜索引擎、电子邮件等其他网络营销相比,社交媒体营销以信任为基础的传播机制,以及用户较高的主动参与性,更能影响网民的消费决策,并且也为品牌提供了大量被传播和被放大的机会。同时,社交媒体的用户黏性和稳定性高,定位明确,可以为品牌提供更细分的目标群体。

在今天,社交媒体营销的市场仍在不断扩大,它不再完全是朋友们共享的场所,已经成为一种全新的商业竞争模式。

12.2.1　微博营销

微博(Weibo),是微型博客(MicroBlog)的简称,即一句话博客,是一种基于人际索引用户关系的信息分享、传播及获取的社交网络平台。用户可以通过 WEB、WAP 等各种客户端组建个人社区,早期以 140 字(包括标点符号)的文字更新信息,并实现即时分享。2016 年 11 月,新浪微博正式面向用户取消 140 字限制,最多可输入 2 000 字。微博的关注机制可分为单向、双向两种。2021 年 9 月,微博月活跃用户数达到 5.73 亿,其中来自移动端比例达到 94%;日活跃用户数达到 2.48 亿。根据微博披露数据,2021 年 6 月,微博确定的月活跃用户中有超过 75% 属于新时代人群,即 1990 年或之后出生的一代。

1. 微博营销的含义

微博营销以微博作为营销平台,每一个听众(粉丝)都是潜在的营销对象,企业通过更新自己的微博向网友传播企业信息、产品信息,树立良好的企业形象和产品形象。每天更新内容就可以跟大家交流互动,或者发布大家感兴趣的话题,以便达到营销的目的。

 **重要名词 12-3**

微博营销

微博营销是指借助微博这一平台进行的包括品牌推广、活动策划、个人形象包装、产品宣传等一系列的营销活动。

新浪微博、腾讯微博、网易微博和搜狐微博的注册用户总数已经突破 6 亿,日登录用户超过了 4 000 万。同时,微博用户群又是中国互联网使用的高端人群,这部分用户群虽然只占中国互联网用户群的 10%,但他们是城市中对新鲜事物非常敏感的人群,也是中国互联网上购买力较强的人群。

2. 微博营销的类型

(1) 个人微博营销。很多个人微博营销是凭借个人本身的知名度来得到别人的关注的,以明星、成功商人或者是社会中比较成功的人士为例,他们运用微博往往是想通过这样一个媒介来让自己的粉丝更进一步地了解自己和喜欢自己,他们平时仅在微博上分享生活和抒发感情,功利性并不是很明显,他们的宣传工作一般是由粉丝跟踪转帖来达到营销效果的。

(2) 企业微博营销。企业运用微博往往是想通过微博来增加自己的知名度,最后达到将自己的产品卖出去的目的。企业微博营销要难上许多,因为知名度有限,短短的微博不能使消费者直观地理解商品,而且微博更新速度快,信息量大,企业进行微博营销时,应当建立起自己固定的消费群体,与粉丝多交流,多互动,多做企业宣传工作。

3. 企业微博营销策略

(1) 微博定制。微博定制是指针对企业的目标群体来选择微博内容,用来激发这部分人的关注兴趣。微博定制的主要措施包括官方认证,即企业的微博必须是官方的,传播的内容也必须是官方的,内容较为正式;微博模板设计,即打造具有企业自身特色的微博模板;创立微群,即通过创建微群,建立起随时可以与目标群体互动的圈子;建立微活动,即通过微博发起有关活动,如同城活动、有奖活动、线上活动等。

(2) 微博运营。微博运营中,企业在设计微博内容时,尽可能专业化、激发网友兴趣,发布内容要具有连续性,随时加强微博互动,如热点转发、举办活动等;同时,应结合微博平台的规律,在提高被关注度的前提下,有效提升微博商业转化率。

营销实务 12-2　　　　　　　　**三只松鼠的口碑营销**

在社交化媒体时代,很多企业都在思考如何建立外部口碑。三只松鼠是如何将口碑做到极致的呢? 品牌人格化,消费者零距离。当客户第一次接触三只松鼠,会在第一时间留下难以磨灭的印象,就是那三只可爱的松鼠——鼠小贱、鼠小酷、鼠小美。三只松鼠之所以会引起人们的喜爱,是因为它们能够带来快乐,并且可以随时嵌入消费者的生活之中。消费者在购物之后,往往会通过社交化媒体,比如微信朋友圈分享自身的购物体验,我们称之为"晒"。在这样一个消费者为王的时代,网络口碑将在品牌建设中起到重要的作用。

评析:消费者往往会晒比较炫酷的产品,或者分享喜悦,发泄抱怨。而这种情感的分享和传播,会影响朋友圈的购买行为。企业利用好这一行为,往往就意味着开始了口碑营销。

12.2.2　微信营销

微信是腾讯公司于 2011 年初推出的一款为智能手机提供即时通信服务的免费应用程序。微信支持跨通信运营商、跨操作系统平台快速发送语音、视频、图片和文字,支持多人群聊。腾讯控股发布 2021 年第二季度业绩报告,截至 2021 年 6 月 30 日,微信月活跃用户达 12.51 亿人,同比增长 3.8%。

1. 微信营销的含义

微信营销是网络经济时代企业或个人营销模式的一种,是伴随着微信的出现而兴起的一种网络营销方式。微信不存在距离的限制,用户注册微信后,可与周围同样完成注册的"朋友"形成一种联系,订阅自己所需的信息,商家通过提供用户需要的信息,推广自己的产品,从而实现点对点的营销。

微信营销主要体现在以安卓系统、iOS 系统的手机或者平板电脑中的移动客户端进行的区域定位营销。商家通过微信公众平台,结合转介率微信会员管理系统展示商家微官网、微会员、微推送、微支付、微活动,已经形成了一种主流的线上线下微信互动营销方式。

2. 微信营销的方式

(1) 点对点精准营销。微信拥有庞大的用户群,借助移动终端、天然的社交属性和位置定位等优势,每个信息都是可以推送的,能够让每个个体都有机会接收到这个信息,继而帮助商家实现点对点精准化营销。

(2) 形式灵活多样的漂流瓶。用户可以发布语音或者文字然后投入"大海"中,如果有其他用户"捞"到则可以展开对话。

(3) 位置签名。商家可以利用"用户签名档"这个免费的广告位为自己做宣传,附近的微信用户就能看到商家的信息

(4) 二维码。用户可以通过扫描识别二维码身份来添加朋友、关注企业账号;企业则可以设定自己品牌的二维码,用折扣和优惠来吸引用户关注,开拓 O2O 的营销模式。

(5) 开放平台。通过微信开放平台,应用开发者可以接入第三方应用,还可以将应用的 Logo 放入微信附件栏,使用户可以方便地在会话中调用第三方应用进行内容选择与分享。

(6) 公众平台。在微信公众平台上,每个人都可以用一个 QQ 号码,打造自己的微信公众账号,并在微信平台上实现与特定群体以文字、图片、语音等形式的全方位沟通和互动。

3. 微信营销的步骤

运用微信进行营销,中心点就是积累粉丝,其操作步骤包括定位、积累、推广、互动和策划管理。

(1) 定位。即从微信的内容入手,制定切合实际的营销目标,确定产品或品牌的目标人群。不同于微博平台动辄就拥有成千上万个粉丝,微信营销注重的是小范围、强关系、个性化。微信营销就是从标准化的产品、大众化的营销转向个性化的需求、定制服务。因此,只有先做好定位,才能提供更好的服务。

(2) 积累。即营销人员应该在保证不损失老用户的前提下,通过以老带新的方式,或者其他一些活动,不断积累粉丝规模。

（3）推广。通常的做法是线上和线下同步进行推广,线上推广也会用到常见的网络营销手段,如微博、论坛、QQ群等工具,以引来高质量的粉丝;线下推广更要注重细节,如二维码设计要合理、张贴位置要恰当,举办的活动要与微信推广相匹配。

（4）互动。微信营销必须通过互动才能稳定粉丝群,进而激发粉丝的热情。所以,营销人员应该推送符合粉丝口味的内容、多与粉丝互动,力争成为微信用户的"朋友"。

（5）策划管理。微信内容创作需要精心策划,轻松幽默、生动有趣、新潮时尚的形式与内容才会吸引粉丝。同时,微信上的每一个粉丝就是一个自媒体,影响的圈子有大有小。因此,微信的危机管理更具挑战性,企业营销人员一定要慎之又慎,防患于未然。

营销实务 12-3　　　　　2022 年支付宝集五福

随着春节的临近,2022 年 1 月 19 日,支付宝正式启动了 2022 年集五福活动。数据显示,过去六年支付宝集五福的参与人数已超过 7 亿。每 2 名中国人中就有 1 位扫到了祝福,收集和交付福物。

据悉,这次用户可以通过参加在支付宝应用程序中进行 AR 扫描,写福字,蚂蚁森林,蚂蚁庄园,摇动和观看"支付宝生活频道",并使用离线扫码进入商家的支付宝移动应用程序,以及与支付宝合作伙伴渠道一起参加五福联合活动的集福卡。支付宝五福活动页面显示,截至 1 月 19 日 7:40,已有 21 208 人聚集在支付宝五福上。

评析:这次集福活动依然是支付宝做社交的强力表现,集福需要加 10 个好友,一下子实现了从 1 到 10 的推广速度,的确是高明。

12.2.3　SNS 营销

SNS,全称 Social Networking Services,即社会性网络服务,专指旨在帮助人们建立社会性网络的互联网应用服务。SNS 营销是随着网络社区化而兴起的营销方式。SNS 社区在中国快速发展的时间虽然不长,但是 SNS 社区现在已经成为备受广大用户欢迎的一种网络交际模式。

重要信息 12-1　　　　　六度空间理论

20 世纪 60 年代,美国心理学家米尔格兰姆设计了一个连锁信件实验。米尔格兰姆把信随机发送给住在美国各城市的一部分居民,信中写有一个波士顿股票经纪人的名字,并要求每名收信人把这封信寄给自己认为是比较接近这位股票经纪人的朋友。这位朋友收到信后,再把信寄给他认为更接近这位股票经纪人的朋友。最终,大部分信件都寄到了这位股票经纪人手中,每封信平均经手 6.2 次到达。

于是,米尔格兰姆提出了六度分隔理论(Six Degrees of Separation),认为世界上任意两个人之间建立联系,最多只需要 6 个人。这一理论也被称为六度空间理论、小世界现象、小世界效应。

1. SNS 营销的含义
SNS 营销就是利用 SNS 网站的分享和共享功能,在六度空间理论的基础上实现的一种营销方式。这种营销通过病毒式传播(口碑传播),让产品被更多的人知道。

2. SNS营销的优点

(1) SNS营销可以满足企业不同的营销策略。越来越多的企业尝试着在SNS网站上进行营销活动。如各种各样的线上活动(如伊利舒化奶的开心牧场活动等)、产品植入(手机作为赠送礼品的植入等)、市场调研(在目标用户集中的城市调查了解用户对产品和服务的意见),以及病毒营销等(植入了企业元素的视频或内容可以在用户中像病毒传播一样被迅速地分享和转发),所有这些都是基于SNS最大的特点,即可以充分展示人与人之间的互动,而这恰恰是一切营销的基础所在。

(2) SNS营销可以有效降低企业的营销成本。SNS社交网络"多对多"的信息传递模式具有更强的互动性,易受到更多人的关注。随着网民网络行为的日益成熟,用户更乐意主动获取信息和分享信息,社区用户显示出高度的参与性、分享性与互动性。SNS社交网络营销传播的主要媒介是用户,主要方式是"众口相传",因此与传统广告形式相比,无需大量的广告投入,相反因为用户的参与性、分享性与互动性的特点很容易加深对一个品牌和产品的认知,容易形成深刻的印象,从媒体价值来分析形成好的传播效果。

(3) 可以实现目标用户的精准营销。SNS社交网络中的用户通常都是认识的朋友,用户注册的数据相对来说都是较真实的,企业在开展网络营销的时候可以很容易对目标受众按照地域、收入状况等进行用户的筛选,来选择哪些是自己的用户,从而有针对性地与这些用户进行宣传和互动。如果企业营销的经费不多,但又希望能够获得一个比较好的效果的时候,可以只针对部分区域开展营销,例如,只针对"北上广"的用户开展线上活动,从而实现目标用户的精准营销。

(4) SNS营销是真正符合网络用户需求的营销方式。SNS社交网络营销模式的迅速发展恰恰是符合了网络用户的真实需求,即参与、分享和互动,它代表了现在网络用户的特点,也是符合网络营销发展的新趋势,没有任何一个媒体能够把人与人之间的关系拉得如此紧密。无论是朋友的一篇日记、推荐的一个视频、参与的一个活动,还是朋友新结识的朋友都会让人们在第一时间及时地了解和关注到身边朋友的动态,并与他们分享感受。只有符合网络用户需求的营销模式才能在网络营销中帮助企业发挥更大的作用。

3. SNS营销的流程

SNS营销的方式可以有好友邀请营销、软文营销、活动营销、植入游戏、打造公共主页、横幅广告等。其基本流程如下所述。

(1) 接触消费者。在满足用户情感交流、SNS互动、App娱乐、垂直社区、同好人群等需求方面提供了多种服务和产品,这些产品为广告主接触用户创造了大量的机会。通过精准定向广告直接定位目标消费者。

(2) 消费者产生兴趣。精准定向的Banner广告创意与用户群的契合会带来用户更高的关注度,同时来自好友关系链的Feeds信息、与品牌结合娱乐化的App更容易引起用户的兴趣,这些兴趣可能是用户的潜在消费欲望,也有可能是受广告创意的吸引。

(3) 消费者与品牌互动。消费者通过参与活动得到互动的愉悦与满足感,也可以通过App植入与消费者进行互动,App植入广告在不影响用户操作体验的情况下传递品牌信息。

（4）促成行动。通过消费者与品牌的互动,在娱乐过程中消费者潜移默化地受到品牌信息的暗示和影响,提升了消费者对品牌的认知度、偏好度及忠诚度,从而对用户的线上及线下的购买行为和选择产生影响。

（5）分享与口碑传播。用户与品牌的互动及购买行为,可以通过自己的博客进行分享,而这些基于好友间信任关系链的传播又会带来更高的关注度,从而品牌在用户口碑传播中产生更大的影响。

课堂测评

测评要素	表 现 要 求	已达要求	未达要求
知识点	能掌握微博、微信、SNS 营销的含义		
技能点	能初步认识社交媒体营销策划的流程		
任务内容整体认识程度	能概述社交媒体营销策划与活动的关系		
与职业实践相联系程度	能描述社交媒体营销策划的实践意义		
其他	能描述与其他课程、职业活动等的联系		

12.3　移动营销

移动营销早期被称为手机互动营销或无线营销。移动营销是在强大的云端服务支持下,利用移动终端获取云端营销内容,实现把个性化即时信息精确有效地传递给消费者个人,达到"一对一"的互动营销目的。从大的角度看,移动营销是互联网营销的一部分,它融合了现代网络经济中的"网络营销"(Online Marketing)和"数据库营销"(Database Marketing)理论,是经典市场营销的派生营销方法,也是各种营销方法中最具潜力的部分。

◆ **重要名词 12-4**

移动营销

移动营销(mobile marketing)是指面向移动终端(手机或平板电脑)用户,在移动终端上直接向分众目标受众定向和精确地传递个性化即时信息,通过与消费者的信息互动达到市场营销目标的行为。

第 49 次《中国互联网络发展状况统计报告》数据显示,截至 2021 年 12 月,我国移动电话用户总数达 16.43 亿户,其中 5G 移动电话用户达 3.55 亿户。随着智能手机的迅速普及,移动化的生活方式越来越流行,移动营销则成为这一生活方式下极为有效的营销方式之一。就目前而言,这一方式还可以进一步划分为二维码营销、LBS 营销、移动广告营销、App 营销等 4 种主要的形式。

12.3.1　二维码营销

二维码又称二维条码,诞生于 20 世纪 80 年代,出现之后便以极快的速度发展。常见的二维码为 QR Code,QR 全称 Quick Response,是近几年来移动设备上非常流行的一种编码方式,它比传统的 Bar Code 条形码能存更多的信息,也能表示更多的数据类型。设备扫描二维条码,通过识别条码的长度和宽度中所记载的二进制数据,可获取其中所包含的信息。相比一维条码,二维码能记载更复杂的数据,比如图片、网页链接等。

1. 二维码营销的含义

二维码营销是指通过对二维码图案的传播,引导消费者扫描二维码,来推广相关的产品资讯、商家推广活动,刺激消费者进行购买行为的新型营销方式。制作二维码后,常见的营销互动类型有视频、电商、订阅信息、社会化媒体、商店地址等。

二维码营销的核心功能就是将企业的视频、文字、图片、促销活动、链接等植入在一个二维码内,再选择投放到名片、报刊、展会名录、户外、宣传单、公交站牌、网站、地铁墙壁、公交车身等。当企业需要更改内容信息时,只需在系统后台更改即可,无需重新制作投放,既方便企业随时调整营销策略,也可以帮助企业以最小投入获得最大回报。用户通过手机扫描即可随时随地体验浏览、查询、支付等,达到企业宣传、产品展示、活动促销、客户服务等效果。

2. 二维码营销的形式

二维码营销形式主要有以下四种情形。

(1)线下虚拟商店。电商最早采用二维码营销这一方式。在这方面比较成功的企业有京东商城、1号店等,它们都非常注重线下营销的形式。1号店率先建立了地铁虚拟商店,京东商城也在各大楼宇建立了商品展示系统。消费者只需扫描二维码进行移动支付,就可以完成对商品的购买。

(2)线下广告。二维码营销的另一个重要方式就是线下广告,即在商品的平面广告中印上二维码,消费者通过扫描二维码便可以从线下转入线上,进入企业官网或产品页面,了解更多、更全面的商品信息。

(3)实体包装。商家将二维码印制在商品包装盒、包装袋上,并承诺扫码二次购买会有优惠,以此激励消费者返回线上购买。

(4)线上预订,线下消费。消费者在线上完成二维码扫描,进而以二维码作为凭证转移到线下商店进行消费。如麦当劳、哈根达斯天猫旗舰店,以及众多团购网站,许多化妆品的电子会员卡都采用了这种方式。

12.3.2 LBS 营销

LBS 是指基于位置的服务(Location Based Service),它是通过电信移动运营商的无线电通信网络(如 GSM 网、CDMA 网)或外部定位方式(如 GPS)获取移动终端用户的位置信息(地理坐标,或大地坐标),在 GIS(Geographic Information System,地理信息系统)平台的支持下,为用户提供相应服务的一种增值业务。

当我们使用微信时,可以通过"附近的人"这一功能查找你周围的人,并给他们发消息;当你打开团购网站时,选择"离我最近"的筛选条件,网站就会根据你的地理位置反馈附近商家的信息。这些都是当前 LBS 的常见形式。

1. LBS 营销的含义

LBS 营销就是企业借助互联网或无线网络,在固定用户或移动用户之间,完成定位和服务营销的一种营销方式。通过这种方式,目标客户更加深刻地了解企业的产品和服务,最终达到企业宣传企业的品牌、加深市场认知度。这一系列的网络营销活动就叫做 LBS 营销。

2. LBS 营销的形式

LBS 营销的形式主要有以下四种。

(1) 生活服务模式。这种模式以生活服务为出发点,与人们的日常生活、旅游、购票等紧密结合在一起。如大众点评网、折扣网、饿了么等外卖类应用,都是基于人们的地理位置为特定商圈内的居民提供相关服务,并随时记录用户相关信息。

(2) 休闲娱乐模式。休闲娱乐模式可以分为签到模式和游戏模式。签到模式的 LBS 有嘀咕、街旁、开开、多乐趣等。用户主动签到记录自己的位置,商家也会以积分奖励用户签到。游戏模式主要是让用户利用移动终端购买虚拟房产与道具,将虚拟与现实结合起来的一种互动营销方式。

(3) 社交模式。社交模式的主要方式是地点交友。不同的用户只要在同一时间出现在同一地点,都可以建立用户关联,商家可以在用户关联之间发起营销宣传、团购、优惠信息推送等活动。

(4) 商业模式。商业模式主要指的是团购。特定手机用户在本地一些签约商家签到,当签到人数达到一定数量时,所有签到的用户都可以享受一定的折扣与优惠。

12.3.3 移动广告营销

移动广告是通过移动设备(手机、PSP、平板电脑等)访问移动应用或移动网页时显示的广告,广告形式包括:图片、文字、插播广告、语音、视频、链接等。数据显示,中国已经成为全球移动互联网市场。以手机 App 为平台,移动互联网已经颠覆了众多传统的行业,2020 年前三季度,中国移动网民手机人均安装 App 总量分别为 63 款、59 款、56 款。

1. 移动广告营销的含义

移动广告营销是无线营销的一种形式,是指营销人员通过图形、文字等方式来推广企业的产品或服务。

2. 移动广告的形式

常见的移动广告形式大体有以下几种。

(1) 图片类广告。图片类型的广告形式主要有三种:一是 banner 广告,又名旗帜广告、横幅广告,是移动广告的主要形式;二是插屏广告,主要是指采用了自动广告适配和缓存优化技术,可支持炫酷广告特效,视觉冲击力强;三种是全屏广告,是在用户打开浏览页面时,以全屏方式出现 3 秒至 5 秒,可以使用静态的页面,也可以使用动态的 Flash 效果。代表平台:今日头条等。

(2) 富媒体广告。富媒体广告是指由 2D 及 3D 的 Video、Audio、HTML、Flash、DHTML、JAVA 等组成效果,这种广告技术与形式在网络上的应用需要相对较多的频宽,且能够提高广告的互动性,提供更广泛的创意空间。代表平台:Twitter 等。

(3) 移动视频广告。移动视频广告分为传统贴片广告和 In-App 视频广告,是指在移动设备内进行的插播视频的广告形式。这种广告形式主要通过移动互联网在移动设备中(手机、PSP、平板电脑等)展现,其技术主要采用数码及 HTML5 技术,融合视频、音频、图像及动画,在手机用户开启或退出移动应用等"碎片时间"来插播视频。代表平台:优酷、土豆等。

(4) 积分墙广告。积分墙广告是除 banner、插屏广告外最常见的移动广告形式,是第三方移动广告平台提供给应用开发者的另一种新型移动广告盈利模式。积分墙是在一个应用内展示各种积分任务(下载安装推荐的优质应用、注册、填表等),以供用户完成任务获得积分的页面。用户在嵌入积分墙的应用内完成任务,该应用的开发者就能得到相应的收入,目前积分墙主要支持 Android 和 iOS 平台。代表平台:积分墙。

(5) 原生广告。原生广告(Native Advertising)是移动广告中最新的广告表现形式。大致可以理解为,它是一种让广告作为内容的一部分植入到实际页面设计中的广告形式,是以提升用户体验为目的特定商业模式。其主要表现为广告内容化,以及力求实现广告主营销效果、媒体商业化、用户体验三方共赢,而这种原生广告或成为未来的移动应用的主流广告模式之一。代表平台:谷歌 Instant App、夜神云手机。

3. 移动广告营销策略

对于广告主而言,最重要的是深入了解目标消费人群,有针对性地进行品牌信息输出,使产品信息触及核心受众,并产生销售转化。移动广告营销策略主要有以下几个方面。

(1) 投放触及精准人群。通过大数据,细分监测各渠道,了解推广目标、构建目标受众需求场景、以多维度标签筛选目标用户,最后加以对比分析,将触及受众转化率低的区域排除在外,从而有针对性地投放。

(2) 优化广告投放内容。要明确移动广告的投放目标,以结果为导向,借助专业的大数据智能分析技术对品牌调性、目标受众进行深入分析,精准匹配与目标受众需求契合度较高的内容场景进行推广。

(3) 筛选重点投放渠道。不同移动广告渠道所带来的品牌曝光、用户关注及后续传播的流量都不同,广告主可以利用大数据对各个渠道的多维分析,采用多类型渠道推广组合,投放多个高 ROI 渠道来实现广告目标,降低拉新成本。据城外圈智能大数据洞察分析,用有效数据识别高匹配度渠道,可提升广告投放回报率,获取优质精准的流量,从而达到精准移动广告投放的效果。

(4) 运用大数据实时优化投放效果。在移动端广告中,从点击到激活的行为,需要对多处数据进行分析,贯通全流程。依托企业自身构建大数据分析体系要消耗大量的人力、物力、财力,广告主可依托城外圈智能大数据体系,跨屏打通数据信息,用真实准确的数据,来监测每处渠道的投放效果,实时优化。

重要信息 12-2　　　　　　　　**新媒体与新媒体营销**

新媒体是指新型互联网媒体。"新型"是区别于报刊、户外、广播、电视四大"传统"媒体,所以新媒体也被形象地称为"第五媒体"。新媒体包括:手机、平板电脑、电脑、IPTV

（交互式网络电视）等。传统媒体（电视、报纸等）是单向的、一对多的媒体，而新媒体（手机、电脑等）是可以多对多、交互式的媒体。所以说，新媒体是以网状互动传播为特点、以网络为载体，进行信息传播的媒介。

新媒体营销是以新媒体平台（微博、微信、知乎、脉脉等）为传播和购买渠道，把相关产品的功能、价值等信息传送到目标群众的心里，以便形成记忆和喜好，从而实现品牌宣传、产品销售目的的营销活动。

12.3.4　App 营销

App 是英文 Application 的简称，是指智能手机的第三方应用程序。

随着智能手机和 iPad 等移动终端设备的普及，人们逐渐习惯了使用 App 客户端上网的方式，而目前国内各大电商，均拥有了自己的 App 客户端，这标志着 App 客户端的商业使用，已经开始初露锋芒。App 已经不仅仅只是移动设备上的一个客户端那么简单，如今，在很多设备上已经可以下载厂商官方的 App 软件对不同的产品进行无线控制。

1. App 营销的含义

App 营销是指商家通过特制手机、社区、SNS 等平台上运行的应用程序来开展营销活动，以达成其经营目标的行为。

2. App 营销的特点

（1）App 营销成本低，持久性强。相比于电视、报纸等传统媒体高额的广告费用，App 只要开发一个适合于本品牌的应用程序就可以了。有趣的 App 会吸引用户的关注，一旦用户下载到手机成为客户端或在 SNS 网站上查看，那么必然会被持续性使用。

（2）App 互动性强，用户黏性高。App 创立了许多与用户沟通的新模式，如消费者接受"签到玩游戏，创饮新流行"任务后，通过手机在活动现场和户外广告投放地点签到，就可获得相应的勋章并赢得抽奖机会。这类型游戏活动会吸引用户，形成用户黏性。

（3）App 营销精准，体验定制化。借助先进的数据库技术、网络通信技术及现代高度分散物流等手段保障和顾客的长期个性化沟通，使营销达到可度量、可调控等精准要求。还可以根据消费者的不同要求，在创新的基础上，为其提供不同的定制体验服务。

3. App 营销的策略

（1）App 的功能定位要明确。App 的开发者要考虑到产品用户的喜好、习惯及兴趣点，充分洞察目标消费者生活方式的特点，找到产品与消费者的契合点，从而既能体现产品或服务的特点，又可以吸引目标消费者的注意力与兴趣。

（2）为消费者提供最佳体验。成功的 App 应当具有自己独特的体验，如使用方便便捷、娱乐生动有趣、设计新颖抢眼等。只有这样，才能赢得用户的好感。

（3）注重 App 的推广。掌握目标消费者的人口统计学特征，了解目标消费者的媒体使用习惯等是解决 App 推广问题的前提。在新媒体时代，口碑营销、游戏互动等创新推广方式往往能够收到更好的效果。

课堂测评

测评要素	表 现 要 求	已达要求	未达要求
知识点	能掌握二维码、LBS、移动广告营销的含义		
技能点	能初步认识不同移动营销策划的流程		
任务内容整体认识程度	能概述移动营销策划与活动的关系		
与职业实践相联系程度	能描述移动营销策划的实践意义		
其他	能描述与其他课程、职业活动等的联系		

任务 12 小结

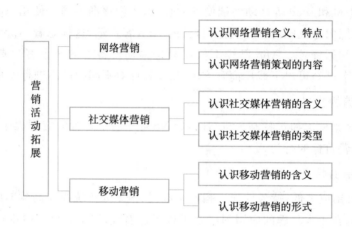

教学做一体化训练

一、重要名词

网络营销微博营销　　移动营销

二、课后自测

(一)单项选择题

1. 从市场营销的角度看,网络营销也是以(　　)为基础。

A. 地理位置　　　　B. 现代营销理论　　C. 消费者　　　　　D. 顾客

2.(　　)可以说是网络营销这一非传统营销方式中最传统的一种营销战略战术。

A. 移动营销　　　　B. 微信营销　　　　C. 微博营销　　　　D. 网站营销

3. 微博的关注机制分为(　　)两种。

A. 可单向、可双向　B. 可大、可小　　　C. 线上、线下　　　D. 网上、网下

4. 微信不存在(　　)的限制。

A. 距离　　　　　　B. 消费额　　　　　C. 销售额　　　　　D. 消费量

5. 富媒体广告的代表平台是(　　)。

A. Twitter　　　　　B. 积分墙　　　　　C. 土豆　　　　　　D. 今日头条

（二）多项选择题

1. 微博营销的类型有（　　　）。

A. 个人微博营销　　　　　　　　B. 企业微博营销

C. 市场计划　　　　　　　　　　D. 渠道计划

2. SNS 营销的方式可以有（　　　）。

A. 好友邀请营销　　　　　　　　B. 软文营销

C. 植入游戏　　　　　　　　　　D. 打造公共主页

E. 横幅广告

3. 二维码营销形式主要有（　　　）。

A. 线下虚拟商店　　　　　　　　B. 线下广告

C. 实体包装　　　　　　　　　　D. 线上预订，线下消费

4. LBS 营销的形式主要有（　　　）。

A. 生活服务模式　　　　　　　　B. 休闲娱乐模式

C. 社交模式　　　　　　　　　　D. 商业模式

5. 移动图片类广告形式主要有（　　　）。

A. banner 广告　　B. 插屏广告　　C. 全屏广告　　　D. 户外广告

（三）判断题

1. 网络营销就是指网站营销。（　　　）

2. 联署计划营销，简单来讲，就是一种按效果付费的网站推广方式。（　　　）

3. 社交媒体营销又称大众弱关系营销。（　　　）

4. 选择"离我最近"的筛选条件，网站就会根据你的地理位置反馈附近商家的信息。这些都是当前 LBS 的常见形式。（　　　）

5. App 互动性强，但用户黏性不高。（　　　）

（四）简答题

1. 网络营销的模式有哪些？

2. 微信营销的步骤是怎样的？

3. SNS 营销的流程是怎样的？

4. App 营销的策略有哪些？

（五）案例分析

近来，西南大学二年级学生小张的心情非常不错。康师傅酸梅汤在校园开展的一次手机签到活动中，小张居然拿到了梦寐以求的 iPad2 平板电脑。小张签到中 iPad 的消息，很快以寝室为单位在校园传开了，很多同学都也加入到了签到的队伍中来。活动很快"火"了。它形式新颖，参与的流程简单，虽然不是人人都能拿到 iPad2，但喝到免费的酸梅汤似乎不难。

康师傅企划部主管表示，这只是康师傅在西南地区策划的一项活动。康师傅饮品的产品理念是倡导健康与时尚的融合，目标客户是 19—30 岁的年轻人群，让年轻人畅快地"喝出新味来"。而手机是连接年轻族群的最佳载体，在西南地区精心策划基于手机的市

场活动,目的是吸引更多年轻人参与到活动中来,果然一上线就得到了热烈的响应。

这位主管介绍说,在信息碎片化的时代,消费者已没有时间接触大段广告,更拒绝说教,只有贴近他们的信息接收习惯,采取好玩的营销方式,才能引起消费者的共鸣。因此这次活动的成功,除了奖品的刺激,还在于整合了各种新式玩法,如 LBS 签到、手机创意游戏、微博分享、手机报刊营销等全新体验,病毒式地传播了康师傅饮品的品牌内核。据康师傅数据统计,在西南地区通过各种形式和途径参与本次活动的超过 10 万人,其中参与LBS 签到的就有 5 万,3 万人在微博上转发和分享本次活动,实现了"让用户在玩的过程中潜移默化地体会了康师傅品牌"的目的。

线上线下活动相结合。这位主管表示,对于康师傅饮料这种快速消费品来说,光有线上活动显然是不够的,线上线下活动相结合,才能实现最佳效果。康师傅的品牌知名度已经很高,因此品牌宣传不是首要目的,取得消费者的忠诚和信赖,才是康师傅当下的营销重点。时下最受年轻人欢迎的手机位置化"签到"与手机互动小游戏成了"康师傅"的重点考虑对象。可是,该选择哪一款游戏呢?

最容易想到的是"愤怒的小鸟"。这款游戏比较热门,玩的人很多,但缺陷也很明显,那就是强行插入的广告,很难让人产生好感。康师傅最终选择自己开发一款"传世寻宝"的手机游戏,把康师傅饮料的各种元素做成游戏人物,要求玩家完成一项又一项任务,最终做出酸梅汤和酸枣汁。在玩游戏的过程中,消费者体会"传世新饮"酸梅汤和酸枣汁的健康、时尚的品牌诉求,让康师傅"传世新饮"的影响力裂变式提升。果然,游戏上线后,迅速在年轻人当中传开了。

线下活动也与线上活动进行结合互动。消费者接受"签到玩游戏创饮新流行"任务后,通过手机在活动现场和户外广告投放地点签到,就可获得相应的勋章,通过勋章便可赢得抽奖机会,还有系列线上的趣味环节参与,让发生在校园内的线下活动,实现了线上的大范围传播。

问题:

1. 康师傅企划部组织了一次什么样的活动?其效果怎样?

2. 案例里涉及任务 12 中提到的哪些理念与技术,你还能提出哪些建议?

(六)同步实训

□ 同步实训 12-1:网络营销工作认知

实训目的:认识网络营销工作,理解其实际意义。

实训安排:

1. 学生分组,结合自己网购经历,总结分享网购体会。(可以是消费者角度的感受,也可以是商家营销工作的角度)

2. 讨论分析这一过程中,商家营销工作的亮点,总结出得失。

3. 选择部分学生制作 PPT,分组展示讨论结果,并组织讨论与评析。

实训总结:学生小组交流不同作业结果,教师根据报告、PPT 演示、讨论分享中的表现分别给每组进行评价打分。

□ 同步实训 12-2:社交媒体营销认知

实训目的:认识社交媒体营销形式,理解其实际意义。

实训安排：

1. 学生分组，选择不同社交媒体营销形式，分别讨论其优缺点。（也可以网络查找一些相关资料）

2. 讨论这些营销形式的亮点，分析这些形式可以应用于哪些用户或产品。

3. 选择部分学生制作 PPT 进行展示，并组织讨论与评析。

实训总结：学生小组交流不同作业结果，教师根据报告、PPT 演示、讨论分享中的表现分别给每组进行评价打分。

□ **同步实训 12-3：移动营销认知**

实训目的：认识移动营销的形式，理解其实际意义。

实训安排：

1. 学生分组，选择不同移动营销形式，分别讨论其优缺点。（也可以网络查找一些相关资料）

2. 讨论这些营销形式的亮点，分析这些形式可以应用于哪些用户或产品。

3. 选择部分学生制作 PPT 进行展示，并组织讨论与评析。

实训总结：学生小组交流不同作业结果，教师根据报告、PPT 演示、讨论分享中的表现分别给每组进行评价打分。

网络营销与运营课堂思政

课程思政园地

人民网 2021 年 12 月 20 日消息，近日，浙江省杭州市税务局稽查局查明，网络主播黄薇（网名：薇娅）在 2019 年至 2020 年期间，通过隐匿个人收入、虚构业务转换收入性质虚假申报等方式偷逃税款 6.43 亿元，其他少缴税款 0.6 亿元，依法对黄薇作出税务行政处理处罚决定，追缴税款、加收滞纳金并处罚款共计 13.41 亿元。

国家税务总局坚决支持杭州市税务部门依法严肃处理黄薇偷逃税案件。同时，要求各级税务机关对各种偷逃税行为，坚持依法严查严处，坚决维护国家税法权威，促进社会公平正义；要求认真落实好各项税费优惠政策，持续优化税费服务，促进新经济新业态在发展中规范，在规范中发展。

思考：新媒体营销活动应该怎样做？

学生自我总结

通过完成任务 12 营销活动拓展，我能够做如下总结：

一、主要知识

概括本任务的主要知识点：

　　1.

　　2.

二、主要技能

概括本任务的主要技能：

    1.

    2.

三、主要原理

你认为，认识市场营销拓展的发展前景是：

    1.

    2.

四、相关知识与技能

你在完成本任务后掌握的相关知识和技能：

    1. 网络营销与传统营销的关系是：

    2. 社交媒体营销的主要方式有：

    3. 移动营销的主要方式包括：

五、成果检验

你在完成本任务后取得的学习成果：

    1. 完成本任务的意义有：

    2. 学到的知识或技能有：

    3. 自悟的知识或技能有：

    4. 你对数字时代营销工作的看法是：

参 考 文 献

[1] 科特勒. 营销管理[M]. 梅汝和,等译. 北京:中国人民大学出版社,2001.

[2] 凯林,哈特利,鲁迪里尔斯. 市场营销[M]. 董伊人,等译. 北京:世界图书出版公司,2012.

[3] 李文国. 市场营销[M]. 北京:清华大学出版社,2012.

[4] 李农勤. 市场营销学[M]. 北京:清华大学出版社,2006.

[5] 曲丽. 市场营销学[M]. 北京:清华大学出版社,2009.

[6] 李世杰. 市场营销与策划[M]. 北京:清华大学出版社,2006.

[7] 王军旗,张蕾. 市场营销[M]. 第2版. 北京:中国人民大学出版社,2009.

[8] 吕一林. 市场营销学[M]. 北京:科学出版社,2005.

[9] 朱华. 市场营销案例精选精析[M]. 北京:中国社会科学出版社,2009.

[10] 纪宝成. 市场营销学教程[M]. 北京:中国人民大学出版社,2002.

[11] 赵轶. 高职财经管理类专业工作过程导向课程开发研究:以市场营销专业为例[M]. 北京:高等教育出版社,2009.

[12] 赵轶. 市场调查与预测[M]. 北京:清华大学出版社,2007.

[13] 赵轶. 市场调查与分析[M]. 北京:清华大学出版社,2011.

[14] 赵轶. 公共关系实务[M]. 北京:人民邮电出版社,2013.

[15] 赵轶. 市场营销[M]. 北京:清华大学出版社,2011.

[16] 赵轶. 市场营销[M]. 第3版. 北京:清华大学出版社,2018.

[17] 唐乘花. 数字新媒体营销[M]. 北京:清华大学出版社,2016.

[18] 阳翼. 数字营销[M]. 北京:中国人民大学出版社,2015.

[19] 李小曼. 数字营销策划与创意[M]. 北京:中国建筑工业出版社,2016.